Mutig gegen Mobbing

Mutig gegen Mobbing

Françoise D. Alsaker

Françoise D. Alsaker

Mutig gegen Mobbing

in Kindergarten und Schule

2., unveränderte Auflage

hogrefe

Françoise Alsaker, Prof. Dr. em.
Universität Bern
Institut für Psychologie
Fabrikstrasse 8
3012 Bern
alsaker@psy.unibe.ch

Bibliografische Information der Deutschen Nationalbibliothek
Die Deutsche Nationalbibliothek verzeichnet diese Publikation in der Deutschen Nationalbibliografie; detaillierte bibliografische Daten sind im Internet über http://www.dnb.de abrufbar.

Anregungen und Zuschriften bitte an:
Hogrefe AG
Lektorat Psychologie
Länggass-Strasse 76
3000 Bern 9
Schweiz
Tel: +41 31 300 45 00
E-Mail: verlag@hogrefe.ch
Internet: http://www.hogrefe.ch

Lektorat: Dr. Susanne Lauri
Herstellung: Daniel Berger
Druckvorstufe: punktgenau GmbH, Bühl
Umschlagabbildung: © iStock / Vesna Andjic
Umschlag: Claude Borer, Riehen
Druck und buchbinderische Verarbeitung: Hubert & Co, Göttingen
Printed in Germany

1. Nachdruck 2021 der 2., unveränderte Auflage 2017

(E-Book-ISBN_PDF 978-3-456-95667-1)
(E-Book-ISBN_EPUB 978-3-456-75667-7)
ISBN 978-3-456-85667-4
http://doi.org/10.1024/85667-000

Inhaltsverzeichnis

Vorwort 9

Erster Teil – Was wir über Mobbing wissen 11

Der aktuelle Wissensstand und Schlussfolgerungen für die Praxis 11

1. Was Mobbing ist – und was nicht 13

1.1 Was ist Mobbing überhaupt? 13
1.2 Mobbing – eine Machtdemonstration 20

2. Verschiedene Mobbing-Formen 25

2.1 Direkte Mobbing-Formen 26
2.2 Indirekte Mobbing-Formen 31
2.3 Cyber-Mobbing 37
2.4 Mobbing – ein Muster 40

3. Schlüsselaspekte von Mobbing 43

3.1 Erniedrigung und Demütigung 43
3.2 Schweigen 45
3.3 Das Opfer steht allein 51
3.4 Hilflosigkeit und Ausweglosigkeit der Opfer 53
3.5 Mobbing macht Spaß 55

4. Mobbing in Zahlen 57

4.1 Wie können wir Mobbing erfassen? 58
4.2 Wie verbreitet ist Mobbing? 67

5. Mobbing geht alle an! ... 73

5.1 Die direkt Beteiligten – die Hauptakteure und ihre Helfer ... 74
5.2 Die Zeugen von Mobbing ... 79
5.3 Die Erwachsenen ... 83
5.4 Was ist für die Praxis relevant? ... 85

6. Entstehung und Aufrechterhaltung von Mobbing – Bedingungen im Umfeld ... 87

6.1 Das Verhalten der anderen Kinder ... 89
6.2 Mobbing lohnt sich für die Mobber ... 89
6.3 Klassen- und Schulklima ... 92
6.4 Die Einstellung und das Verhalten der Lehrpersonen ... 93
6.5 Die Familie ... 95
6.6 Schutz vor Mobbing ... 101

7. Entstehung und Aufrechterhaltung von Mobbing – individuelle Verletzbarkeiten ... 105

7.1 Kräfteverhältnisse ... 106
7.2 Einfühlungsvermögen ... 108
7.3 Soziale Kompetenzen ... 109
7.4 Schüchternheit und Rückzugsverhalten ... 113
7.5 Sprachliche Kompetenzen und Migrationshintergrund ... 115
7.6 Auffälligkeiten oder Störungen des Verhaltens ... 116
7.7 Werte und Moralentwicklung ... 123

8. Am Boden zerstört – von sich überzeugt: Die Folgen von Mobbing ... 127

8.1 Krankmachende Elemente von Mobbing ... 127
8.2 Typische Folgen für die passiven und aggressiven Opfer ... 129
8.3 Typische Folgen für die aggressiven Opfer und die Mobber ... 135

Zweiter Teil – Mutig gegen Mobbing ... 141

9. Vorbereitende Schritte ... 145

9.1 Sensibilisierung ... 146
9.2 Persönliche Einstellungen zu Mobbing ... 147
9.3 Mobbing-Prävention – eine Wertfrage ... 149
9.4 Kontakt zwischen Schule und Eltern ... 155

10. Mobbing erkennen – genau Hinschauen ... 159

10.1 Mobbing-Muster erkennen ... 159
10.2 Beobachtungen in der eigenen Klasse ... 165
10.3 Schüler als Informanten ... 174
10.4 Elternsicht und Warnsignale ... 175

11. Die Macht des Schweigens – die Kraft des Redens ... 179

11.1 Offene und direkte Kommunikation ... 180
11.2 Mobbing thematisieren ... 184
11.3 Nachhaltigkeit durch Kommunikation ... 194

12. Zusammenhalt der Klasse durch einen Verhaltensvertrag ... 197

12.1 Die Erarbeitung eines Vertrags ... 197
12.2 Kandersteg-Deklaration gegen Mobbing ... 205
12.3 Die Verbindlichkeit des Vertrags – Konsequentes Handeln ... 207

13. Kompetenzen stärken – Ressourcen nutzen ... 213

13.1 Prosoziales Verhalten und Einfühlungsvermögen ... 215
13.2 Regulation von Emotionen in sozialen Situationen ... 217
13.3 Stopp! – Grenzen definieren ... 219
13.4 Engagement und Zivilcourage ... 219
13.6 Was Eltern tun können ... 221

14. Nachhaltige Mobbing-Prävention ... 227

14.1 Definierte Ziele gegen Mobbing ... 227
14.2 Zusammenhalt ... 228
14.3 Mobbing-Prävention im Alltag ... 230
14.4 Ausblick ... 230

Anhang A ... 233

Mobbing in der Schule ... 233
A-1: Fragebogen für Schüler und Schülerinnen der 4. bis 10. Klasse ... 233
A-2: Mobbing-Vorkommnisse – Fragebogen für die Lehrpersonen ... 239

Anhang B ... 243

Das Kinderinterview zu Mobbing – Kindergarten und Unterstufe ... 243

Anhang C ... 249

Bildung von kleinen Gruppen in der Klasse. Wer ist mit wem zusammen? ... 249

Anhang D ... 251

D-1: Beobachtung durch die Lehrpersonen ... 251
D-2: Beispiel eines Protokollbogens zur täglichen Beobachtung von möglichen Mobbing-Vorfällen ... 254

Literaturverzeichnis ... 255

Die Autorin ... 267

Sachwortverzeichnis ... 268

Vorwort

Mobbing wurde vor ungefähr 35 Jahren zum ersten Mal als eigenständiges Phänomen erforscht (Olweus, 1978). Die Forschung fand lange Zeit «nur» in Skandinavien statt; überhaupt erschienen bis 2000 – im Vergleich zu anderen Themen – wenig wissenschaftliche Arbeiten zu Mobbing. Dies änderte sich plötzlich: In den letzten zehn Jahren erlebte man eine rasante Zunahme an wissenschaftlichen Studien. Cook, Williams, Guerra, Kim und Sadek (2010) zählten 600 Artikel im letzten Jahrzehnt. Diese Entwicklung brachte neues Wissen zur Verbreitung von Mobbing in den unterschiedlichsten Ländern auf der ganzen Welt und dazu einige wichtige Differenzierungen. Der Nachteil dieser Entwicklung ist allerdings, dass gewisse Forschergruppen angefangen haben, den Begriff breiter zu definieren, als es bis 2000 der Fall war, oder Mobbing auf sehr unterschiedliche Art und Weise zu messen, weshalb die Ergebnisse nicht immer gut vergleichbar sind. Eine ähnliche Entwicklung fand auf der Laienebene statt. Während das Wort «Mobbing» vor 20 Jahren noch gar nicht bekannt war, jedenfalls nicht im Zusammenhang mit Schulsituationen, hat es in den letzten 15 Jahren einen festen Platz im deutschen Vokabular gefunden. Auch hier ist ein negativer Aspekt zu verzeichnen – in der Entwicklung lässt sich eine Verschiebung zu einem ungenauen und inflationären Gebrauch feststellen: Während früher viele Kinder gemobbt wurden, ohne dass man dies je so bezeichnet hat, werden heute auch Konflikte oder aggressive Auseinandersetzungen zu oft und zu schnell als Mobbing bezeichnet. Durch den vermehrten und ungenauen Gebrauch des Begriffs ist eine gewisse Verwirrung darüber entstanden, was Mobbing tatsächlich ist – und was nicht.

Ich plädiere in diesem Buch für einen sorgfältigen Umgang mit dem Begriff Mobbing und gleichzeitig für einen wachsamen Blick für Mobbing-Situationen, die noch viel zu häufig nicht als solche erkannt werden.

Das Buch ist so gestaltet, dass es sich für den Einsatz in der Praxis eignet. Besonders der zweite Teil dient als konkrete Unterlage für die Arbeit gegen Mobbing. Lehrpersonen, andere Fachpersonen und Eltern sollten nach der

Lektüre des Buchs imstande sein, Mobbing-Prävention in ihren Alltag zu integrieren.

Im Buch «Quälgeister und ihre Opfer» forderte ich die Leser auf, Mut zu zeigen: «Es braucht Mut zu erkennen, dass Wegschauen auch Gewalt ist. Es braucht noch mehr Mut, sich zu entscheiden, hinzuschauen und zu handeln. Unsere Gesellschaft braucht mutige Kinder, die morgen mutige Erwachsene sein werden; dazu müssen die Erwachsenen von heute den Mut aufbringen, den Kindern diesen Weg zu weisen und sie auf ihm zu begleiten.» Diese Aufforderung will ich in diesem Buch wieder aufnehmen. Ich werde den Lesern zeigen, dass Früherkennung und -bekämpfung den Mobbing-Prozess effektiv durchbrechen können.

Ich möchte mich an dieser Stelle bei allen Lehrpersonen und Schulleitungen bedanken, die mir und meinen Mitarbeitern im Laufe der letzten 20 Jahre Zugang zu ihren Klassen gewährt haben. Ich bedanke mich bei den Eltern, die uns erlaubten, ihre Kinder zu befragen, und auch selber die Geduld hatten, alle unsere Fragen zu beantworten. Mein Dank geht außerdem an alle Kinder und Jugendlichen, die unsere Fragen beantwortet haben und mit großem Ernst an unseren Tests teilnahmen. Ein weiterer Dank geht an die Lehrpersonen, die uns im Laufe von Weiterbildungen Einsicht in ihren Schulalltag, ihre Überlegungen und Lösungsvorschläge gestatteten. Alle Fallbeispiele sind authentische Mobbing-Fälle; einzig die Namen wurden geändert.

Mein Dank geht auch an Christine Haller und Dietlinde Bohlen, die mich sowohl redaktionell als auch mit konstruktiven Kommentaren unterstützt haben. Marianne Kauer hat mir erlaubt, die Zeichnungen zu verwenden, die sie in verschiedenen Zusammenhängen für unsere Arbeit in der Mobbing-Prävention erstellt hat. Dafür möchte ich mich auch ganz besonders bedanken. Ich bedanke mich weiter bei allen, die im Team der Alsaker-Gruppe für Prävention mitgearbeitet haben und heute noch Impulsveranstaltungen, Elternabende und Weiterbildungen gestalten. Ganz besonders möchte ich Stefan Valkanover nennen, der das Programm Be-Prox mit mir entwickelt hat. Schließlich möchte ich August Flammer danken, der mich 1992 ermunterte, Mobbing in der Schweiz zu thematisieren, und mich in allen meinen Forschungsvorhaben und praxisbezogenen Unternehmungen unterstützt hat. August Flammer hat eine wichtige Rolle bei der Entstehung der Kandersteg-Deklaration gegen Mobbing gespielt und hält diese seit 2007 am Leben.

Erster Teil

Was wir über Mobbing wissen

Der aktuelle Wissensstand und Schlussfolgerungen für die Praxis

In diesem Buch treffen Forschung und Praxis aufeinander. Im Zentrum stehen sowohl das Wissen über Mobbing als auch die Handlungsmöglichkeiten gegen Mobbing im Kindergarten und in der Schule. Aus schweizerischen und internationalen Forschungsprojekten lässt sich heute viel praxisrelevantes Wissen herleiten, und Evaluationen von Präventionsprogrammen aus unterschiedlichsten Ländern liefern uns wichtige Informationen, was «gute Praxis» ausmacht. Dazu sollen anschauliche Beispiele aus dem Schulalltag Wissen und Praxis illustrieren und verdeutlichen.

Um Mobbing effizient vorbeugen oder gegebenenfalls gegen Mobbing intervenieren zu können, sollte man typische Merkmale kennen, die zur Entstehung und besonders zur Aufrechterhaltung von Mobbing beitragen. Welche Merkmale gibt es? Wie kann man sie beeinflussen? Das Aneignen von Grundwissen über und die Sensibilisierung für Mobbing bilden deshalb den allerersten Schritt in der Prävention und werden im ersten Teil dieses Buchs diskutiert. Sie erfahren, was Mobbing ist – und was nicht. Sie lesen über die vielen Erscheinungsformen von Mobbing und über die wiederkehrenden Merkmale von Mobbing-Handlungen. Nach der Lektüre der ersten drei Kapitel sollten Sie in der Lage sein zu beurteilen, ob das, was Sie beobachten, oder das, was Ihnen berichtet wird, Mobbing sein könnte – oder eben nicht. In den folgenden Kapiteln erfahren Sie, wie viele Kinder von Mobbing betroffen sind. Sie lernen die verschiedenen Rollen kennen, welche Kinder und Erwachsene in Mobbing-Prozessen, auch unfreiwillig, übernehmen können, und erfahren, wie Mobbing entstehen kann und wie es aufrechterhalten wird. Dabei gehe ich sowohl auf Verletzbarkeiten der einzelnen Kinder ein als auch auf die sozialen Bedingungen, die für die Entstehung von

Mobbing nötig sind. Wichtig ist mir dabei, Handlungen und Prozesse aufzuzeigen, die für die Früherkennung von Mobbing und auch für das Vorgehen gegen Mobbing relevant sind. Zum Schluss wird aufgezeigt, welche Konsequenzen Mobbing für die Opfer, für die Mobber und auch für andere Schüler hat.

Der zweite Teil des Buchs ist dem heutigen Wissensstand zur Prävention von und zur Intervention gegen Mobbing gewidmet. Das Berner Programm gegen Mobbing in Kindergarten und Schule – Be-Prox – wird detailliert dargestellt und bereits erprobte Umsetzungsvorschläge werden als Beispiele eingesetzt. Es sollte ersichtlich werden, dass der Umgang mit Mobbing keine Zauberkunst ist, aber dass es vielleicht eine kleine Portion Mut braucht, um beispielsweise eigene Vorstellungen zu überdenken, Handlungsmuster zu ändern und miteinander über unangenehme Themen zu reden.

1. Was Mobbing ist – und was nicht

Mobbing hat sehr viele Gesichter – so viele, dass es verwirrend werden kann. Ist das wiederkehrende Kneifen eines Mitschülers oder einer Mitschülerin Mobbing, oder muss es Schläge gegeben haben? Sind Hänseleien und böse Blicke oder Gerüchte hinreichend, um von Mobbing sprechen zu können? Wie ist es, wenn ein Kind nicht mitspielen darf? All das könnte Mobbing sein. Es könnte aber auch Teil von Auseinandersetzungen sein, die nichts mit Mobbing zu tun haben. Mobbing-Handlungen können grob und offensichtlich, sie können aber auch subtil und versteckt sein. Mobbing kann nicht aufgrund einzelner Handlungen erkannt werden. Bei Mobbing handelt es sich um Macht und Schwäche, um Drohen und Schweigen, um Ausschluss und Einsamkeit, um Manipulation und Hilflosigkeit. Es braucht eine gewisse Vorkenntnis, einen wachsamen Blick und den Willen hinzuschauen, um es früh zu erkennen, so früh, dass es gar nicht erst Fuß fassen kann.

1.1 Was ist Mobbing überhaupt?

Eines ist sicher: Mobbing ist ein aggressives Verhalten und eindeutig als Gewaltform zu bezeichnen. Nur ist nicht jede aggressive, negative oder verletzende Handlung gleich Mobbing. Wenn ein Kind ein anderes Kind schlägt oder tritt, und dies vielleicht auch mehrfach, ist das eine aggressive Handlung, da es einen Angreifer und ein Opfer gibt. Es ist aber noch kein Mobbing. Wenn eine Jugendliche wiederholt beleidigend gegenüber Mitschülern auftritt, kann man auch sagen, dass es sich um aggressives und verletzendes Verhalten handelt. Die Jugendliche hat eindeutig ein soziales Problem, das für viele störend ist. Es ist aber kein Mobbing.

Wenn aber die negativen Handlungen – ob nun körperliche, verbale oder subtilere Angriffe – immer wieder dasselbe Kind treffen, und wenn gleichzeitig andere

Kinder die Angreifer in ihren Handlungen unterstützen, dann können wir von Mobbing sprechen. Dazu folgendes Beispiel (Katia/Eva):

> Eine sechste Klasse. Eva ist seit Anfang des Schuljahres neu in der Klasse. Es ist jetzt bereits Oktober. Eva hat bis zu den Herbstferien nichts Negatives erlebt. Katia äußert sich sehr häufig negativ gegenüber ihren Mitschülerinnen. Sie ist deshalb auch nicht sehr beliebt und wird eher gefürchtet. Seit kurzem empfindet sie Eva als eine mögliche Konkurrentin, vielleicht weil Eva bereits eine Freundin gefunden hat, was Katia nicht wirklich gelungen ist. Sie sieht in ihr auch eine ungefährliche Zielscheibe für ihre Angriffe. Denn Eva hat, außer der einen ganz neuen Freundin, noch keine richtigen Verbündeten. Zudem sind Eva und ihre Freundin ruhige Mädchen. Katia spricht sich mit zwei Mädchen in der Klasse ab und erzählt ihnen, Eva würde Gerüchte über sie verbreiten und ohnehin nicht in die Klasse passen. Jetzt richtet Katia ihre verbalen Angriffe vor allem auf Eva. Die zwei anderen Mädchen stehen ihr bei, nicken und lachen und sind so vorübergehend auf der sicheren Seite. Sie werden nicht mehr von Katia angegriffen. Sie verbreiten selber Gerüchte über Eva, und jetzt werden andere auch unsicher: Wer ist diese Eva eigentlich? Was hat sie denn gegen die Klasse? Aus dieser vermeintlichen Unsicherheit entstehen eine negative Einstellung gegenüber Eva und gleichzeitig ein neues Gruppengefühl. Von nun an hat Eva keine Ruhe mehr. Sie wird ausgelacht, beschimpft, man rollt die Augen, wenn sie etwas sagt. Eine Mobbing-Situation ist entstanden.

In diesem einfachen Fallbeispiel sind bereits sehr viele Merkmale von Mobbing enthalten, auf die ich nach und nach eingehen werde. Die vier ersten grundlegenden Merkmale sind im folgenden Kasten zusammengefasst und werden im nachfolgenden Text vertieft:

- Mobbing ist ein aggressives Verhalten.
- Mobbing ist systematisch gegen eine Person gerichtet.
- Mobbing ist ein Gruppengeschehen.
- Mobbing kommt wiederholt und über längere Perioden vor – von Wochen bis hin zu Jahren.

Mobbing ist ein aggressives Verhalten

Das Wort Aggression wird in gewissen Zusammenhängen positiv gebraucht; dabei wird der Begriff oft mit Kampfgeist verwechselt. Im Sport ist eine kämpferische Einstellung positiv – aggressives Verhalten jedoch nicht. Doch kann aggressives Verhalten auch gut sein? Jedes Verhalten muss in seinem Kontext gesehen werden und deshalb ist eine Diskussion darüber, ob Aggression an sich gut oder schlecht ist, fruchtlos. Tremblay und Nagin (2005) sehen in Aggression ein Verhalten, das in einer frühen Phase in der Evolution des Menschen eine klare Funktion hatte: das Sichern von Ressourcen und des eigenen Überlebens. Allerdings haben Menschen im Laufe der Zeit auch andere Strategien entwickelt, die diesen Zweck erfüllen sollten: Zusammenarbeit und Konfliktlösungsstrategien, die nichts mit Aggression zu tun haben. Tremblay und Nagin vertreten weiter die Meinung, dass ein gewisses aggressives Potential in uns angelegt ist und dass Kinder dieses Verhalten gar nicht erst lernen müssen, sondern eher durch die Sozialisation «verlernen» sollten. Und dies unter anderem, um unserer eigenen Art nicht zu schaden. Das ist für die Prävention von aggressivem Verhalten und Mobbing äußerst wichtig. Es ist die Verantwortung aller Erziehenden, Kindern einen angemessenen, nichtaggressiven Umgang miteinander beizubringen und ihre aggressiven Handlungen nicht zu verstärken.

Es gibt auch Diskussionen darüber, ob man eine Handlung erst dann als aggressiv bezeichnen darf, wenn die Absicht einer Schädigung vorliegt. Dies scheinen Kinder früh zu lernen – Sie selbst haben bestimmt schon oft von einem Kind, das ein anderes Kind gerade geschlagen hat, gehört: «Das war aber nicht meine Absicht». Natürlich ist die Absicht zu schädigen in der Praxis nicht immer so deutlich und präsent. Dazu ein Beispiel: Im Laufe eines Streits beleidigt eine Jugendliche ihre Freundin. Die Äußerung war nicht gut überlegt und es war nicht ihre volle Absicht, der Freundin dermaßen weh zu tun. Aber sie weiß, dass eine solche Handlung extrem verletzend ist. Und sie hätte sie auch unterlassen können. Wenn ich im Folgenden den Begriff Aggression verwende, meine ich damit Handlungen, die zur körperlichen oder psychischen Verletzung einer anderen Person führen und die mit dem Wissen um ihre schädigende Wirkung ausgeführt werden.

Sicher kann man fragen, ob es jüngeren Kindern immer bewusst ist, was sie anstellen. Oft handeln sie, bevor sie überlegt haben. Es ist jedoch klar, dass sie aus Erfahrung wissen, dass gewisse Handlungen sehr unangenehm sind und oft weh tun. Wir könnten diese Handlungen aus der Wahrnehmung eines Beobachters und der Betroffenen einfach «negativ und verletzend» nennen. Es ist in der Praxis wichtig, den Begriff Aggression weder zu sehr einzuschränken noch auszudehnen und sich als Erziehende eine klare Meinung zu bilden, was man als aggressiv und unangemessen betrachtet. Die schafft eigene Sicherheit im Umgang mit schwierigen Situationen. Für die Mobbing-Prävention ist diese Sicherheit zentral, denn mobbende Kinder wissen jede Unsicherheit der Erwachsenen voll auszunutzen.

Es ist sehr wichtig zu verstehen, dass aggressives Verhalten – Mobbing eingeschlossen – ein *bewusstes* Verhalten ist. In einer Studie, in der Schüler und Lehrpersonen sich zu Definitionen von Mobbing äußern sollten, gaben lediglich 4 % der Schüler und 25 % der Lehrpersonen an, dass Mobber ihre negativen Handlungen mit Absicht durchführten (Naylor, Cowie, Cossin, de Bettencourt, Lemme, 2006). Die Frage war offen gestellt – gut möglich, dass dies nicht der wichtigste Aspekt für die Befragten war. Trotzdem zeigt dieses Ergebnis, dass man diesen Aspekt in Gesprächen mit Schülern betonen muss (siehe Kap. 11).

Im Fallbeispiel Katia/Eva kam es nicht zu Handgreiflichkeiten. Jedoch ist es klar, dass das Verhalten von Katia und ihren Verbündeten als aggressiv bezeichnet werden muss. Bei Katia liegt eine klare Absicht der Rufschädigung und der sozialen Ausgrenzung von Eva vor. Bei ihren Verbündeten ist das Wissen um die Verletzungen, die sie Eva zufügen, vorhanden. Dies zeigt, dass aggressives Verhalten sehr viele Formen annehmen kann. Auf die Erscheinungsformen von aggressivem Verhalten und von Mobbing kommen wir im nächsten Kapitel zurück.

Negative und verletzende Handlungen sollen als solche erkannt und angegangen werden. Sie sollen weder dramatisiert, entschuldigt, vertuscht oder bagatellisiert werden.

Mobbing ist systematisch gegen eine Person gerichtet

Systematik gehört zu den Kernmerkmalen von Mobbing. Es ist kein Zufall, wenn dieselbe Schülerin immer wieder Zielscheibe von aggressiven Handlungen ihrer Mitschüler ist. Sie war möglicherweise zufällig da, als ein anderes Kind sich ein Opfer suchte; aber danach lässt das mobbende Kind sie nicht mehr los und sucht auch nicht unmittelbar nach weiteren Opfern. Die Kinder spüren das. Niemand möchte in diese Rolle kommen, und solange ein bestimmtes Kind in der Rolle ist, gibt es den anderen einen Anschein von Sicherheit. Dies ist möglicherweise ein Grund, weshalb nur wenige Kinder sich für Mobbing-Opfer einsetzen (Kapitel 5).

Diese Systematik unterscheidet Mobbing von Situationen, in denen ein Kind ein klares Aggressionsproblem hat. Die beiden Situationen sind in **Abbildung 1-1** illustriert.

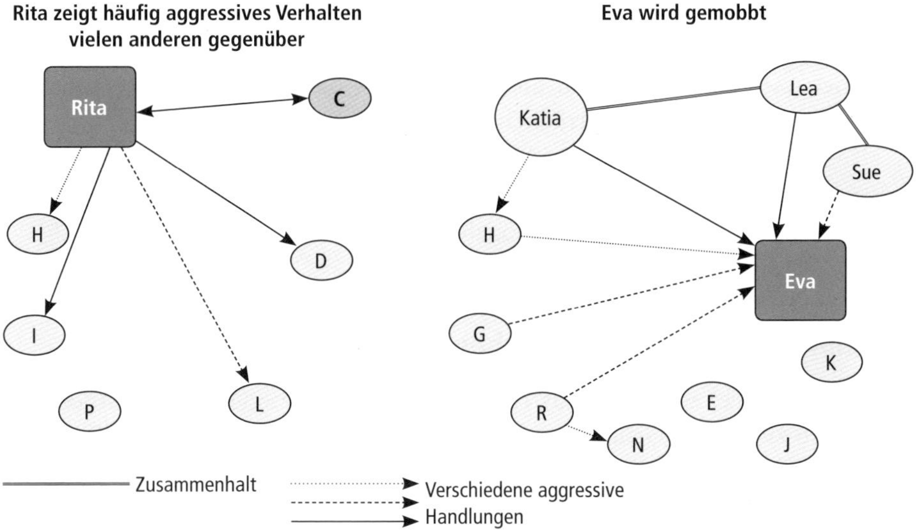

Abbildung 1-1: Zwei Klassen mit zwei unterschiedlichen Aggressionsproblemen (angepasst aus Alsaker, 2003)

In der einen Klasse gibt es ein klassisches Gewaltproblem: Rita hat wenig Selbstkontrolle und dazu ein hohes aggressives Potential. Ein Kind wie Rita behandelt mehr oder weniger alle aggressiv, die ihm im Weg stehen. Es braucht wenig, damit es ausrastet. Obwohl aggressives Verhalten an sich, verglichen mit positiven und neutralen Handlungen, relativ selten vorkommt, können einige Kinder und Jugendliche für ein hohes Ausmaß an aggressivem Verhalten in der Klasse sorgen. Eine amerikanische Forschergruppe um Cairns (1994) beobachtete hoch aggressive Jugendliche in ihren Klassen und berichtete, dass diese bis zu acht aggressive Episoden pro Stunde produzierten.

Solche Situationen sind für Lehrpersonen oft eine Herausforderung. Ständige Zwischenfälle unterbrechen die Arbeitsruhe und der Handlungsbedarf ist offensichtlich. In diesem Fall ist es angebracht, die Verhaltensprobleme einzelner Schüler anzugehen, um ihnen andere Verhaltensalternativen zu geben und Mitschüler zu schützen.

In der anderen Klasse ist die Situation, von einer Außenperspektive betrachtet, womöglich viel ruhiger. Die Situation entspricht in etwa dem Fallbeispiel Katia/Eva. Keiner meldet sich und beklagt sich über Angriffe von einem bestimmten Schüler. Die Angriffe richten sich nur noch gegen ein einzelnes Kind: Nur Eva wird immer wieder gehänselt, geschubst, ausgestoßen. In diesem Fall gibt es drei Verbündete, die bereits seit langer Zeit zusammenhalten. Sie gewinnen mit der Zeit andere Kinder, die gelegentlich mitmachen und Eva das

Leben schwer machen. Ein Kind wird selber von Katia aggressiv behandelt, macht dann auch mit und schützt sich so selber eine kurze Zeit vor weiteren Angriffen. Andere Kinder sind nicht direkt beteiligt. Für Eva ist die Situation bereits nach kurzer Zeit unerträglich.

Wenn ein Schüler oder eine Schülerin vermehrt allein steht, sollte man das Geschehen um ihn/sie näher beobachten.

Mobbing ist ein Gruppengeschehen

Unser Fallbeispiel zeigt, wie das Handeln einer oder zweier Schülerinnen sich allmählich zu einem Gruppengeschehen entwickeln kann. Es gibt zwar immer noch eine Hauptperson – Katia. Aber rasch haben wir es mit einer mobbenden Gruppe zu tun, die nicht immer aus den gleichen Mitgliedern besteht. Einmal machen zwei Schülerinnen mit und ein anderes Mal sind es drei Schüler. Ab und zu machen diese Mitläufer direkt mit, andere Male stehen sie nur Wache und sehen dabei sehr unschuldig aus. Dazu kommt, dass viele Gerüchte im Umlauf sind, und da wird es schwierig zu sagen, ob jemand mitgemacht hat oder nicht. Durch die Mitwirkung verschiedener Schüler ist es schwieriger geworden, in die Situation einzugreifen und sie zu verbessern. Diese Situation zu ändern, erfordert eindeutig andere Maßnahmen als im Fall von Rita.

Es hätte durchaus sein können, dass Katia keine Verbündeten gefunden hätte. Dies wäre eventuell der Fall, wenn die Mädchen in der Klasse sonst gut zusammenhalten würden, keine besondere Furcht vor Katia hätten und auch allgemein sozial positiv eingestellt wären. In diesem Fall hätte Katia Eva eine Weile mit ihren Beleidigungen verfolgt und auch sonst schlecht behandelt, aber Eva hätte es mithilfe der anderen Mädchen in der Klasse überstanden. Außerdem wäre es für Katia nicht lange interessant gewesen weiterzumachen. Sie hätte ihre Stellung in der Klasse dadurch nicht gestärkt und bald die Hände von Eva gelassen. Es wäre nie zu einer Mobbing-Situation gekommen. Eine Weile wäre die Situation in etwa wie bei Rita gewesen. Anhand der beiden Beispiele wird deutlich, dass die Verbündeten für das Entstehen von Mobbing zentral sind; Mobbing ist eine Gewaltform, die in einer Gruppe entsteht, von der Gruppe aufrechterhalten und auch vertuscht wird. Dies macht es schwierig, Mobbing zu erkennen und zu handhaben.

Bei einem Verdacht auf Mobbing sollte man versuchen, sich ein Bild der verschiedenen Handlungen und Beziehungen zu schaffen – wie in Abbildung 1-1.

Mobbing kommt wiederholt und über längere Perioden vor – von Wochen bis hin zu Jahren

Hätten Katias Sprüche und andere negative Handlungen nur einige Tage gedauert, wäre die Situation für Eva in diesen Tagen zwar sehr unangenehm, jedoch erträglich gewesen. Es hätte zu den kurzfristigen schlechten Situationen gehört, die in jeder Gruppe vorkommen können, besonders wenn Menschen mit einem höheren aggressiven Potential dazugehören. Wenn diese Situation aber andauert, wird sie für die betroffene Person bald sehr schwierig. Die Wiederholung der negativen Handlungen über längere Zeitperioden ist eines der Hauptmerkmale von Mobbing.

Das ausgewählte Opfer wird sozusagen zur Geisel der Gruppe. Immer, wenn die Mobbergruppe sich dafür entscheidet, wird das Opfer negativen Handlungen ausgesetzt. Die gelegentlichen Mitläufer lassen auch ständig wieder Sprüche fallen, schubsen, wenn es passt. Die anderen werfen vielleicht mitleidige oder missbilligende Blicke auf das Opfer. Eines ist klar: Das Opfer steht unter Dauerbeschuss.

Verheerend am Mobbing ist neben der Wiederholung, dass sich diese Handlungs- und Beziehungsmuster über Jahre hinziehen können, wenn nicht rechtzeitig gehandelt wird. Dazu ein Beispiel:

> Jean-Jacques ist in der neunten Klasse eindeutig das Opfer einer größeren Gruppe von Mitschülern. Egal was er tut, er wird beleidigt, beschimpft, ausgelacht. In der Klasse wird ihm laut nachgerufen. Er wird soweit provoziert, dass es in der nächsten Pause gleich zu körperlichen Auseinandersetzungen kommt. Die Situation ist in der neunten Klasse eskaliert, aber sie ist nicht neu. Eine Mitschülerin erklärt, so sei es bereits seit dem Kindergarten gewesen. Als Jean-Jacques einmal die Schule wechselte, hieß es in der neuen Klasse – bereits vor seinem Eintritt in die Klasse – bald käme so ein «Dummkopf» (schweizer-dt. Dubbel) zu ihnen. Er hatte keine Chance. (Aus dem Videofilm: «Mobbing ist kein Kinderspiel»)

Um zu verhindern, dass ein Kind während der ganzen Schulkarriere unter Mobbing-Handlungen leidet, muss früh interveniert werden.

1.2 Mobbing – eine Machtdemonstration

Im Mobbing streiten die Beteiligten nicht um eine Sache, wie es in Konflikten der Fall ist: Mobbing ist eine reine Machtdemonstration. Mobber wollen dabei sicher nicht ertappt werden. Sie wollen Erfolg, aber keine Strafe. Der Erfolg ist bereits dadurch vorprogrammiert, dass die Mobber in der Zahl ihren Opfern überlegen sind. Ein weiterer Vorteil ihrer Überzahl liegt darin, dass die Mobber, werden sie ertappt, einander in ihren Aussagen immer unterstützen. Das Fallbeispiel Katia/ Eva zeigt auf, wie sich aus einer persönlichen feindlichen Einstellung von Katia gegenüber Eva eine Gruppeneinstellung entwickeln konnte. Eva hat nicht nur *eine* Angreiferin, sondern gleich mehrere. Es werden Gerüchte verbreitet und sie weiß nicht mehr, wie viele gegen sie agieren. Das Machtgefälle wächst mit jeder Schülerin und jedem Schüler, die dem Mobbing-Bündnis beitreten. Auch wenn nicht so viele der Mitschüler mitmachen würden, ist ein eindeutiges Ungleichgewicht zu beobachten. Katia demonstriert Macht und diese wächst kontinuierlich. Sollte Eva versuchen, sich zur Wehr zu setzen, halten die Angreifer noch mehr zusammen. Eva ist zunehmend macht- und wehrlos.

Mobbing und Konflikte

Das eindeutige Ungleichgewicht zwischen Mobber und Opfer ist ein zentrales Merkmal von Mobbing. Es gehört auch zu den Kriterien, die Mobbing von Konflikten unterscheiden. In Konflikten sind die Streitenden einigermaßen gleich stark und mindestens gleichberechtigt. Kinder hänseln einander, streiten miteinander – manchmal sehr viel –, und es mag auch körperliche Ausmaße annehmen. Sind die Kinder etwa gleich stark, reden wir von Konflikten. Konflikte gehören zum Alltag und zur sozialen und emotionalen Entwicklung. Kinder lernen mit Konflikten umzugehen, sie zu lösen, sich durchzusetzen oder auch nachzugeben. Sie erkennen außerdem, wie weit sie gehen können, und sie lernen, sich zur Wehr zu setzen. Mobbing bietet keine solche Möglichkeit. Das Opfer des Mobbing-Angriffs hat keine Chance gegenüber den anderen. Somit lernt es meistens nur nachzugeben.

Wenn Kinder einen Konflikt haben, streiten sie «um etwas». Entweder möchten zwei Kinder das Gleiche und streiten darüber, wer den begehrten Gegenstand haben soll, oder sie streiten, weil sie sich nicht einig sind, was sie spielen sollen, wohin sie gehen wollen, wie Spielregeln sein sollen etc. Konflikte haben meistens einen konkreten Inhalt. Das Gleiche gilt bei Erwachsenen. Im Fall von Mobbing gibt es keinen Konfliktstoff. Im Mobbing demonstrieren Mobber ihre Machtbedürfnisse, indem sie jemanden angreifen und verletzen.

In Konflikten tragen beide Parteien zum Konflikt bei, auch wenn die eine Seite angefangen hat. Konflikte sind selten mit Aggression verbunden (Shantz, 1987). Konfliktsituationen können allerdings auch ausarten, beispielsweise wenn keine der beiden Parteien kompromisswillig ist, wenn die persönlichen Grenzen nicht respektiert werden, wenn Missverständnisse entstehen. Dazu kann es vor allem dann kommen, wenn die Konfliktparteien die Situation verzerrt wahrnehmen. Zu häufige Konflikte, Konflikte, die zu oft ausarten, Konflikte, die von Ungleichgewicht geprägt werden, weil immer dieselbe Partei nachgibt, sind nicht mehr entwicklungsfördernd. Und solche Konflikte können auch die Grundlage für eine Mobbing-Situation bilden, wenn die Rahmenbedingungen gegeben sind.

Es gibt Kinder und Erwachsene, die leicht in Konfliktsituationen geraten, und es gibt solche, die Konflikte vermeiden. Beide Verhaltensweisen können in einer Mobbing-Situation zu Ungunsten des Opfers missbraucht werden. Die einen lassen sich womöglich leicht provozieren, und jede Provokation kann eine schwere Konfliktsituation auslösen. Für Außenstehende ist die Situation schwer durchschaubar, wenn Mobber ihr Opfer zuerst provozieren und danach ihre Angriffe als «normale Abwehr» vertuschen. Die extreme Vermeidung von Konflikten wiederum führt dazu, dass Kinder sich schnell zurückziehen. Dadurch werden sie von Mobbern als leichte Zielscheiben wahrgenommen, die lieber schnell nachgeben, als sich zur Wehr zu setzen.

Es ist sehr wichtig, dass man Mobbing nicht als Konflikt bezeichnet. In einem Konflikt sollten beide Parteien zur Lösung des Konflikts beitragen, um daraus etwas Konstruktives zu lernen. In Mobbing-Situationen muss man dafür sorgen, dass Mobber und ihre Assistenten ihr Verhalten ändern. Mobbing wird von den Mobbern nicht selten als Konflikt vertuscht. Man täte aber dem Opfer sehr unrecht, wenn man es für die Mobbing-Situation zur Verantwortung ziehen oder sogar Kompromisswillen und Nachgiebigkeit verlangen würde.

- Mobbing ist kein Konflikt.
- Mobbing ist eine Machtdemonstration und von Ungleichgewicht geprägt.
- Konflikte haben konkrete Inhalte – Mobbing hat die Verletzung des Opfers zum Ziel.
- Konflikte sind Teil der Entwicklung – Mobbing hindert die Entwicklung.

Mobbing und Dominanz

Wenn Mobbing eine Machtdemonstration ist, liegt die Frage nahe, ob Mobbing nicht Teil von Dominanzritualen sein könnte, durch die eine Gruppe eine klare Rangordnung erhält. Solche Rangordnungen dienen meist dazu, aggressive Auseinandersetzungen in einer Gruppe zu verringern (Roseth, Pellegrini, Bohn, van Ryzin, Vance, 2007). Im Rahmen der sozialen Dominanztheorie kann man erwarten, dass aggressive Handlungen gebraucht werden, um die Hierarchie in einer Gruppe zu bilden. Wenn diese erstellt ist, können die Kinder besser einschätzen, wann sie in welchen Konfliktsituationen mit ihren Peers eher gewinnen oder eher verlieren. Dies führt dazu, dass die aggressiven Auseinandersetzungen abnehmen.

Warum aber sollten Kinder, die um Dominanz und Status ringen, Aggression gegen schwächere Mitschüler ausüben? Die Opfer sind in diesem Fall ja nicht diejenigen Kinder, die ihren dominanten Status in der Gruppe gefährden. Denn wie Smith und Boulton (1990) es formuliert haben, wird Dominanz nur erreicht, indem Peers von ungefähr gleicher Stärke herausgefordert werden, nicht indem Schwächere angegriffen werden. Des Weiteren würde man erwarten, dass die Aggressionen zurückgehen, wenn die Mobber ihren Status erreicht haben. Mobbing ist aber anhaltend, die Aggressionen gehen weiter, auch wenn das Opfer längst aufgegeben hat (Pepler, Craig, O'Connell, 1999). Deshalb darf Mobbing in keinem Fall einem Dominanzritual gleichgestellt oder mit der Sozialdominanztheorie erklärt werden.

Dominanzkämpfe sind normal. Mobbing ist kein Dominanzkampf.

Mobbing und Feindschaften

Nur wenige Forscher haben sich mit Feindschaften unter Kindern beschäftigt. Für uns sind solche Feindschaften interessant, weil sie durch Abneigung und Antipathie gekennzeichnet sind und eventuell als ein Element von Mobbing erscheinen könnten. Während starke gegenseitige Abneigungen im Kindergartenalter bis jetzt nicht erforscht wurden, fanden Abecassis und ihre Kollegen (2002) heraus, dass ungefähr 9 % bis 14 % der Mädchen und 20 % bis 25 % der Jungen in einem Alter zwischen 10 und 14 Jahren solche gleichgeschlechtlichen Antipathien angaben. Gegengeschlechtliche Antipathien wurden von ungefähr 15 % der Mädchen und Jungen berichtet. Feindschaften sind von starken negativen Einstellungen geprägt; Feinde sehen einander als eine Bedrohung. Gründe, die Kinder angeben, weshalb sie Peers nicht mögen, sind häufig mit aggressivem Verhalten verbunden. Plötzlich entstehende Antipathien können – wie im Katia/

Eva- Fallbeispiel – der Beginn einer Mobbing-Spirale werden. Es hängt wiederum vom Charakter und Verhalten des Kindes ab, das eine starke Antipathie gegenüber einem anderen Kind entwickelt. Dass das Opfer mit der Zeit starke negative Gefühle gegenüber den Aggressoren empfindet, ist allerdings zu erwarten.

In diesem Zusammenhang muss auf die Rolle von verfeindeten Familien im Mobbing-Geschehen in der Schule verwiesen werden. Im Laufe der zahlreichen Veranstaltungen, die ich durchgeführt habe, bin ich sehr häufig mit der Information von Lehrpersonen konfrontiert worden, dass die Eltern der Mobber und diejenigen der Opfer verfeindet sind und die Mobber diese Feindseligkeiten in der Schule austragen. Was am Mittagstisch gesagt wird, ist für die Kinder eine wichtige Information, und sie halten diese Information unter Umständen für die Wahrheit.

Antipathien gehören zur Schattenseite der Beziehungen zwischen Menschen. Starke Antipathien können zerstörerisch werden. Kinder sollten nicht die Antipathien der Erwachsenen austragen müssen.

Wichtiges in Kürze

Mobbing ist ein aggressives Verhalten, das in der Gruppe entsteht und von der Gruppe getragen wird.

Bei Mobbing geht es um Macht.

Soziale Handlungen sind miteinander verkettet. Eine Handlung beeinflusst die andere; sowohl positive als auch negative Zirkel entstehen schnell. Es gilt, die negativen Zirkel früh zu erkennen und zu unterbrechen.

Im Schulalltag oder auch in der Freizeitgruppe geschieht vieles, und es ist nicht immer einfach, die Übersicht über die einzelnen Beziehungen im Auge zu behalten. Denken Sie daran, dass ein Kind, das oft allein steht oder gelegentlich aggressiv behandelt wird, Opfer von Mobbing sein könnte.

Anregungen zum Nachdenken

- Was haben Sie in diesem Kapitel gelesen, das Sie
  - für das Erkennen von Mobbing
  - für das Vorbeugen von Mobbing
  - für ein eventuelles Vorgehen gegen Mobbing als relevant für die Praxis erachten?
- Versuchen Sie am Beispiel der Abbildung 1-1 gewisse Ihnen bekannte Gruppensituationen zu rekonstruieren.

2. Verschiedene Mobbing-Formen

Mobbing kann unzählige Formen annehmen. Alle Formen von aggressivem Verhalten können zu Mobbing-Zwecken verwendet werden: körperliche, verbale sowie nonverbale Formen, das Zerstören von Gegenständen etc. Auf diese Erscheinungsformen will ich in diesem Kapitel eingehen – sie ließen sich leicht erkennen, wenn man nur genau hinhören und hinschauen würde. Ich möchte dies allerdings in Verbindung mit einer zentralen Unterscheidung der Aggressionsformen in direkte und indirekte Vorgehensweisen tun. Denn diese Unterscheidung ist für die Erkennung von und den Umgang mit Mobbing sehr wichtig. Eine Übersicht dieser Unterteilung finden Sie in **Abbildung 2-1**. Zum Schluss gehe ich auf das sogenannte Cyber-Mobbing ein, d. h. den Gebrauch von elektronischen Medien zu Mobbing-Zwecken.

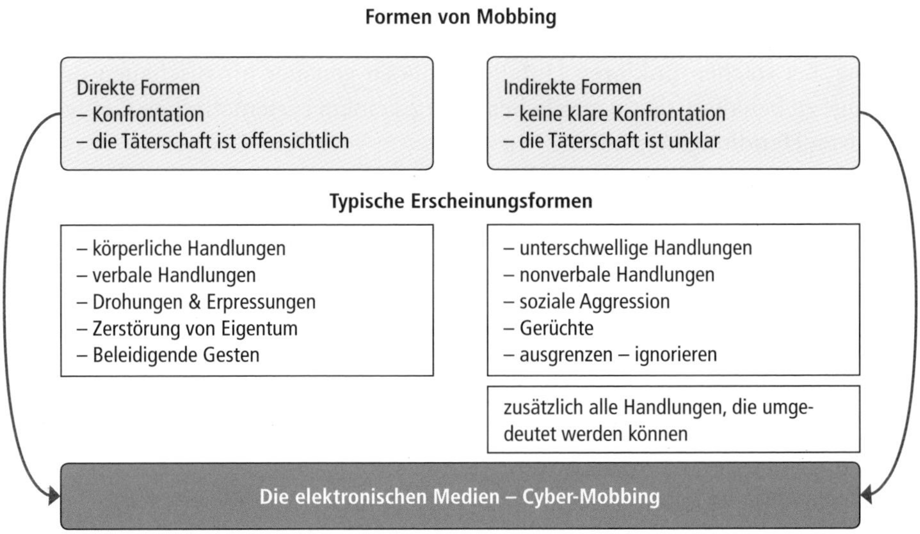

Abbildung 2-1: Übersicht über Mobbingformen (Françoise Alsaker, 2011)

2.1 Direkte Mobbing-Formen

Unter direkten aggressiven Vorgehensweisen verstehen wir Handlungen, bei welchen es eine Konfrontation zwischen den Angreifern und ihrem Opfer gibt. Das heißt, Angreifer und Opfer sind einander gegenübergestellt; für das Opfer und für Zeugen ist klar, was passiert und wer wen angreift. Die Täterschaft ist offensichtlich. Diese Formen der Aggression werden deshalb auch «offene» Aggression genannt.

Typische direkte Formen der Aggression und somit auch des Mobbings kennen alle, und wir würden sie im Normalfall auch problemlos als solche erkennen. Diese Formen sind in Abbildung 2-1 aufgelistet.

Körperliche Handlungen

Darunter verstehen wir zuerst einmal alle Handlungen, die zu einer körperlichen Verletzung oder auch zu körperlichem Schmerz oder Unbehagen führen, ohne dass dabei notwendigerweise eine offensichtliche Verletzung festzustellen ist – wie beispielweise beim Kneifen. Diese Formen sind bei jüngeren Kindern am häufigsten. Mit dem Alter und der Kraft der Angreifer steigt die Verletzungsgefahr. Aber auch bei jüngeren Kindern kann es bereits zu lebensbedrohlichen Situationen kommen, wie etwa beim Schlagen mit Steinen oder zufällig gefundenen Gegenständen oder wenn ein Kind vom Bürgersteig auf die Straße gestoßen wird. Dazu kommen die vielen Zwischenfälle, bei denen ein Kind «nur geschubst» wird, sich dabei jedoch verletzt, oder wenn ein Kind vor den Angreifern wegrennt und dabei eine Gefahr übersieht – meistens im Verkehr. Es ist wichtig, bei solchen unklaren Unfallsituationen genauer hinzuschauen und sie im Auge zu behalten, da sie möglicherweise zu einem systematischen Gefüge von negativen Handlungen gehören.

Zu den eindeutig körperlichen Formen der Aggression gehören außerdem alle körperlichen Berührungen, die vom betroffenen Kind unerwünscht sind; wenn es beispielsweise gegen seinen Willen festgehalten, festgebunden, in einen leeren Raum oder einen Schrank gedrängt wird, um dann eingesperrt zu werden. Solche Handlungen würde jeder als Übergriff empfinden. Mit dem Alter der Schüler kommen sexuelle Belästigungen dazu.

Berichte von Schülern beinhalten zudem unzählige grobe Vorkommnisse, die vom Beschmutzen und vom Zwang zum Essen von Ekel erregenden Dingen bis zu groben Körperverletzungen reichen.

Alle bis jetzt aufgeführten Beispiele wecken emotionale Reaktionen, die jede verantwortliche Person zum Handeln auffordern. Erste Mobbing-Handlungen beinhalten allerdings selten solche Grobheiten – im Gegenteil: Grobe körperliche

Gewalthandlungen treten häufig erst nach einem längeren Zeitraum mit weniger eindeutigen Vorkommnissen auf. Im folgenden Beispiel wird aufgezeigt, wie weit es kommen kann, wenn erste Anzeichen von Mobbing nicht ernst genommen werden. Der Schüler wurde bereits längere Zeit wiederholt ausgelacht, isoliert und auch körperlich gemobbt. Die Angriffe eskalierten bis zur gröbsten Gewalt.

> Eric verdankt seine heutige Gesundheit einem wachsamen Lehrer. Herr S. war auf dem Weg nach Hause, als er eine Gruppe von Schülern an einem etwas abgelegenen Ort unweit der Schule entdeckte. Etwas gefiel ihm bei dieser Ansammlung nicht. Er entschied sich, hinzugehen, um zu sehen, was vor sich ging. Fünf Schüler umringten zwei weitere Schüler. Claudio saß auf Eric, der auf dem Boden lag, und war daran, diesen mit aller Kraft zu ersticken. Eric hatte bereits Atemnot. Die fünf Zuschauer waren wie erstarrt. Im Gespräch danach wirkten sie verwirrt. Sie verstanden nicht, weshalb sie nicht eingegriffen hatten. Es war nicht das erste Mal, dass sie Zuschauer grober Handlungen gegen Eric waren. Vor diesen Vorkommnissen hatte Eric bereits viele andere Attacken erleiden müssen. Es ist nicht sicher, was mit Eric passiert wäre, wenn Herr S. nicht eingegriffen hätte.

Solche Vorkommnisse kennen viele aus Medienberichten. Sie sind aufsehenerregend. Schnell wird nach Maßnahmen gegen Jugendgewalt gerufen. Dabei wäre es viel wichtiger, dafür zu sorgen, dass es gar nicht erst zu solchen Eskalationen kommt. Eine effiziente Maßnahme wäre, Mobbing bereits in seinen Anfängen zu stoppen – bevor die Situation dramatisch wird.

Verbale aggressive Handlungen

Viele Studien zeigen, dass Mobbing am häufigsten in Form von verbalen Angriffen vorkommt (Smith, Morita, Junger-Tas, Olweus, Catalano, Slee, 1999). An dieser Stelle geht es mir um die offensichtlichen verbalen Angriffe: das Nachrufen von groben, gemeinen Namen zusammen mit bösartigem Auslachen wird in vielen Studien als die häufigste Mobbing-Form genannt (z.B. Wang, Iannotti, Nansel, 2009). Weitere häufige Formen des verbalen Mobbings sind allgemein beleidigende Ausdrücke, Beschimpfen, Anschreien oder Bloßstellen (z.B. entmündigende Hilfen anbieten, entwürdigende Kritik anbringen, Herumerzählen von Schwächen; Krappmann, 1994). Anhand dieser kurzen Auflistung erkennt man bereits verschiedene Typen von verbalen Angriffen: Während lautes Anschreien Teil starker Auseinandersetzungen sein kann, haben entwürdigende Ausdrücke und Auslachen vor anderen einen gänzlich anderen Charakter. Es sind Angriffe auf die Würde der angegriffenen Person. Solche Angriffe können auch in Konflikten vorkommen, die bereits ausgeartet sind. Kommen sie aber häufig vor, bedeutet dies, dass die Situation eine andere Dimension hat: entweder sind die Kinder nicht mehr in der Lage, ihre Konflikte konstruktiv zu lösen, oder es handelt sich um Mobbing. In beiden Fällen ist das Eingreifen von Erwachsenen nötig.

Wenn Sie merken, dass Kinder oder Jugendliche vermehrt die angesprochenen Verhaltensweisen verwenden, und die vermeintlichen Konflikte sich hinziehen, ist es möglich, dass es sich um Mobbing handelt. Denken Sie daran, dass die Betroffenen in diesem Fall auf die Hilfe von Erwachsenen angewiesen sind.

Drohungen und Erpressung

Drohungen und Erpressung haben einen speziellen Stellenwert. Sie sind verbal, aber sie beinhalten häufig Anspielungen auf körperliche Handlungen. Wenn wir von Erpressung und Drohungen hören, stellen wir uns meistens ältere Schüler vor. Kindergartenlehrpersonen wissen aber, dass dies bei jüngeren Kindern durchaus auch vorkommt – nur nehmen wir diese Drohungen oft nicht als solche wahr. In der Form sind sie alle gleich: «Wenn du nicht tust, was ich von dir will, wird es schlimm für dich aussehen.»

Cecilie war gerade 5 Jahre alt, als sie sich in ihrer Kindergartengruppe die Position der Anführerin unter den Mädchen verschaffte, indem sie ihnen gezielt drohte, sie an einer gemeinsamen Aktivität nicht teilnehmen zu lassen, nicht mehr ihre Freundin sein zu wollen oder einer Freundin etwas Negatives über sie zu erzählen. Sie bestimmte auch, wer mit wem spielen durfte. Alle Mädchen fürchteten ihre Drohungen.

Vor einigen Jahren erregten Vorkommnisse in Zusammenhang mit Erpressungen und Drohungen an französischen Schulen große Aufmerksamkeit in den Medien. Man nannte das Vorgehen «le Racket». Meistens wurden Schüler unter Androhung körperlicher Gewalt dazu gezwungen, Geld oder wertvolle Gegenstände herzugeben oder zu einem späteren Zeitpunkt in die Schule mitzubringen. Dieses Vorgehen muss nicht unbedingt Mobbing sein, aber es ist eine Gewaltform, die in diesem Zusammenhang oft anzutreffen ist; zum Beispiel, wenn jüngere Schüler gezwungen werden, ihre mitgebrachten Sandwiches abzugeben.

Jan bat seine Mutter darum, ihm nur noch Brote «mit dem starken Camembert» mitzugeben. Die Mutter war etwas erstaunt, denn dieser Käse war nicht Jans Lieblingsessen. Es stellte sich heraus, dass Jan damit seine Erpresser ausgetrickst hatte. Sie mochten diese Brote auch nicht und ließen Jan nach einigen Erpressungsversuchen in Ruhe, als er behauptete, seine Mutter würde ihm nur solche Brote mitgeben wollen.

Diebstahl und Zerstörung von Gegenständen

Gestohlen oder zerstört werden zum Beispiel Kleidungsstücke, Schulbücher, Stifte, aber auch Arbeiten, die ein Schüler oder eine Schülerin gemacht hat. Im Kindergarten wird eine Zeichnung zerrissen, in der Schule wird ein Strich durch die Mathematikaufgaben gezogen. Die Schuhe werden versteckt oder in einen Mülleimer gesteckt. Auf dem Weg von der Schule wird der Schulsack ausgeräumt, die Schulsachen werden verstreut oder landen gar in einer Pfütze.

Die letzten Beispiele wecken die Aufmerksamkeit der Erwachsenen – falls sie etwas mitbekommen. Aber meistens geschehen solche Gemeinheiten, wenn keine Erwachsenen in der Nähe sind. Die Mobber fangen auch hier mit weniger schlimmen Taten an; mit solchen, von denen sie wissen, dass Erwachsene darauf meist nicht stark reagieren. Einmal kommt das Kind ohne den schönen Kugelschreiber nach Hause, ein anderes Mal ist ein Schuh sehr verschmutzt oder der Radiergummi in mehrere Stücke zerschnitten. Diese «milderen» Vorkommnisse sind schwierig einzuordnen. Oft wird das Kind selber für den unordentlichen Umgang mit den Schulsachen oder den Kleidern beschuldigt. Meistens steckt auch kein Mobbing dahinter, aber eine Anhäufung solcher Ereignisse sollte Erwachsene – ob Eltern oder Lehrpersonen – aufhorchen lassen.

Wenn ein Kind beschädigtes Schulmaterial in die Schule oder nach Hause bringt und dies von ihm eigentlich nicht zu erwarten ist, könnte man zuerst einmal fragen, ob es «Streit» gegeben hätte. Je nach Antwort könnte man sich weiter erkundigen, ob es viele solche «Streitigkeiten» gäbe und wer immer wieder dabei wäre etc. Mit vorsichtigen Fragen gibt man dem Kind oder Jugendlichen eine Möglichkeit, mehr von sich aus zu erzählen.

Offensichtliche Gesten

Der Gebrauch von negativen nonverbalen Ausdrucksformen wird oft zu den sogenannten indirekten Formen von Aggression gezählt, weil solche Angriffe oft subtil durchgeführt werden. Es gibt aber auch nonverbale Angriffe, die sehr direkt sind. Dazu gehören beispielsweise obszöne Gesten, der offensichtliche

Gebrauch von Gesten, die das Opfer nicht verstehen kann (abgemachte Zeichen, siehe das Fallbeispiel unten), das demonstrative Wegrutschen auf der Bank, wenn das Opfer sich neben einen setzt. Diese kurze Auflistung stammt aus verschiedenen Mobbing-Situationen und zeigt eine zentrale Besonderheit von Mobbing: Der Angriff auf die Würde des Opfers oder die Demonstration, dass das Opfer nicht dazugehört.

> Christine sah, wie vier der Mädchen in der Klasse mit Gesten und Zeichen miteinander kommunizierten. Sie fragte eine Mitschülerin, was das zu bedeuten habe, und bekam zur Antwort, dass es sie nichts anginge. Angela, die Mobbing-Anführerin, hatte diese Zeichensprache entwickelt, und sie kommunizierte offensichtlich mit den anderen mithilfe dieser Zeichen, um Christines Ausgeschlossen-Sein in der Klasse zu verdeutlichen und sich über sie lustig zu machen. Christine erfuhr dies durch eine Mitschülerin, die Mitleid mit ihr hatte. (aus dem Film «Mobbing ist kein Kinderspiel», Namen geändert)

Diese offensichtlichen Mobbing-Formen bilden einen Übergang zu den indirekten Formen; sie sind zwar sichtbar und direkt, aber wecken in den seltensten Fällen die Aufmerksamkeit von Erwachsenen. Sollte das Opfer beispielsweise laut rufen, weil es provoziert wird, hört die Lehrperson nur diese Reaktion des Opfers und ist betreffend der auslösenden Geschehnisse ahnungslos. Oft wird das Opfer ermahnt, sich richtig zu benehmen.

Direkte Mobbing-Formen

- können unzählige Ausdrucksformen annehmen
- sind offensichtlich und die Täterschaft ist dem Opfer bekannt
- geschehen meist außer Sicht der Erwachsenen.

Viele der Handlungen, die direkt ausgeführt werden, können auch indirekt und verdeckt ausgeführt werden.

2.2 Indirekte Mobbing-Formen

Indirekt bedeutet auf Mobbing und aggressive Handlungen generell bezogen, dass man über indirekte Wege ans Ziel kommt. Im Gegensatz zu den direkten Angriffsformen findet bei den indirekten Formen keine Konfrontation statt. Indirekte Formen haben dadurch für die Aggressoren den deutlichen Vorteil, dass unmittelbare Gegenangriffe vermieden werden können. Wenn es eine Konfrontation gibt, wird die aggressive Handlung so ausgeführt, dass nicht direkt nachvollziehbar ist, was wirklich geschah.

Bei den indirekten Formen von Mobbing geht es aus der Täterperspektive darum, unerkannt zu bleiben oder sich jederzeit aus der Rolle der Täterschaft herausziehen zu können, indem man beispielsweise den Anschein erweckt, dass gar keine Absicht bestand, jemanden zu verletzen. Oft werden solche Angriffe auch als «verdeckte» Formen der Aggression bezeichnet.

Der Unterschied zwischen den direkten und indirekten Formen des aggressiven Ausdrucks ist aber nicht immer deutlich. So kann ein für das Opfer wichtiger Gegenstand in seiner Gegenwart oder hinter seinem Rücken zerstört werden, sodass es nicht weiß, wer der Täter ist.

Typische indirekte Mobbing-Handlungen sind beispielsweise subtile Gesten, Andeutungen, Gerüchte, Ausgrenzungen durch Ignorieren. Diese Auflistung (siehe auch Abb. 2-1) mag selbstverständlich und somit auch banal erscheinen, aber britische Studien haben gezeigt, dass ein großer Anteil der Lehrpersonen viele dieser Handlungen nicht als aggressive Handlungen betrachtet. Diese Reaktion ist verständlich und nachvollziehbar, denn solche Handlungen kommen auch als Teil von vorübergehenden Konflikten vor und sind recht verbreitet. Wer hat nicht selber einmal bei der Verbreitung von Gerüchten mitgemacht?

Aber gerade weil sie einerseits unscheinbar und andererseits sehr verletzend sind, ist es wichtig, sich mit diesen verdeckten Formen auseinanderzusetzen. Betroffene Kinder und Jugendliche berichten, dass diese subtileren Formen oft viel verletzender sind als reine Schläge – besonders, wenn sie sich wiederholen und Teil eines Mobbing-Musters sind.

Subtile verdeckte Formen

Wir haben bereits von direkten, beleidigenden Gesten gesprochen. Subtilere Anwendungen nonverbaler Formen sind beispielsweise Augenverdrehen, «vielsagende» Blicke, Kopfdrehen, Schulterzucken oder auch sogenannte paraverbale Handlungen, wie Intonation oder Änderung der Lautstärke. Damit wird etwas angedeutet, aber nicht direkt ausgesprochen. Natürlich handelt es sich dabei

Abbildung 2-2: Mobbingformen – Gesprächsgrundlage mit jüngeren Kindern. Zeichnungen Marianne Kauer.

nicht um «Angriffe» im eigentlichen Sinne. Es sind aber negative Ausdrucksformen, die in eine Reihe von Handlungen eingebettet werden, und damit eine soziale Situation für die betroffene Person zu einer peinlichen, sehr unangenehmen Angelegenheit machen können. Die minimalen Ausdrücke werden zwar in Gegenwart des Opfers eingesetzt, können aber jederzeit abgestritten werden. Ein Blick muss keine Sekunde dauern, um dem Opfer eine deutliche Botschaft zu vermitteln. Allerdings sind weder der Blick noch dessen Bedeutung von Außenstehenden eindeutig nachzuweisen (Alsaker, 2003).

Frau N. berichtet, dass Tamara häufig von Elisa und Martina schlecht behandelt, vielleicht sogar gemobbt wird. Aber eigentlich könne sie es verstehen, denn Tamara provoziere offensichtlich Elisa und Martina. Nach einer Anleitung zur genaueren Beobachtung stellt Frau N. fest, dass es Elisa und Martina waren, die Tamara durch Blicke und minimale Gesten provozierten. Sie wechselten Blicke miteinander, schauten Tamara kurz an und machten so weiter, bis diese ausrastete. Frau N. hatte bisher nur Letzteres gesehen und entsprechend Tamara ermahnt, sich zu benehmen.

Dieses Beispiel zeigt die mögliche Folge einer ganz perfiden und häufigen Form subtiler Angriffe: Das Opfer wird durch seine Reaktion auf Provokationen der Mobber selbst als ein Störelement wahrgenommen, sodass die Erwachsenen bestens verstehen, wieso die eigentlichen Täter gegen das Opfer agieren. Im Fallbeispiel wird die Lehrperson durch die zwei mobbenden Mädchen regelrecht manipuliert.

Nach Möglichkeit werden auch andere Schüler als Werkzeuge für den Angriff auf die Zielperson «missbraucht». Das Opfer wird beispielsweise verleumdet, sodass andere keine Lust haben, mit diesem zusammen zu sein, oder vielleicht sogar Angst bekommen, weil sie glauben, dass mit diesem Kind etwas nicht stimmt. Nach und nach wird das Kind aus der Gruppe ausgeschlossen, ohne dass es zu einer Konfrontation zwischen den eigentlichen Mobbern und dem Opfer kommt. Die anderen Kinder haben das Mobbing ausgeführt, ohne sich dessen wirklich im Klaren zu sein.

Der Fall in der Klasse von Frau N. ist ein typisches Beispiel für eine von einigen Autoren sogenannte «soziale Manipulation» (Björkvist, Österman, Lagerspetz, 1994). Darunter versteht man Handlungen, die dazu führen, dass sich die soziale Situation einer Person verschlechtert. Meist ist die Konsequenz die Ausgrenzung aus der Peer-Gruppe. Andere Autoren benutzen dafür den Begriff «relationale Aggression» (Crick, Ostrov, Burr, Cullerton-Sen, Jansen-Yeh, Ralston, 2006). Dabei wird versucht, Beziehungen zu beschädigen, die einer Person wichtig sind. Es kann beispielsweise der Versuch sein, einem anderen Mädchen die beste Freundin auszuspannen. Dabei ist keineswegs die Freundin interessant; nur die Zerstörung der Beziehung ist wichtig. Wenn klar ist, dass die Freundschaft in die Brüche gegangen ist, wird auch der ausgespannten Freundin schon bald die Freundschaft gekündigt.

Die Kunst der Umdeutung

Es sollte bereits deutlich geworden sein, dass die indirekten Formen darauf abzielen, die Zuschauer (besonders die Erwachsenen) zu verwirren. Es ist an sich möglich, viele der meist direkt auftretenden Angriffe auch indirekt zu verwenden. Dies geschieht beispielsweise, wenn die Täterschaft dafür sorgt, dass der

Vorfall anders gedeutet wird. Die Umdeutungsmöglichkeit verhilft den Angreifern, sich der Täterrolle zu entziehen. Häufig werden Angriffe in unbeabsichtigte «Unfälle» umgedeutet. Dazu werden bei körperlichen Formen nicht direkte Schläge verwendet, denn diese sind schwerlich umzudeuten. Das Kind wird vielmehr angerempelt, es wird ihm etwas in den Weg gestellt, es wird mit dem Ellenbogen von der Seite gestoßen etc. Typisch sind in der Folge falsche Auslegungen, das Verneinen oder Bagatellisieren des Geschehens von Seiten der Angreifer. Das heißt, wenn der Vorfall von Erwachsenen als Aggression wahrgenommen wird, verwenden die Mobber beschwichtigende Argumente wie «es war nicht so gemeint» (besonders bei verbalen Beleidigungen) oder sie behaupten, dass der körperliche Angriff nicht so hart war, wie das Opfer behauptet. Damit wird angedeutet, dass das Opfer zu sensibel ist. Ist das Opfer ein etwas ängstlicheres Kind, stimmen die Erwachsenen nicht selten zu und betonen, dass das Opfer lernen müsste, etwas mehr zu ertragen oder sich zu wehren.

Drohungen haben wir als direkte Angriffe behandelt. Allerdings können Drohungen auch so formuliert werden, dass sie zwar für das Opfer, nicht aber für das Umfeld, sehr klar sind.

> Leo gehörte nicht zu den körperlich Stärksten in der Klasse. Er hatte aber zwei etwas ältere Brüder, die bereits durch ihre Aggression aufgefallen waren. Leo hätte zwar nie seinen Mitschülern offen mit seinen Brüdern gedroht. Aber wenn er etwas von Daniel wollte, wusste er immer nebenbei etwas über die Brüder zu erwähnen.

Ich habe bereits erwähnt, dass Raufen, um Kräfte zu messen, kein Mobbing ist und auch nicht als aggressives Verhalten betrachtet wird. Es kann allerdings trotzdem in Mobbing-Situationen eingesetzt werden, zum Beispiel, um dem Opfer eine Falle zu stellen und die Erwachsenen irrezuführen. In solchen Fällen verwickeln die Aggressoren das Opfer ungefragt in eine «spielerische» Rauferei. Den Erwachsenen gegenüber kann so behauptet werden, es handle sich nur um ein Spiel. Es gibt Rangeleien, die sich zwischen Spaß und Aggression befinden, oder auch Bemerkungen, bei denen häufig nicht klar ist, ob diese für beide Seiten wirklich als Spaß erlebt werden. Bei allen vertuschten und zweideutigen Angriffen sind Erziehende oft von der vermeintlichen Harmlosigkeit des Vorfalls verunsichert und tendieren dazu, solche Handlungen eher als Rücksichtslosigkeiten oder als Vorkommnisse in normalen Konflikten zu deuten.

Wenn in Ihnen das Gefühl aufkommt, dass das, was sie sehen und hören, nicht ganz der Wahrheit entspricht, oder wenn Sie in gewissen Situationen ein beklemmendes Gefühl haben, sollten Sie diese Gefühle unbedingt ernst nehmen und genauer hinschauen. Äußern Sie, dass sie dieses Gefühl haben.

Welche Kinder verwenden indirekte Formen der Aggression am häufigsten?

Indirekte Formen der Aggression und des Mobbings werden nicht überall auf der Welt und von allen auf die gleiche Art und Weise verwendet. Japanische und australische Forschergruppen berichten zum Beispiel, dass Mobbing unter 10- bis 16-Jährigen in Japan viel mehr von indirekten, subtilen, manipulativen Handlungen geprägt ist als in westlichen Kulturen (Murray-Harvey, Slee, Taki, 2010).

Welche Formen das Mobbing annimmt, ist außerdem abhängig vom Alter der Kinder (Olweus, 1996; Rigby, 1996): Die körperlichen Formen nehmen mit dem Alter eher ab, während die verbalen und indirekten Formen zunehmen. Die Längsschnittstudien von Tremblay und seinen Kollegen in Kanada haben in mehreren Studien eindeutig gezeigt, dass körperliche Formen der Aggression mit dem Alter weniger werden (Tremblay, Nagin, 2005). Dieser Befund ist zuverlässig; obwohl die Medien oft über Jugendgewalt berichten, ist es in der Tat so, dass körperliche Formen der Aggression im Alter zwischen 4 und 15 Jahren ständig abnehmen.

Weniger bekannt ist, dass indirekte Formen bereits bei jüngeren Kindern vorkommen. Gemäß Ostrov und Godieski (2010) sind junge Kinder zwar absolut in der Lage, ausgeklügelte relationale und soziale Formen zu verwenden, diese sind jedoch häufig offensichtlicher als bei älteren Kindern, sodass die Identifikation der Angreifer durch das Opfer leichter fällt. Indirektes Mobbing besteht häufig im Ausschluss von Kindern. Dies scheint bereits im Vorschulalter ein bedeutsamer Stressor für die Kinder zu sein. So konnte ich in meiner allerersten Studie zum Thema Mobbing bei jüngeren Kinder in norwegischen Kindertagesstätten zeigen, dass Kinder, welche von den Betreuerinnen als ausgeschlossen wahrgenommen wurden, gemäß Angaben ihrer Eltern bedeutend mehr Stresssymptome zeigten als andere Kinder (Alsaker, 1993). Diese Kinder wirkten zu Hause bedrückt und häufig müde, ihr Selbstwert war oft niedrig. Interessanterweise hatten die Betreuerinnen zwar Probleme damit, körperliche Konflikte von Mobbing zu unterscheiden, nicht aber damit, ausgeschlossene Kinder zu identifizieren.

Ein anderer zuverlässiger Befund ist der Geschlechtsunterschied in der Verwendung von Aggressionsformen. Jungen verwenden häufiger körperliche Formen als Mädchen. Allgemein herrscht die durch einige Autoren gestützte Laienauffassung, dass Mädchen dafür viel häufiger indirekt aggressiv sind. Eine neue Studie, in welcher vorangegangene 148 Studien unter die Lupe genommen wurden (Meta-Analyse), zeigt allerdings, dass dies nicht der Fall ist. Der Unterschied zwischen Mädchen und Jungen bei der Verwendung von indirekten Formen war – so die Schlussfolgerung der Autoren – trivial (Card, Stucky, Sawalani, Little,

2008). Diese Ergebnisse blieben auf allen Altersstufen gleich. Interessant bei dieser Studie ist, dass die Autoren, nur wenn Eltern und Lehrpersonen Auskunft über die Verwendung von indirekter Aggression gaben, kleine Unterschiede zwischen den Geschlechtern fanden. Dies war nicht der Fall, wenn die Kinder und Jugendlichen selber befragt wurden. Diese verschiedenen Annahmen und Wahrnehmungen beruhen teilweise auf stereotypischen Auffassungen und teilweise auf einem Missverständnis. Mädchen zeigen insgesamt weniger Aggression als Jungen, aber wenn sie es tun, scheinen sie indirekte Formen zu bevorzugen (Flammer, Alsaker, 2002). Dies zeigt sich in der Studie von Card und Kollegen (2008) dadurch, dass die gleichzeitige Verwendung von direkten und indirekten Formen viel häufiger bei Jungen als bei Mädchen vorkommt.

Der Befund, dass indirekte und direkte Formen gleichzeitig verwendet werden, ist bedeutsam. Beide sind verschiedene Ausdrucksformen des gleichen Motivs, nämlich der Verletzung eines Opfers. Ich halte es deshalb für sehr wichtig, die indirekten Formen der Aggression immer zu berücksichtigen und ernst zu nehmen. Die indirekten Formen des Mobbings wurden und werden leider nicht in allen Studien zu Mobbing miterfasst. Selbst wenn sie erfasst werden, werden sie nicht immer gleichwertig mit direkten Formen behandelt (Alsaker, Valkanover, 2001). Im Alltag gilt aber eindeutig, dass indirekte, versteckte und verdeckte Formen genauso ernst zu nehmen sind wie offensichtlichere Ausdrücke.

Indirekte Formen von Mobbing

- beinhalten meistens eine Form von Manipulation der Opfer und Erwachsenen
- werden verwendet, um das Umfeld zu täuschen
- gehen häufig einher mit direkten Formen
- sind ebenso ein Ausdruck von verletzenden Absichten wie direkte Formen
- kommen bei Mädchen und Jungen ungefähr im gleichen Ausmaß vor.

2.3 Cyber-Mobbing

Jugendliche in industrialisierten Ländern sind heute regelmäßige Nutzer des Internets und der elektronischen Medien im Allgemeinen. Wie Perren schreibt: «Das Internet ist ein integrierter Bestandteil ihrer Lebenswelt, in dem sie kommunizieren, arbeiten, spielen, sich selbst präsentieren und Informationen suchen.» (Perren, im Druck, 11). Dieser Sachverhalt bringt sowohl neue Chancen als auch neue Risiken mit sich. Ein solches Risiko ist die Nutzung der elektronischen Medien für negative Handlungen gegen die Peers. Ein anderes Risiko besteht darin, zum Opfer solcher Handlungen zu werden. Seit Schüler vermehrt im Besitz von elektronischen Medien sind (Handy und Computer) oder mindestens regelmäßigen Zugang zum Internet haben, werden diese Medien auch tatsächlich im Rahmen von Mobbing benutzt. Man redet von Cyber-Mobbing oder man verwendet die englische Form Cyber-Bullying. Seit öffentlich von elektronischen Belästigungen berichtet wurde, hat sich der Fokus vieler Medien und Politiker darauf gerichtet. Es ist deswegen sehr wichtig, klarzumachen, worum es sich bei Cyber-Mobbing handelt, und zu untersuchen, ob es unabhängig von sonstigen Formen von Mobbing vorkommt oder vielmehr damit verbunden ist.

In Abbildung 2-1 weisen Pfeile von direkten und indirekten Formen hin zu Cyber-Mobbing. Dies soll verdeutlichen, dass Angriffe in der elektronischen Welt (auch Cyberspace oder online Welt genannt) sowohl direkt sein können, wenn eine Person direkt von ihren Angreifern beleidigt wird, als auch indirekt, wenn eine Person nicht weiß, was über sie geschrieben wird oder wer bestimmte Inhalte aufgeschaltet und verbreitet hat.

Die ersten Erkenntnisse zu Cyber-Mobbing

Peter Smith, der seit ungefähr 30 Jahren Studien zu Mobbing durchführt, hat sich in den letzten Jahren mit dem Auftreten von Cyber-Mobbing befasst. Seine ersten Studien in Großbritannien (Smith, Mahdavi, Carvalho, Fisher, Russell, Tippett, 2008) und eine Schweizerische Studie (Perren, im Druck) zeigen, dass Cyber-Mobbing – trotz der heutigen medialen Aufmerksamkeit – seltener als traditionelles Mobbing vorkommt. Smith und Kollegen berichten, dass es sich meistens – wie man es erwarten könnte – außerhalb des Schulareals ereignet. Die am häufigsten benutzten Medien waren Telefonanrufe und Textnachrichten. Auch wenn die Verbreitung von Videoaufnahmen deutlich geringer war, wurde der Wirkungsgrad dieser Formen von den Jugendlichen als negativer eingeschätzt.

Ein Problem bei den meisten Studien zu diesem Thema besteht darin, dass Kinder und Jugendliche gefragt werden, ob es ihnen bereits passiert sei, dass andere sie über das Handy, E-Mails, in Chatrooms oder in anderen elektronischen Foren beleidigt haben. Dabei wird diese Frage nicht konkret mit Mobbing-Situationen in Zusammenhang gebracht. Wenn ein Kind nun diese Frage bejaht, heißt es deshalb nicht, dass dieses Kind tatsächlich im Cyberspace gemobbt wird. Die Ergebnisse von Smith und Kollegen (2008) sowie weiterer Forschergruppen in der Schweiz und in Australien (Perren, Dooley, Shaw, Cross, 2010), zeigen aber, dass es einen engen Zusammenhang zwischen traditionellem Mobbing und Cyber-Mobbing gibt. Kinder und Jugendliche, die über elektronische Medien belästigt wurden, wurden häufig auch im traditionellen Sinn gemobbt. Das Gleiche gilt auch für die Cyber-Aggressoren: diese sind meistens auch traditionelle Mobber.

Die Studien von Smith und Kollegen liefern außerdem Information zur Wiederholung der Belästigungen über kürzere und längere Zeiträume. Sie zeigen, dass die Angriffe in den meisten Fällen (57 % der 69 Kinder und Jugendlichen, die solche Angriffe erlebt hatten) nach kurzer Zeit (1 bis 2 Wochen) wieder aufhörten. Es gab allerdings auch Fälle von Belästigungen, die jahrelang dauerten (10 %). Das heißt, dass Cyber-Angriffe nach ihrer Dauer unterschieden werden müssen, da der Effekt davon abhängt, ob es sich um eine vorübergehende Episode (und somit nicht um Mobbing) handelt oder um monate- oder jahrelange Verfolgungen, die sich mit Sicherheit auch im sozialen Umfeld in ein Mobbing-Muster einfügen.

Dass Cyber-Mobbing mit dem Alter zunimmt, dürfte keine Überraschung sein. Ybarra und Mitchell (2004) weisen nach, dass Jugendliche über 15 Jahre eindeutig mehr in Cyber-Mobbing involviert sind als ihre 10- bis 14-jährigen Kollegen. Dieses Ergebnis entspricht Befunden aus anderen Studien.

Was ist bei Cyber-Attacken speziell?

Ich werde in Kapitel 8 auf die Folgen von Cyber-Mobbing eingehen. An dieser Stelle ist es mir ein Anliegen, auf das Spezifische an Cyber-Mobbing aufmerksam zu machen, das für die Folgen von Cyber-Mobbing relevant sein könnte.

Ein ganz wichtiges Element ist, dass alles, was mit elektronischen Medien geschieht, anonym sein kann. Nutzer treten gegebenenfalls unter Pseudonymen auf. Man kann für jedes Forum und jeden Chatroom einen neuen Benutzernamen wählen. Wer sich hinter diesen Pseudonymen sicher fühlt, kann Hemmschwellen leichter überwinden. Diese Anonymität kann Umgangsformen empfindlich stören und zu einem vermehrten Gebrauch von unakzeptablem Verhalten in der Kommunikation führen.

Ein weiteres Merkmal von Cyber-Mobbing ist, dass das «Publikum» sehr rasch eine ungeahnte Größe erreichen kann. Dies ist beispielsweise der Fall, wenn beleidigende Kommentare in sozialen Netzwerken verbreitet werden, oder wenn ein kompromittierendes Foto an eine sehr große Anzahl Peers geschickt wird, die im Fall von traditionellem Mobbing nichts erfahren hätten. Die demütigende Wirkung ist damit potenziert. Die Täter können sich hinter Pseudonymen verstecken, aber die Opfer werden vor einem sehr breiten Publikum bloßgestellt. Das Ungleichgewicht und das Machtgefälle werden noch deutlicher als bei traditionellem Mobbing.

Ein weiteres Thema, das in letzter Zeit im Fokus gestanden hat, ist, dass einmal aufgeschaltete Inhalte sehr schwierig wieder zu löschen sind. Auch wenn ein Anbieter etwas löschen würde, können Videos, Fotos und Kommentare im Laufe von wenigen Minuten so weit verbreitet worden sein, dass sie sich im Internet an vielen Orten befinden können. Um ein einfaches Beispiel zu nennen: eine gesendete E-Mail befindet sich innerhalb von Sekunden auf zehn oder auch hunderten von Computern. Wie kann der Inhalt (evtl. mit Foto) dann für immer gelöscht werden?

Cyber-Mobbing kann in den meisten Fällen schwerlich von Erwachsenen entdeckt werden, wenn die betroffenen Opfer oder ihre Peers nichts darüber verlauten lassen. Es kann deshalb theoretisch sehr lange dauern, bis ein Cyber-Mobbing-Fall ans Licht kommt.

Herr V. ist Klassenlehrer in einer 8. Klasse. Er bekam von den Eltern eines Mädchens den Bescheid, die Schülerin würde auf Facebook von anderen gemobbt. Mehr wussten sie nicht. Aufgrund einer Rücksprache mit einem Schulpsychologen entschied sich Herr V. für die direkte Ansprechmethode. Er teilte der Klasse mit, dass er vom Mobbing-Fall wusste und dass die Mobber ihre Aktivität unmittelbar stoppen müssten. Sonst würde er nach einer kurzen Frist klare Sanktionen treffen. Das Facebook-Mobbing hörte auf. Das betroffene Mädchen wurde auch nicht mehr auf eine andere Art und Weise belästigt.

In diesem Fall genügte eine klare Ansprache des Lehrers. Möglicherweise wurden die Mobber unsicher, ob sie nicht trotz Pseudonyme doch entdeckt worden waren.

Wir wissen, dass Kinder und Jugendliche, die über elektronische Medien belästigt werden, sehr oft auch Opfer von traditionellem Mobbing sind. Es ist deshalb wichtig, die Kinder bei ersten Anzeichen von Mobbing auch auf Cyber-Mobbing anzusprechen.

Die naheliegende Schlussfolgerung in Bezug auf Cyber-Mobbing ist, – wie Perren (im Druck) und Byron (2008) diskutieren – dass Kinder und Jugendliche lernen müssen, sich vor den Risiken des Internets zu schützen. Viele Erwachsene fühlen sich hilflos im Umgang mit diesen Risiken. Es ist aber wichtig, dass sie gemeinsam mit den Kindern und Jugendlichen lernen, damit umzugehen. Eine zentrale Strategie ist mit Sicherheit, dass Kinder lernen, ihre private Sphäre zu schützen. Sie müssen lernen, über Cyber-Probleme oder Unsicherheiten zu sprechen, um sich in der Cyberwelt bewegen und die positiven Seiten dieser Entwicklung nutzen zu können.

Cyber-Mobbing

- ist eng mit traditionellem Mobbing verbunden
- ist weniger verbreitet als traditionelles Mobbing
- gewährt den Tätern Anonymität
- kann Opfer in kürzester Zeit vor einem großen Publikum bloßstellen.

2.4 Mobbing – ein Muster

Die Schwierigkeiten bei der Erkennung von Mobbing sind nicht auf bestimmte Formen oder ein bestimmtes Alter beschränkt. Gerade weil viele Vorfälle subtiler oder nicht dramatischer Natur sind, ist es oft nicht einfach zu entscheiden, ob es sich um Mobbing handelt oder nicht. Ein negativer Vorfall allein genügt nicht, um dies zu beurteilen. Man kann aufgrund von Wissen über die Merkmale von Mobbing höchstens die Vermutung anstellen, dass es sich um Mobbing handeln könnte. Die größte Schwierigkeit bei der Erkennung von Mobbing besteht eben darin, dass es um ein ganzes Gefüge von Episoden geht. Mobbing ist wie ein komplexes Muster, das man nach und nach zu erkennen lernt.

Viele Muster können wir rasch und mit viel Sicherheit einordnen, so zum Beispiel Gesichter, gewisse Zeichen am Himmel, bestimmte Stimmungen etc. Hinter diesem mühelosen Erkennen von Mustern steckt viel Erfahrung. Beim Mobbing fehlt es oft an dieser Erfahrung. Mobbing ist auch kein alltägliches Ereignis; wer damit noch nicht konfrontiert wurde, erkennt die einzelnen Episoden nicht unbedingt als Muster. Es kann vorkommen, dass man eine Aneinanderreihung von Taten feststellt, auf die einzelnen Kinder fokussiert und damit «den Wald vor lauter Bäume» nicht sieht.

Situationen, die wir nicht richtig verstehen und benennen können, aktivieren oft starke Unsicherheit und auch gemischte und unklare Gefühle in uns. Dies gilt häufig für Mobbing-Situationen: auch wenn eine Lehrperson Schwierigkeiten hat zu entscheiden, ob eine Handlung als gemein oder als «nur» rücksichtslos bezeichnet werden soll, so entwickelt sie doch ein mehr oder weniger deutliches Gefühl dafür, dass etwas nicht so ist, wie es sein sollte (Alsaker, 2003). Dieses Gefühl mag dadurch entstehen, dass sie die Hilflosigkeit des Opfers spürt. Gefühle können wichtige Warnzeichen sein und sollten ernst genommen werden. Entsteht ein solches «ungutes» Gefühl, dann deshalb, weil wir aufgrund langer Erfahrung mit anderen Menschen etwas wahrnehmen, das nicht in die üblichen angepassten und «guten» sozialen Muster passt. Ein solches Gefühl sollte uns dazu animieren, genauer hinzuschauen.

Wichtiges in Kürze

Die Erscheinungsformen von Mobbing ändern sich im Laufe der Entwicklung von Kindern: Körperliche Formen kommen im Kindergarten noch häufig vor, nehmen aber in der Schule deutlich ab. In der Schule dominieren verbale und subtilere Formen, in der mittleren Adoleszenz kommt außerdem Cyber-Mobbing dazu.

Es sind nicht die Einzelhandlungen an sich, die typisch für Mobbing sind, sondern die oft verdeckte, subtile oder manipulative Art, wie sie ausgeübt und vertuscht werden, sodass Erwachsene kaum mehr durchschauen, was eigentlich geschieht. Mobbing fängt nicht mit dramatischen Handlungen an. Mobbing ist vielmehr als Muster zu verstehen, das für Eltern und Lehrkräfte häufig sehr schwierig zu erkennen ist. Deshalb sind für die Früherkennung eine sehr genaue Beobachtung und der Wille, gezielt hinzuschauen, sehr wichtig. Oft haben wir ein unklares, «ungutes» Gefühl, das wir ernst nehmen sollten. Das Muster von Mobbing rechtzeitig zu erkennen, ist ein zentraler Grundstein der präventiven Arbeit.

Anregungen zum Nachdenken

- Welche Informationen waren für Sie neu?
- Was hätten Sie nicht erwartet?
- Wie stimmt die Information in diesem Kapitel mit Ihren eigenen Erlebnissen überein?
- Welche Bedeutung kann dieses Kapitel für Ihre praktische Arbeit oder Ihren Umgang mit eigenen und anderen Kindern haben?

3. Schlüsselaspekte von Mobbing

Im ersten Kapitel habe ich die Grundlagen zur Unterscheidung von Mobbing und anderen möglichen negativen sozialen Situationen diskutiert. Im zweiten Kapitel haben Sie die verschiedenen Facetten von Mobbing kennengelernt. In diesem dritten Kapitel will ich auf Schlüsselaspekte von Mobbing eingehen, die uns helfen sollen zu verstehen, weshalb Mobbing selten von sich aus aufhört, von den Opfern meistens nicht gestoppt werden kann und weshalb es besonders für die Opfer, aber auch für die Mobber negative soziale und psychische Folgen hat. Alle Ausführungen in diesem Kapitel bilden eine wichtige Grundlage für die Prävention von Mobbing.

3.1 Erniedrigung und Demütigung

Es sind nicht immer die für Außenstehende dramatischsten aggressiven Handlungen, die am meisten verletzen, und es braucht keine körperlichen Beeinträchtigungen, um dem Selbstwertgefühl eines Schülers zu schaden. Kinder, die über längere Zeit gemobbt wurden, erzählen zum Beispiel, dass die Schläge für sie noch erträglich waren, dass sie die Situation aber nicht mehr aushalten konnten, als andere anfingen, auf sie zu spucken (Alsaker, 2003). Dass Spucken eine äußerst beleidigende Handlung ist, können wahrscheinlich die meisten nachvollziehen. Solche Handlungen vermitteln dem Opfer das Gefühl, dass es so gut wie nichts wert ist. Es sind direkte Angriffe auf das Selbstwertgefühl.

Sowohl jüngere als auch ältere Schüler setzen solche erniedrigende Elemente als Mobbing-Strategie ein. Ob sich die Jüngsten bewusst sind, was dabei abläuft, ist eher unwahrscheinlich. Trotzdem haben sie bereits die Erfahrung gemacht, dass solche Angriffe sehr effizient sind.

Die einfachste Strategie, eine Person zu erniedrigen, ist, sie als dumm zu bezeichnen. Üblich bei Kindern und Jugendlichen (und auch bei Erwachsenen) ist der Gebrauch von Vergleichen mit Tieren, denen verschiedene negative Eigenschaften zugeschrieben werden (Esel, Schwein, Sau, Huhn etc.). Daneben sind auch Anspielungen auf einen schlechten Geruch oder Unreinheit durchaus gebräuchlich.

Das Auslachen des Opfers in aller Öffentlichkeit, das Ausplaudern von privaten Angelegenheiten, der Hinweis auf Schwächen – all das sind Verhaltensweisen, die beim Opfer üblicherweise Schamgefühle auslösen. Eine körperliche Erniedrigung kann zum Beispiel sein, dass das Opfer auf den Boden gedrückt wird, besonders, wenn dies an einem bekanntlich nicht immer sauberen Ort stattfindet (etwa in Toilettenanlagen).

Auch negative Aussagen über die Familie können für Kinder und Jugendliche als sehr demütigend erlebt werden. Dazu ein Ausschnitt aus einem Interview mit der 19-jährigen Milla, die Mobbing über längere Zeit, zwischen der 7. und der 9. Klasse, erlebte:

> I.: Was war das Schlimmste für dich?
> M.: Was mich am meisten verletzt hat, waren die Sprüche gegen meine Familie. Da ich einen speziellen Nachnamen habe, weil mein Vater nicht in der Schweiz geboren ist, kamen immer wieder Beleidigungen, die an meine Eltern gerichtet waren. Zum Beispiel sagten sie mir: «Fahr doch ab i dis Land du Yugo», oder: «di Vatter hett öpe eh ke Job, so wi dä usgseht.» («Fahr doch zurück in dein Land, du Yugo», oder: «dein Vater kriegt doch keine Arbeit, so wie er aussieht.»)

Auch im Kindergarten werden Szenen beobachtet, die solche Erniedrigungselemente beinhalten. Marcel beispielsweise durfte nur mitspielen, wenn die anderen Kinder einen Hund für ihr Spiel brauchten. Sie erlaubten ihm nur, auf allen Vieren zu gehen und nichts außer Hundegeräuschen von sich zu geben (genauer beschrieben in: Alsaker, 2003). Leider ist es auch heute noch so, dass einzelne Lehrpersonen selber demütigende Äußerungen als Strafmaßnahmen verwenden. Dies trifft speziell solche Kinder sehr hart, die sowohl unter Verhaltensproblemen als auch unter Mobbing durch die Mitschüler leiden.

> Die Eltern vom 6-jährigen Emmanuel beschrieben in einer fünfseitigen Liste Handlungen der Kindergartenlehrperson und der anderen Kinder gegenüber Emmanuel. Neben einem relativ groben Umgang mit ihm waren es auch öffentliche Äußerungen, die ihn bloßstellen sollten, in etwa: «Da ist doch das nette Büblein, das der Mutti erzählen sollte, was es alles anstellt.» Andere Kinder lachten ihn wegen eines Ausspracheproblems aus, ohne dass die Lehrperson intervenierte. Auch er – wie Marcel – durfte nur in gewissen Rollen mit den anderen Kindern spielen. Mädchen erwiderten seine Begrüßungen nur mit «Pfui». Emmanuel hatte sehr große Angst vor der Lehrperson und dem Kindergarten. Versuche einer Therapeutin, die Situation mit der Lehrperson zu besprechen, scheiterten. Alle Involvierten schienen überfordert zu sein.

Die erniedrigenden Aussagen und Handlungen haben die Funktion, das Opfer daran zu erinnern, dass es sich in der Hierarchie auf dem untersten Platz befindet. Dadurch wird der Wert des Opfers in den Augen der Zuschauer zerstört. Das Opfer besitzt allmählich wenig oder keinen Wert mehr. Dies hat zur Folge, dass es dementsprechend behandelt werden «darf». Dieser Prozess ist Teil der sogenannten moralischen Distanzierung (Kap. 7), in deren Folge sich das Opfer selber als zunehmend wertlos wahrnimmt (Alsaker, Olweus, 2002).

3.2 Schweigen

Es ist in der Forschung seit langem bekannt, dass Opfer von Mobbing häufig nicht erzählen, was ihnen passiert. Auch Mitschüler und Erwachsene sprechen nur selten darüber. Die Mobber selber gehen auch nicht nach Hause und berichten über ihr Verhalten gegenüber den Peers. Um Mobbing herrscht Schweigen, und so erfahren Lehrpersonen und Eltern häufig erst sehr spät von den verschiedenen aggressiven Handlungen, denen das Opfer über lange Zeit ausgesetzt war.

Generell muss man feststellen, dass Mobbing, sei es auf Kindergartenstufe, auf verschiedenen Schulstufen oder auch im Arbeitsleben, noch stark tabuisiert ist; es kann weiter gedeihen, weil man darüber schweigt.

Das Schweigen der Opfer

Ein offensichtlicher Grund für das Schweigen der Opfer ist die Angst, dass die Mobber sich für das Brechen des Schweigens und die Meldung ihrer Taten rächen könnten (Olweus, 1996). Tatsächlich drohen Mobber ihren Opfern häufig mit weiteren Angriffen, falls diese mit jemandem über die Mobbing-Vorfälle sprechen würden. Das Nicht-Informieren der Lehrpersonen hängt wahrscheinlich auch damit zusammen, dass Kinder dies irrtümlicherweise als Petzen ansehen. In meiner Arbeit mit Lehrpersonen des Kindergartens und der Unterstufe im Rahmen unseres Präventionsprogramms bin ich sehr oft damit konfrontiert worden, dass Lehrpersonen sich vor einer Petz-Kultur fürchteten. Im ungünstigsten Fall beurteilen Lehrpersonen das Melden von einzelnen Vorfällen selbst als Petzen. Dies ist dann der Fall, wenn sie nicht verstanden haben, dass es oft um mehr als diese eine Episode geht. Leider gibt es immer noch Lehrpersonen, welche dem Opfer nicht glauben oder nicht richtig zuhören wollen (Olweus, 1996). In solchen Fällen ist die Angst des Opfers, dass die Lehrperson es nicht vor Vergeltungstaten der Mobber schützen kann, durchaus berechtigt (Pepler, Craig, 1997). Murray-Harvey und Kollegen (2010) berichten von einem 13-jährigen australischen Schüler, der lange gemobbt wurde und niemandem davon erzählte, weil er den Mut dazu nicht hatte. Er sagte in einem Interview, dass Lehrpersonen und Berater Kindern helfen sollten, dieses Schweigen zu überwinden.

Es ist wichtig, Schülern das Melden von Mobbing-Vorfällen zu erleichtern. Das Melden von Mobbing-Episoden sollte als verantwortungsvolle Handlung bezeichnet werden, z. B. im Sinne von «Partei für das Opfer ergreifen» oder «Hilfe holen».

Die Zahlen zeigen deutlich, dass die gemobbten Kinder auch zu Hause ungern von der negativen Behandlung erzählen, der sie ausgesetzt sind. Nur etwa die Hälfte der Opfer in der Grundschule hatte nach einer norwegischen Studie mit den Eltern über das Mobbing gesprochen. In den höheren Klassen war es nur noch ein Drittel (Olweus, 1996). Hier stellt sich die Frage, ob die Kinder wirklich nie darüber berichtet haben, oder ob ihre Versuche nicht ausreichend Aufmerksamkeit erfuhren. Es kann sein, dass Kinder von Vorfällen erzählen, welche den Ernst der Situation nicht erkennen lassen. Wie bereits angesprochen, sind die meisten Mobbing-Episoden einzeln betrachtet nicht unbedingt dramatisch. Da Kinder meistens von dem erzählen, was ihnen gerade passiert ist, berichten sie wahrscheinlich über die letzte Episode, egal ob sich diese für Erwachsene schlimm anhört oder nicht. Für die Kinder selber ist es eine schlimme Erfahrung gewesen, weil sie sich in eine lange Reihe von negativen Handlungen einfügt. Die Kinder haben nicht unbedingt das richtige Vokabular, um auf die gesamte Situation hinzuweisen.

Im Alltag eines Kindes passiert vieles, das nicht immer angenehm ist, jedoch zur Entwicklung gehört. Beispielsweise muss ein Kind damit zurechtkommen, dass es Streit gibt und dass es lernen muss, sich durchzusetzen. Viele Eltern versuchen im Sinne einer positiven Entwicklung ihres Kindes, einzelne negative Ereignisse nicht zu ernst zu nehmen und ermuntern das Kind eher dazu, sich selber zu wehren. In den allermeisten Fällen ist das auch richtig. Problematisch wird es allerdings, wenn die gemeldete Episode nur eine von vielen war, über die die Eltern nicht informiert sind. Das heißt, wenn das Kind über längere Zeit gemobbt wird und nichts von früheren Vorfällen erzählt hat. Hat das Kind beim Bericht über den letzten Vorfall das Gefühl, dass es nicht ernst genommen wird, wird es ein anderes Mal nichts mehr erzählen.

Das heißt wiederum nicht, dass wir als Erwachsene sofort alle negativen Vorkommnisse zwischen Peers gleich als Mobbing-Anzeichen deuten sollen. Was wir aber tun können, ist etwas genauer hinzuhören, wenn Kinder erzählen. Häufig greifen wir etwas schnell zu drei bekannten Erwiderungen: 1) es ist wohl doch nicht so schlimm, 2) da musst du dich doch selber wehren und 3) was hast du getan, dass der andere sich so verhielt? Statt voreilig zu reagieren, sollten wir dem

Kind zu verstehen geben, dass wir es ernst nehmen. Dazu können wir die eine oder andere Frage stellen, um die Situation besser zu verstehen. Fragen wie «Sag mal, ist das schon früher passiert?», oder «Ist sonst noch etwas passiert?», «Haben andere Kinder etwas gesagt?», sind nicht aufdringlich (es soll kein Verhör werden), aber sie können mehr Information über die Gesamtsituation bringen, sodass wir besser verstehen, worum es geht.

Wenn Kinder etwas von der Schule erzählen, das ihnen offensichtlich Mühe macht, verdienen sie es, gehört zu werden. Wenn sie erleben, dass wir ihnen zuhören, werden sie schwere Vorfälle, sollten sich solche ereignen, eher berichten.

Die Opfer schämen sich oft wegen der Mobbing-Situation und mögen deshalb nicht davon erzählen. Es kann sein, dass sie das Gefühl haben, sie sollten selber mit der Situation klarkommen. Sie schämen sich eventuell auch dafür, dass sie sich nicht wehren können; denn den Satz, dass man sich wehren sollte, haben sie schon oft gehört.

Einige Opfer erzählen auch, dass sie die Mobbing-Vorfälle als nicht «wichtig» genug eingeschätzt und deshalb nichts gemeldet hätten (Pepler, Craig, 1997). Diese Reaktion hängt damit zusammen, dass Opfern häufig gesagt wird, dass sie die Situation nicht so ernst nehmen sollen. Wenn das Mobbing über längere Zeit andauert, wird es fast zu einem normalen Teil des Alltags und der Schulsituation, egal wie schmerzhaft es ist. Besonders dann, wenn niemand etwas dagegen unternimmt, wirkt es so, als ob niemand es ernst nehmen würde. Obwohl ihr Schulalltag sehr schwer zu ertragen ist, sind die Opfer vielleicht zu der Auffassung gekommen, dass dies eben ihr Schicksal sei und dass sich da wenig ändern lasse. Dazu die Aussage der 18-jährigen Linda, die 6 Jahre lang gemobbt wurde:

I.: Hatten Sie mal versucht, mit ihren Eltern/Lehrern über Mobbing zu sprechen?
L.: Zu meiner Zeit kannte man das Wort «Mobbing» noch nicht. Mit den Lehrern wollte ich um keinen Preis reden. Ich wollte nicht als «Petze» gelten. Mit meinen Eltern habe ich schon gesprochen, aber ich habe ihnen verboten, etwas zu unternehmen. Doch eines Tages kontaktierten sie die Lehrer. Doch die Lehrer nahmen sie nicht ernst.
I.: Wieso?
L.: Ja, wieso auch? Bei einem Mobbing-Opfer sieht man keine Narben oder gebrochene Knochen. Also wird es wohl nicht so schlimm sein, dachten die Lehrer. Meine Eltern gaben nicht auf und gingen zur Schulpflege. Doch die waren etwa derselben Ansicht wie die Lehrer. Nichts half, also beschloss ich, die Mobber zu ignorieren. *Ich ließ die Schikanen über mich ergehen und wartete resigniert das Ende der Schulzeit ab.*

Auch Cyber-Mobbing scheint von Schweigen umhüllt zu sein. In einer Studie dazu berichten Smith und Kollegen (2008), dass nur 56 % der betroffenen Jugendlichen jemandem von den belästigenden Erlebnissen erzählt hatten. Die Lehrperson wurde am seltensten (in 9 % der Fälle), aber auch die Eltern wurden nur von 16 % der betroffenen Jugendlichen informiert. Meistens waren es Freunde, die davon erfuhren (27 %).

Das Schweigen der Zeugen

Beobachtungsstudien in Kanada zeigten, dass Schüler in mehr als 85 % der Fälle Zeugen von Mobbing-Situationen sind, aber nichts tun (Hawkins, Pepler, Craig, 2001). Eines ist also sicher: die allermeisten Schüler wissen, was geschieht. Diese Kinder und Jugendlichen tun nichts und erzählen es auch nicht – oder zumindest nur selten – weiter.

Aus dem Film «Mobbing ist kein Kinderspiel»: Eine Zeugin des Mobbings (Ramona) erzählt dem Interviewer (I), dass sie die Mobbing-Situation nicht richtig fand und dass sie diese Zeit als schwierig erlebt hat.
I.: Konntest du jemandem erzählen, was du denkst, oder musstest du alles für dich behalten?
R.: Ich hätte wohl den anderen schon einmal etwas davon erzählen können, aber ich habe es trotzdem für mich behalten.
I.: Aus Angst?
R.: Ja.
I.: Hattest du denn gar niemanden, dem du das Hin und Her in deinem Innern erzählen konntest?
R.: Nein.
I.: Zum Beispiel zuhause?
R.: Ja, meiner Katze.
I.: Hast du es deiner Katze erzählt?
R.: Ich habe einfach ein wenig gesprochen. Eine Katze kann es ja nicht weitererzählen. So war es noch praktisch.

Die Mobber haben Macht über die meisten Kinder oder Jugendlichen in der Klasse. Sie sind aggressiv und treten dementsprechend auf. Die Mitschüler beobachten über lange Zeit, wie die Opfer behandelt werden, und fürchten, selbst in die Rolle des Opfers zu geraten. Sie haben Angst, den Vergeltungstaten der Mobber ausgesetzt zu sein. Sie fürchten sich auch davor, als Petzer bezeichnet zu werden. So erging es auch Ramona im Fallbeispiel. Die Situation hat sie sehr geplagt, sie war hin und her gerissen, fühlte, dass das Mobbing falsch war, hatte aber

Abbildung 3-1: Zeugen von Mobbing sind verunsichert und schauen weg. Zeichnung Marianne Kauer.

Angst davor, was passieren würde, wenn Erwachsene sich einmischen würden. Die Katze konnte nichts weiter erzählen und gab ihr wenigstens einen Hauch von Entlastung.

Die Zeugen fühlen sich oft ebenso hilflos wie die Opfer. Auch sie können überfordert sein, wie im Fall von Eric in Kapitel 2. Peers bzw. gute Freunde sind wichtig, wenn man etwas loswerden oder über seine Gefühle sprechen möchte. Aber Gleichaltrige können nicht die Funktion von Erwachsenen übernehmen, wenn eine Situation nicht mehr «normal» ist. Und Mobbing ist keine normale Situation. Hier braucht es das Eingreifen Erwachsener.

Häufig wissen die Zeugen nicht, wem sie etwas erzählen sollten, um effiziente Hilfe für das Opfer zu bekommen. Sie beobachten die Vorfälle seit längerer Zeit und nehmen nicht nur die Passivität der Gleichaltrigen, sondern auch die Passivität der Erwachsenen wahr. Vielleicht werden sie auch Zeugen von fehlgeschlagenen Interventionen der Erwachsenen. Wie sollten sie sich trauen, etwas zu tun? Sie können nicht hundertprozentig darauf vertrauen, dass sie bei dem Versuch einer Hilfeleistung von Peers oder Lehrpersonen unterstützt werden. Was würde passieren, wenn sie selber von den Mobbern angegriffen würden? Würde ihnen jemand zur Seite stehen? Mit ihrem Schweigen wollen Peers dem Opfer nicht eigentlich schaden, eventuell wollen sie es vor einer Eskalation schützen. Dabei ist ihnen nicht klar, dass sie die Mobbing-Situation durch ihr Verhalten verstärken. Auf diese Mechanismen und die Gefühle sowie Reaktionen der Kinder in der Zuschauerrolle komme ich in Kapitel 5 ausführlicher zu sprechen.

Das Schweigen der Erwachsenen

Ich habe bereits auf das Schweigen und die Passivität der Erwachsenen hingewiesen. Ergebnisse aus früheren Studien haben gezeigt, dass nur etwa 35 % der gemobbten norwegischen Grundschulkinder berichteten, ihre Lehrerin oder ihr Lehrer hätte mit ihnen über die Mobbing-Situation gesprochen. Bei den Opfern in weiterführenden Schulen waren es sogar nur noch 20 %, die sagten, eine Lehrperson hätte mit ihnen darüber gesprochen. Von den meisten Mobbern wurde entsprechend berichtet, dass ihre Mobbing-Handlungen nicht thematisiert wurden (Olweus, 1996). Studien aus Großbritannien enthalten ähnliche Ergebnisse.

Ein Grund für das Schweigen der Lehrpersonen liegt offensichtlich in der Tatsache, dass Schüler nicht von sich aus über diese Vorfälle erzählen. Das haben wir bereits diskutiert: Opfer schweigen, auch wenn sie häufig gemobbt werden. Whitney und Smith (1993) berichteten, dass weniger als die Hälfte der jugendlichen Schüler, die so oft wie «mehrmals pro Woche» gemobbt wurden, eine Lehrperson darüber informiert hatten. Jüngere Schüler taten es allerdings etwas häufiger.

Es gibt aber auch die Fälle, in denen Lehrpersonen alarmiert werden, entweder von Schülern oder von Eltern, und trotzdem nichts ansprechen und nichts tun. Warum Erwachsene nichts unternehmen, lässt sich verschiedentlich begründen.

Die Aussagen in den untenstehenden Ausführungen bauen auf Gespräche mit Lehrpersonen, Schulleitern in Weiterbildungskursen und Workshops über die letzten 20 Jahre auf. Sie sollen keineswegs als Anklage gegen Lehrpersonen verstanden werden, sondern aufzeigen, wie komplex die Situation werden kann, wenn in einer Schule keine klare Anti-Mobbing-Kultur besteht. Die Unübersichtlichkeit der Situation und ihre Komplexität spielen in diesem Zusammenhang eine zentrale Rolle. Wie bereits erwähnt, genügt die Beobachtung einer einzelnen Episode nicht, um sagen zu können, ob es sich um einen Konflikt, einen Angriff, eine Rücksichtslosigkeit oder um Mobbing handelt. Die Lehrperson hat nicht immer genügend Übersicht über die Situation, weiß oft nicht, was der Situation vorausgegangen ist, und kann deshalb die Lage nicht mit Sicherheit richtig einschätzen (Alsaker, 2003; Murray-Harvey et al., 2010). Wenn Lehrpersonen nicht sicher sind, was sie vor Augen haben, haben sie häufig Angst, ungerecht zu handeln. Viele der Lehrpersonen, mit denen ich über die Jahre gesprochen habe, scheinen ein ausgeprägtes Bedürfnis für Gerechtigkeit zu haben. Sie wollen Verständnis für beide Parteien zeigen. Dies ist in den allermeisten Fällen eine lobenswerte Einstellung. In Mobbing-Vorfällen ist es aber eher ein Hindernis, da Mobber sehr gut für sich sprechen können und meistens auch mehrere «eigene Zeugen» vorführen können, während Opfern diese Möglichkeit verwehrt bleibt. In solchen Fällen bekommen die Lehrpersonen nur – oder vor allem – die Version der Mobber zu hören.

Ein weiterer Faktor, der zum Nicht-Intervenieren führt, ist ein nicht selten auftretendes Gefühl von Machtlosigkeit gegenüber den komplexen und subtilen Mobbing-Vorkommnissen. Viele Lehrpersonen sagen, dass sie nicht wissen, wie sie konkret eingreifen sollen. Einige fühlen sich direkt überfordert. Es kann von daher auch nicht erstaunen, dass sie nichts unternehmen. Manche Lehrpersonen berichten, dass sie versucht hätten, etwas zu unternehmen, dabei aber keine Unterstützung vom Kollegium erhalten hätten. Lehrpersonen können selber ebenso Angst vor den Mobbern haben. Auch von jüngeren Kindern ausgehende direkte und vor allem körperliche Aggression scheint viele Erwachsene zu beeindrucken. Genaue Zahlen zur Gewalt von Kindern und Jugendlichen gegenüber Lehrpersonen fehlen. Vereinzelte Medienberichte aus der Schweiz und benachbarten Ländern weisen darauf hin, dass dies für einige Lehrpersonen bereits Realität ist. Von Lehrpersonen wird allerdings erwartet, dass sie disziplinarische Probleme unter Kontrolle haben. Deshalb ist es in vielen Lehrerkollegien schwierig, solche Probleme anzusprechen.

Es ist sehr wichtig, dass Lehrpersonen, die Mobbing-Fälle entdecken, Unterstützung vom Kollegium und der Schulleitung erhalten. Eine klare Anti-Mobbing-Schulkultur ist ein erster Schritt.

3.3 Das Opfer steht allein

Aus den vorhergehenden Ausführungen ist klar geworden, dass Opfer typischerweise isoliert dastehen. Untersuchungen zeigen auch, dass Opfer meistens weniger beliebt sind und in der Klasse sogar generell abgelehnt werden (z. B. Salmivalli, Isaacs, 2005). Zudem habe ich bereits erwähnt, dass die offensichtliche Isolation der Opfer von den Betreuerinnen in Kindertagesstätten leicht erkannt wurde (Alsaker, 1993).

Die Frage, die sich hier stellt, ist, ob die Isolation zu Mobbing führt oder umgekehrt. Beides ist wissenschaftlich nachgewiesen worden. Kinder, die abgelehnt werden und bei anderen nicht beliebt sind, werden häufiger zu Opfern von Mobbing. Gleichzeitig führt das Gemobbt-Werden dazu, dass Kinder mit der Zeit weniger beliebt werden (Ladd, Troop-Gordon, 2003).

In der Forschung werden Beliebtheit und Ablehnung bei Kindern und Jugendlichen etwa ähnlich gemessen, wenn auch mit verschiedenen Instrumenten. In der Schule werden meistens alle Schüler gebeten, die drei Peers zu nennen, die sie am liebsten haben, oder mit denen sie am liebsten eine bestimmte Aktivität durchführen würden. Wenn man die Ablehnung messen will, werden auch drei Peers genannt, die man am wenigsten mag oder mit denen man am wenigsten eine bestimmte Aufgabe machen würde. Aufgrund der Nennungen, welche die Kinder bekommen, werden sie in verschiedene Sozialstatus-Kategorien eingeteilt. In der Studie, die ich 2003–2006 leitete («Mobbing im Kindergarten und in der Schule» abgekürzt als MOK, siehe Kap. 4) haben wir den Bus-Test verwendet, den wir bereits in einer früheren Studie erprobt hatten (Alsaker, 2003). Wir benutzten dazu einen Kartonbus, in welchem es sechs Sitze gab. Wir sagten den Kindern, dass sie auf eine kleine Busreise gehen dürften und fragten: «Welche Kinder aus dem Kindergarten nimmst du mit?» Die Kinder durften auch sagen, dass sie keines der Kinder oder nur ein einziges Kind mitnehmen wollten. Nach Umwandlung der Nennungen aufgrund der Anzahl Kinder in der Gruppe, bekam jedes Kind einen «Beliebtheitswert».

Man weiß von Schulstudien (Alsaker, 2003; Boulton, Smith, 1994), dass Opfer in der Klasse weniger beliebt sind als andere Kinder. Ob sie passive oder eher aggressive Opfer sind, spielt keine Rolle; sie sind eindeutig weniger beliebt als die Mobber und jene Kinder, die an Mobbing nicht beteiligt sind. Diese Unterschiede fanden wir auch in der MOK-Studie. Sie sind **Abbildung 3-2** zu entnehmen. Die Ergebnisse aus der früheren Studie im Kindergarten und aus der Schulstudie in Norwegen sowie der Schweiz sind zum Vergleich aufgeführt. Das Ergebnismuster in den drei Studien war sehr ähnlich. Ob Kindergartenkinder oder 16-Jährige, Opfer sind weniger beliebt und Mobber sind genauso beliebt wie die Peers, die nicht am Mobbing beteiligt sind.

Frühere Studien zur Beliebtheit haben gezeigt, dass aggressives Verhalten mit weniger Beliebtheit in Zusammenhang steht. In solchen Studien wurde nie unterschieden zwischen aggressiven Kindern, die mobben, und aggressiven Kinder, die selber gemobbt werden. Ergebnisse aus der Mobbing-Forschung zeigen eindeutig, dass nicht aggressive Kinder an sich, sondern nur die gemobbten aggressiven Kinder unbeliebt sind.

Man könnte argumentieren, dass aggressive Opfer eher unkontrolliert sind und andere stören. Das tun die passiven Opfer nicht. Somit ist es schwierig zu

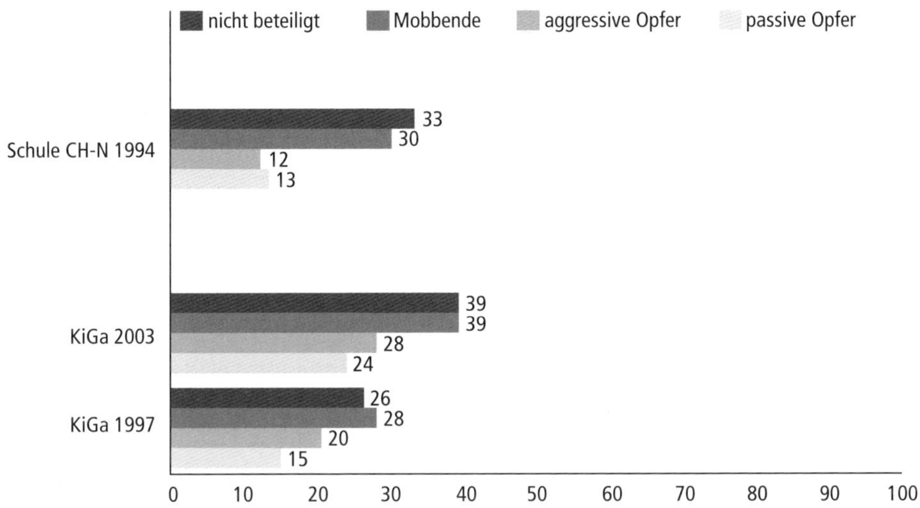

Abbildung 3-2: Die Beliebtheit von Kindergarten- und Schulkindern in Abhängigkeit der Mobbingrollen (Prozente von möglichen Nennungen durch die Peers) (Alsaker, 2003; Alsaker, Gutzwiller-Helfenfinger, 2010)

erklären, weshalb diese Kinder unbeliebt sind. Ich wüsste auch von keiner Studie, welche die Unbeliebtheit der passiven Opfer durch das Verhalten der Opfer plausibel machen könnte.

Diese Aspekte der Isolation und geringeren Beliebtheit der Opfer werden in den Kapiteln 5 und 6 wieder aufgenommen, wenn die passive Rolle der Peers und die Verletzbarkeit der Kinder diskutiert werden.

3.4 Hilflosigkeit und Ausweglosigkeit der Opfer

Wenn negative Erfahrungen für eine Person unvorhersehbar und unvermeidbar sind, entsteht ein Gefühl des Kontrollverlusts und der Hilflosigkeit (Seligman, 1975). Die Unregelmäßigkeit und die Unvorhersehbarkeit negativer Erfahrungen spielen eine dezidiert negative Rolle für das Wohlbefinden. Die Mobbing-Situation ist eines der besten Beispiele für Situationen, die zur Hilflosigkeit führen können. Das Opfer wird über längere Zeit und systematisch belästigt; aber die Angriffe geschehen nicht so regelmäßig, als dass es ihm möglich wäre, sich davor zu schützen. Das Opfer weiß, dass es immer wieder zu Angriffen kommt, es weiß aber nie, in welcher Form oder wann. Die Unvorhersagbarkeit der Situation führt allmählich zu einem Gefühl der Hilflosigkeit.

Das typische Ungleichgewicht in der Mobbing-Situation verunmöglicht es dem Opfer, sich gegen die Angriffe effizient zu wehren. Das Gefühl der eigenen Inkompetenz verfestigt sich zusehends. Die fehlende Kontrolle über die Situation und das Gefühl der Inkompetenz führen wiederum dazu, dass das Opfer es aufgibt, sich selber zu schützen oder zu wehren (Alsaker, 2003). Dieser Prozess war deutlich in der Aussage der 18-jährigen Linda zu erkennen (Fallbeispiel: «Ich ließ die Schikanen über mich ergehen und wartete resigniert das Ende der Schulzeit ab.»).

Die Hilflosigkeit der Opfer wurde in verschiedenen Studien gezeigt. Cassidy und Taylor (2005) befragten 12- bis 15-Jährige zu ihrem Problemlöseverhalten in sozialen Situationen und berichteten von einer eindeutig geringeren Kontrollüberzeugung bei Opfern im Vergleich zu allen anderen Schülern. In der MOK-Studie wurden Problemlösestrategien von Kindern getestet (Baumgartner, Alsaker, 2008). Den Kindern wurden fünf soziale Konfliktsituationen anhand von Playmobil®-Figuren vorgespielt (Beispiel: «Zwei andere Kinder lassen dich nicht mitspielen»; **Abb. 3-3**). Wir registrierten die Reaktionen der Kinder auf die Situation, ihre Lösungsvorschläge und ihre Beurteilung von verschiedenen von uns vorgeschlagenen Strategien.

Abbildung 3-3: Beispiel aus dem Test zu Problemlösestrategien in sozialen Situationen. Hier Ausschluss (Baumgartner, Alsaker, 2008)

Opfer, die sich üblicherweise nicht aggressiv verhalten, reagierten selten mit Wut, viel seltener als ihre Peers. Diese Kinder sagten auch häufiger als andere, dass sie in ähnlichen Situationen im Kindergarten Angst hatten. Sie schlugen vermeidende Reaktionen öfter vor als ihre Peers. Nur sehr selten schlugen sie aggressive Abwehrreaktionen vor, dies sogar deutlich seltener als Kinder, die gar nicht an Mobbing beteiligt sind. Gleichzeitig beurteilten diese Opfer vorgespielte körperlich aggressive Problemlösungen eindeutig positiver als Mobber und unbeteiligte Kinder. Es ist durchaus möglich, dass diese Kinder durch direkte Beobachtung erlebt haben, dass aggressives Verhalten gewissen Kindern hilft, ihre Ziele durchzusetzen, aber dass sie selber solche Verhaltensweisen nicht im Repertoire haben. Eine solche Diskrepanz zwischen dem Glauben an die Effizienz aggressiver Handlungen und der Erfahrung, dass man sich selber nicht in dieser Form wehren kann, kann zur allgemein tiefen Kompetenzüberzeugung beitragen. Es muss allerdings bereits hier betont werden, dass aggressive Reaktionen nicht zur Lösung von Mobbing-Problemen beitragen.

3.5 Mobbing macht Spaß

Es ist für außenstehende Beobachter meist sichtbar: Mobbing macht mobbenden Kindern und Jugendlichen Spaß. Abgesehen von groben Angriffen, die bei den Zuschauern eventuell Angst auslösen, können viele Mobbing-Episoden für andere auch lustig sein. Lachen auf Kosten anderer ist kein ungewöhnliches und auch kein neues Phänomen (Alsaker, 2003). Auch die Humorforscher haben sich lange damit befasst: Man beobachtet ein Missgeschick, man ist eventuell überrascht und sieht gleichzeitig die Komik der Situation. Auch wenn einem klar ist, dass es für die betroffene Person nicht lustig ist, sondern vielleicht unangenehm, kann man sich das Lachen nicht verkneifen. Titze (1995) wies darauf hin, dass solche Elemente in den verschiedensten Kulturen zum Hauptthema von Komödien verwendet werden und dass das Clownwesen hier seinen Ursprung hat. Wir haben es dabei mit einer Neigung zu tun, die tief in uns verwurzelt ist. Beim Mobbing jedoch passieren die «Missgeschicke» nicht zufällig. Sie werden absichtlich und systematisch provoziert, um sich dann auf Kosten des Opfers lustig zu machen. In einer Vorstudie zum MOK-Projekt wurden Kinder gebeten, die lustigsten Kinder in der Gruppe zu nennen. Die Mobber erhielten überdurchschnittlich viele solche Nennungen. Wahrscheinlich wissen sie die Situationen so zu gestalten, dass sie für andere – nicht Betroffene – lustig aussehen. Auch wenn es für die Opfer eigentlich nichts zu lachen gibt, versuchen sie gelegentlich, ihre Verlegenheit zu verbergen, und lachen mit. Dies macht es für Erwachsene oft noch schwieriger, den Ernst der Situation zu erkennen.

Britische Kollegen zitieren sogar einen Mobber im Titel einer Publikation wie folgt: «Es ist einfach, es wirkt und ich fühle mich wohl dabei.» (meine Übersetzung; Sutton, Smith, Swettenham, 2001)

Hilfreiche Hinweise bei der Erkennung von Mobbing

- Ich merke, dass etwas im Gange ist, aber niemand will darüber reden.
- Ein Kind erzählt von negativen Ereignissen, will aber nicht, dass darüber geredet wird.
- Ein Kind wird schlecht behandelt, niemand kommt ihm zu Hilfe.
- Ein Kind wird von anderen gedemütigt, vor den Peers bloßgestellt.
- Ein Kind scheint in der Klasse isoliert zu werden, es verliert Freunde oder findet keine.
- Ein Kind wirkt wehrlos und hilflos gegenüber Angriffen anderer Kinder.
- Die Angreifer scheinen gut organisiert zu sein und haben Spaß am Geschehen.

Wichtiges in Kürze

Beleidigungen sind häufig Teil von gewöhnlichen Konflikten. Im Affekt werden Äußerungen gemacht, die schnell bereut werden. Beide Parteien erkennen, etwas zu weit gegangen zu sein, und die Beziehung wird wieder aufgenommen. Dies gilt besonders dann, wenn die Streitenden befreundet sind (Shantz, 1987). Demütigungen und Erniedrigungen sind qualitativ anders. Sie sind grobe Angriffe auf den Wert einer Person und häufig Teil von Mobbing-Situationen.

Ängste, Tabus und fehlendes spezifisches Wissen über Mobbing führen dazu, dass Opfer von Mobbing wenig oder keine Unterstützung und Hilfe bekommen. Das Schweigen rund um Mobbing-Vorkommnisse ist eines der größten Hindernisse, um Mobbing zu stoppen oder vorzubeugen. Mutig und stark ist nicht, wer andere mobbt oder mitlacht. Mutig ist, wer hinschaut und sich dafür entscheidet, Mobbing zu stoppen.

Anregungen zum Nachdenken

- Welches ist für Sie die wichtigste Information in diesem Kapitel?
- Was können Sie konkret tun, um über Mobbing-Vorfälle früh informiert zu werden?
- Wurden eigene Erinnerungen durch die Information und besonders die Fallbeispiele geweckt?

4. Mobbing in Zahlen

Mobbing in Zahlen umzuwandeln ist eine anspruchsvolle Aufgabe; dazu braucht es gute, verlässliche Instrumente. Das heißt erstens, dass die Messinstrumente nicht zu viel Freiraum für Interpretationen lassen und das gleiche Phänomen in verschiedenen Situationen oder zu verschiedenen Zeitpunkten messen sollten. Zweitens muss die Gültigkeit der Instrumente geprüft werden, um sagen zu können, ob diese Instrumente wirklich das messen, was man messen möchte; ein Instrument zu Mobbing ist nicht gleich einem Instrument zu Aggression im Allgemeinen. Drittens muss man Kriterien für die Häufigkeit der Vorfälle wählen, die der Definition von Mobbing entsprechen. Im Laufe der letzten 20 Jahre haben sich Fragebögen durchgesetzt, in welchen Schüler sich zu mindestens drei Formen von Mobbing äußern. Jüngere Kinder kann man nicht auf diese Art und Weise befragen. Man kann zwar mündlich Fragen stellen, aber ihre Selbstberichte haben sich als wenig zuverlässig erwiesen. Sehr viele von ihnen geben an, Opfer zu sein (bis zu 70 %), und eine geringe Anzahl berichtet über eigenes aggressives Verhalten (Alsaker, Valkanover, 2001). Kinder und Jugendliche werden gelegentlich außerdem zum Verhalten ihrer Peers befragt. Diese Methode kann man bereits im Kindergarten verwenden. Zudem ist auf dieser Altersstufe die Befragung der Lehrpersonen zentral. In diesem Kapitel stelle ich kurz die Instrumente und Kriterien vor, die in meinen Projekten verwendet werden, sodass die Leser besser verstehen, was die jeweiligen Prozentzahlen bedeuten. Ich weise darüber hinaus darauf hin, wie man diese Forschungsinstrumente in der Praxis (in der Schule, in der Beratung, für sich selber) einsetzen kann.

Aussagen zur Verbreitung von Mobbing sind zum Teil schwierig zu interpretieren, weil Opfer keine einheitliche Gruppe darstellen und leider nicht alle Studien Rücksicht darauf nehmen. Diese Unterscheidungen will ich bereits bei der Darstellung der Instrumente diskutieren. Allgemein darf man sagen, dass Mobbing «nicht nur wenige» Kinder betrifft. Die Kandersteg-Deklaration gegen Mobbing bei Kindern und Jugendlichen, die ich 2007 initiierte und zusammen mit 21 weiteren Kollegen aus der ganzen Welt verfasste (siehe Kap. 12), beginnt mit folgender Feststellung: «Jeden Tag werden auf der ganzen Welt schätzungsweise 200 Millionen Kinder und Jugendliche von ihren Gleichaltrigen gemobbt.» Diese Zahl wurde aufgrund durchschnittlicher Prozentzahlen in internationalen Studien hochgerechnet.

4.1 Wie können wir Mobbing erfassen?

Weil Mobbing teilweise mit Konflikten und anderen Typen von Verhalten in der Gruppe verwechselt wird, ist es wichtig, dass die Befragten, ob Kinder oder Erwachsene, wissen, wovon wir sprechen, wenn wir sie zu Mobbing-Vorfällen befragen. In der MOK-Studie luden wir alle Kindergärtnerinnen ein, die eingewilligt hatten, an der Studie teilzunehmen, und erklärten in einem zweistündigen Workshop, was wir unter Mobbing verstehen (entsprechend den ersten drei Kapiteln dieses Buchs). In der Arbeit mit Schülern pflegen einige Forschergruppen (z. B. Olweus, 1996) den Schülern eine schriftliche Einleitung zum Begriff Mobbing zu geben, um in der Folge danach zu fragen, wie oft sie in diesem Sinne schon «gemobbt» worden sind. Mit den Kindergartenkindern und den Erstklässlern haben wir die Zeichnungen benutzt, die in Kapitel 2 (Abb. 2-2) abgebildet sind, um den Kindern verschiedene Formen von Mobbing zu erklären. Dies bildete die Grundlage für ein Gespräch darüber, was wir mit Mobbing meinten. So konnten auch Streitigkeiten oder kleine «Unfälle» ausgeschlossen werden.

Eigenberichte der Schüler

Eigenberichte haben in der Mobbing-Forschung einen hohen Stellenwert. Sie gelten schlechthin als die beste Methode, um gültige Informationen über Mobbing zu gewinnen (z. B. Scheithauer, Hayer, Petermann, 2003). Das wichtigste Argument für die Verwendung von Eigenberichten ist, dass Mobbing sehr häufig verdeckt oder im Versteck vorkommt und nur Opfer und Mobber Zugang zur vollständigen Information über die betreffenden Vorfälle haben. Fragebögen sind zudem einfache, schnelle und kostengünstige Mittel, um an Information zu kommen und sie bieten Anonymität. In einem Bereich, in dem viel geschwiegen wird und Angst vor Petzen herrscht, ist es wichtig, dass Schüler auf einfache Art und für sich, ohne Namensgebung, von ihren Erfahrungen berichten können. Die Zusicherung von Vertraulichkeit und Anonymität ist entscheidend, um ehrliche Antworten zu erhalten.

Im Rahmen eines Projekts in Norwegen und der Schweiz habe ich ein kurzes, prägnantes Instrument entwickelt, das sich in beiden Ländern sehr bewährt hat (Alsaker, 2000a; Alsaker, 2003; Alsaker, Brunner, 1999). In diesem Fragebogen wird gezielt zwischen drei verschiedenen Mobbing-Formen unterschieden (verbal, körperlich und indirekt). Der Fragebogen kann bereits mit 10-Jährigen verwendet werden. Diese Art der Informationsgewinnung an Schulen wurde bereits vor langer Zeit von Olweus (1996) als Teil der Präventionsarbeit gegen Mobbing empfohlen, da es von Lehrpersonen und Schulleitungen einfach durchgeführt werden kann.

Es ist dabei sehr wichtig zu betonen, dass Lehrpersonen und Schulleitungen, die sich eine Übersicht über Mobbing in ihren Klassen oder Schulen verschaffen möchten und dazu Fragebögen verwenden, den Schülern die notwendige Vertraulichkeit und Anonymität gewährleisten müssen. Ansonsten läuft man Gefahr, verfälschte Angaben zu erhalten. Man kann das eben angesprochene Mobbing-Instrument verwenden (siehe Anhang A-1) und es gegebenenfalls mit zusätzlichen Fragen erweitern, wenn man bestimmte Informationen haben möchte. Ein empfehlenswertes Vorgehen wäre, solche zusätzlichen Fragen mit den Schülern zusammen zu formulieren. Auf diese Weise würde man bereits viel Information über die aktuelle Situation erhalten. In einer Schule, die eine Projektwoche zum Thema Mobbing organisiert, könnte eine Befragung im Anschluss an eine Diskussion über Mobbing durchgeführt werden. So wüssten die Kinder und Jugendlichen, was genau mit Mobbing gemeint ist. Möchte man einen Vergleich der Ergebnisse in der eigenen Schule mit Prozentzahlen verschiedener Studien veranlassen, sollte man die Kriterien sorgfältig wählen, die man bei den Berechnungen der Prozentzahlen verwendet. Die Verwendung der Kriterien, die ich hier angebe (Anhang A-1), ermöglicht einen Vergleich mit den Zahlen aus meinen und vielen anderen Studien.

Kurz zusammengefasst ist der genannte Fragebogen so konzipiert, dass die Schüler sich an die «letzten zwei Monate» vor der Befragung erinnern sollten (man definiert diesen Zeitraum meist durch eine Festlegung wie «seit den Herbstferien») und sich zu den drei genannten Bereichen äußern: körperliches Mobbing, verbales Mobbing und indirektes Mobbing durch Ausschluss. Zu jeder der Fragen geben sie an, wie oft ihnen eine oder mehrere der Mobbing-Formen passiert ist (von nie bis mehrmals die Woche; Details in Anhang A-1). Die Fragen zu Mobbing-Handlungen gegenüber anderen sind ähnlich formuliert. Die Schüler werden gefragt, wie oft sie andere in der jeweiligen Form «in den letzten zwei Monaten» gemobbt haben.

Es gilt weiter Folgendes zu beachten: Kinder und Jugendliche werden nur dann als Opfer betrachtet, wenn sie in irgendeiner der drei Mobbing-Formen *mindestens einmal pro Woche* von anderen gemobbt werden und selber andere nie körperlich und selten oder nie verbal oder durch Ausgrenzen mobben (siehe Anhang A-1 für eine Definition aller Rollen). Es ist notwendig, diese strengen Kriterien zu beachten, damit Mobbing nicht mit anderen Auseinandersetzungen, wie z.B. Konflikten, verwechselt wird (Alsaker, 2003). Wenn man das Instrument erweitert, sollte man die anderen Fragen eher als komplementäre Information betrachten und sie nicht in die Berechnung von Prozentzahlen von Mobbern und Opfern mit einbeziehen. Bei den Mobbern gilt parallel zur Definition der Opfer, dass sie von anderen nicht gemobbt werden sollten, um als Mobber betrachtet zu werden.

Wie sollen wir jedoch Kinder einstufen, die von anderen gemobbt werden, sich gleichzeitig häufig aggressiv gegenüber Gleichaltrigen verhalten, und somit auch auf der Mobberseite Punkte bekommen? In der Mobbing-Forschung gelten diese Kinder und Jugendlichen seit den ersten Studien von Olweus (1978) als eine besondere Opfer-Untergruppe. Olweus nennt sie «provokative» Opfer, weil sie ihre Mitschüler oft stören und durch ihr Verhalten Reaktionen der anderen Schüler provozieren. Andere Forschergruppen und ich selber nenne sie Täter-Opfer (engl. Bully-victims) oder «aggressive Opfer». Wie in Kapitel 7 ausführlicher zu lesen ist, bin ich der Meinung, dass diese Kinder nicht zu Mobbing provozieren, sondern dass sie sehr leicht selbst provoziert werden. Wer mindestens einmal pro Woche sowohl andere angreift als auch selber gemobbt wird, gilt in diesem Sinne als aggressives Opfer. Die anderen Opfer werden zum Zwecke der Unterscheidung als «passive Opfer» bezeichnet. Dies vor allem, weil sie sich selten zur Wehr setzen.

Eigenberichte von Schülern, die in Form von kurzen Fragebögen eingeholt werden, können mit Vorteil zum Aufdecken von Mobbing-Situationen in einer Schule verwendet werden. Man muss den Kindern und Jugendlichen dabei unbedingt Vertraulichkeit versichern.

In der unten stehenden **Tabelle 4-1** finden Sie eine Übersicht zur Kategorisierung von Rollen und Verhalten bei Mobbing, die beim Anwenden des Fragebogens (Anhang A-1) benutzt werden kann.

Berichte von Lehrpersonen

Eine weitere Möglichkeit bietet die Befragung der Lehrpersonen. Lehrer können wertvolle Informationen liefern, da sie direkt mit den Kindern und Jugendlichen über längere Zeit zusammenarbeiten. Inwiefern sie Mobbing beobachten, hängt allerdings stark von ihrer Wahrnehmung und Aufmerksamkeit ab. Die meisten Lehrpersonen sind sich nicht darüber im Klaren, wo Mobbing überall stattfinden könnte (Whitney, Smith, 1993). Auf höheren Klassenstufen unterrichten in einer Klasse meist mehrere Lehrkräfte, sodass diese, auch wenn sie bemüht sind, Mobbing-Situationen früh zu erkennen, jeweils nur Fragmente zu Gesicht

Tabelle 4-1: Übersicht über die Kategorisierung von Mobbingrollen nach der Häufigkeit des Verhaltens (Françoise Alsaker, 2011)

Rollen und Verhalten	mobbt andere	wird gemobbt
Mobber	mindestens 1x pro Woche	nie oder selten
aggressive Opfer	mindestens 1x pro Woche	mindestens 1x pro Woche
passive Opfer	nie oder selten	mindestens 1x pro Woche
nicht beteiligt	nie oder selten	nie oder selten
Grenzgänger	entweder mobbt das Kind andere «manchmal», ...	... oder/und es wird «manchmal» gemobbt

Weitere Details sind in Anhang A-1 zu finden.

bekommen (Crescionini, 2008). Deshalb ist es allgemein fraglich, ob Lehrerberichte angebracht sind. Mehrere Autoren betonen jedoch, dass diese in Abhängigkeit vom Alter der Schüler sehr wohl wertvoll sein können (Werner, Bigbee, Crick, 1999); gerade bei jüngeren Kindern stimmen andere Forschergruppen mit uns überein, dass sie sehr wertvoll sind (Alsaker, Valkanover, 2001; Monks, Smith, Swettenham, 2003; Scheithauer et al., 2003). Im Kindergarten sind die Kinder immer in der Gruppe zusammen. Die Lehrperson hat entsprechend viel Gelegenheit, die Kinder genau zu beobachten. Eine Studie zur relationalen Aggression (Crick, Casas, Mosher, 1997) zeigte zudem, dass Lehrerberichte höhere Gültigkeit als Kinderberichte hatten, da die jüngeren Kinder noch Mühe mit der Wahrnehmung von subtilen und verdeckten Formen von Aggression hatten. Eine Studie aus England zeigte außerdem, dass Lehrpersonen häufiger indirekte Aggression in ihre Definition von Mobbing mit einbezogen als Schüler. Letztere begrenzten sich häufig auf direkte Angriffe (Naylor et al., 2006).

In meinen Studien zu Mobbing im Kindergarten und auf der Unterstufe habe ich unter anderem Lehrerberichte benutzt. Diese haben sich als die wichtigste Informationsquelle erwiesen (Alsaker, 2003). Das Vorgehen zur Anfertigung eines solchen Berichts gestaltet sich folgendermaßen: Die Lehrpersonen füllen für jedes Kind einen Fragebogen aus, in welchem sie unter anderem Fragen zum sozialen Verhalten der Kinder beantworten. Zum Thema Mobbing beantworten

Tabelle 4-2: Fragebogen für Lehrpersonen: Mobbing im Kindergarten und auf der Unterstufe (Alsaker, 2003)

Erfahrungen der Kinder als Opfer
– das Kind wird körperlich gemobbt (geschlagen, getreten, gekniffen, gebissen...)
– das Kind wird verbal gemobbt (ausgelacht, beschimpft, gehänselt...)
– das Kind wird von den anderen Kindern ausgeschlossen
– dem Kind werden Dinge versteckt oder kaputtgemacht.
Verhalten der Kinder als Mobber
– das Kind mobbt andere Kinder körperlich (schlägt, tritt, kneift, beißt...)
– das Kind mobbt andere Kinder verbal (lacht aus, beschimpft, hänselt...)
– das Kind schließt andere Kinder aus
– das Kind versteckt Dinge von anderen Kindern oder macht ihnen Gegenstände kaputt.

Antwortkategorien: 1 = nie, 2 = selten (1 oder 2 Mal im Laufe von 3 Monaten), 3 = einmal pro Monat, 4 = ungefähr einmal die Woche, 5 = mehrmals die Woche

sie acht Fragen (s. Tab. 4-2). Durch das Ausfüllen des Fragebogens können sich Lehrpersonen im Kindergarten ein gutes Bild der Situation in ihrer Klasse verschaffen. In unserer Arbeit haben wir mehrfach von den Lehrpersonen gehört, dass die Auseinandersetzung mit den Fragen zu jedem Kind den Blick schärft, und dass es nicht selten zur Entdeckung verschiedener Sachverhalte in der Kindergruppe führt. Im Kindergartenfragebogen führen wir eine vierte Form des Mobbings auf, die dort häufiger vorkommt: Das Zerstören oder Verstecken von Gegenständen. Um Kinder als eventuelle Opfer oder Mobber zu bezeichnen, benutzen wir auch hier als Kriterium, dass gezielte aggressive Handlungen gegenüber einem Kind «mindestens einmal pro Woche» beobachtet werden sollten. Ähnlich wie der Fragebogen für die Schüler (Anhang A-1) kann der kurze Fragebogen von der Lehrperson um spezifische Fragen erweitert werden. Wenn Sie den Fragebogen selber verwenden wollen, um Ihren Blick zu schärfen, können Sie davon ausgehen, dass Kinder, bei welchen Sie mindestens einmal pro Woche in einer der genannten Formen beobachten, dass sie von anderen geplagt werden, Ihre weitere gezielte Aufmerksamkeit verdienen.

Die Beantwortung spezifischer Fragen zu jedem einzelnen Kind in der Klasse hilft, den Blick zu schärfen und häufig auch Kinder zu entdecken, die in Schwierigkeiten sein können.

Nennungen durch Gleichaltrige

Kinder sind die unmittelbarsten Zeugen von allfälligen aggressiven und rücksichtslosen Handlungen in der Gruppe. Wie bereits erwähnt sind in 85 % von Mobbing-Vorfällen andere Kinder dabei (Hawkins et al., 2001). Mitschüler zu Mobbing-Vorkommnissen zu befragen, ist deshalb sinnvoll und kommt auch häufig vor. Kinder und Jugendliche bekommen meistens eine Liste aller Mitschüler und äußern sich zu jeder und jedem. D. h. sie kreuzen an, wer andere mobbt und wer Opfer von Mobbing ist. Meistens äußern sie sich auch gleichzeitig zu verschiedenen Verhaltensweisen aller Mitschüler in ihrer Klasse. Die gewonnene Information erhält durch die größere Anzahl Personen, die sich zu jedem Kind äußern, eine gewisse Objektivität und Zuverlässigkeit (Salmivalli, 1998).

Die Methode scheint besonders geeignet zu sein, wenn ein Verhalten für Lehrpersonen schwer zu beobachten ist. Dies bedeutet allerdings nicht, dass Kinder und Jugendliche ohne Weiteres Auskunft darüber geben können, was genau und wie oft passiert. Es besteht zudem die Gefahr, dass die Schüler eher die gängige Meinung in der Gruppe wiedergeben als ihre eigene Einschätzung. Dies hängt mit dem sozialen Druck zusammen, der in einer Gruppe bestehen kann. Kinder haben häufig einen Ruf in der Klasse, der trotz Verhaltensänderungen über lange Zeit besteht (Coie, Kupersmidt, 1983). Zudem beeinflusst die Meinung der Mobber viele Peers, da sie in der Gruppe recht viel Macht haben. Ab der mittleren Kindheit gelten die Kinder jedoch als zuverlässige Informanten.

Die Anonymität, die im Eigenbericht gegeben ist, kann bei den Peer-Nennungen nicht gewährleistet werden. Scheithauer et al. (2003) sehen auch die Gefahr, dass durch die Peer-Nennungen ungewollt Etiketten verteilt werden können. Das Problem ist mit einer Zusicherung der Vertraulichkeit auf Erwachsenenseite nicht gelöst.

Bei der Befragung von jüngeren Kindern muss man beachten, dass sie von Ereignissen, die noch nicht lange zurückliegen oder die ihre besten Freunde betreffen, oft so stark beeindruckt und betroffen sind, dass es ihnen so vorkommt, als würde dies immer so sein (Alsaker, 2003). Wir haben weiter die Erfahrung gemacht, dass Kinder problemlos Kinder benennen können, die sich aggressiv verhalten, dass ihnen jedoch das Denk-Schema fehlt, um zu verstehen, was ein Opfer ausmacht (Ladd, Kochenderfer-Ladd, 2002). Wenn man Kinder nach einem Gespräch über Mobbing (z. B. mit den Zeichnungen in Abb. 2-2) direkt fragt, ob es Kinder gibt, die in dieser Art und Weise von anderen behandelt werden, wissen sie meist nicht, wen sie nennen sollten. Wenn man aber fragt, ob es Kinder gibt, die aggressives Verhalten zeigen, können sie 1) Kinder nennen, die das tun und 2) problemlos sagen, gegen wen sich die Handlungen jeweils richten.

In unseren Kindergarten- und Unterstufenstudien haben wir neben den Lehrerfragebögen jeweils Interviews mit den Kindern durchgeführt und Peer-Nennungen darin eingebettet. Man muss allerdings bedenken, dass die Geduld und Konzentrationsfähigkeit der Kinder nicht überfordert werden dürfen. Besonders bei Kindern, die gerne Antwort geben und viel erzählen, kann es plötzlich zu viel werden.

Ich habe bereits angesprochen, dass es wichtig ist, zwischen Mobbing und Konflikten zu unterscheiden. Deshalb muss man unbedingt mit den Kindern über verschiedene Typen von negativen Handlungen und Streitigkeiten reden, bevor man sie zu Mobbing befragt. Wenn man Aussagen von vielen Kindern bekommt – wie es der Fall in Forschungsprojekten ist –kann man relativ sicher sein, dass kleine Konflikte in der Endbewertung keine große Bedeutung erhalten. Befragt man nur einzelne Kinder (Praxis), ist es wichtig, sich ein genaueres Bild der berichteten Episoden zu machen.

Wenn Sie selber mit Kindern über Mobbing sprechen wollen, können Sie unser Vorgehen im Interview als Grundlage benutzen. Wir beginnen das Gespräch mit dem Kind mit Fragen zu den Beziehungen zwischen den Kindern im Kindergarten (wer mit wem zusammen spielt, ob das Kind besondere Freunde hat etc.). Das Gespräch über Mobbing wird dann folgendermaßen eingeleitet:

«Es ist so, dass nicht alle Kinder immer lieb zueinander sind. Ab und zu sind Kinder auch ziemlich böse zu anderen Kindern.»

Dann wird anhand der vier Zeichnungen (s. Abb. 2-2) erklärt, wie Mobbing aussehen kann.

- (Bild 1) Es gibt Kinder, die lachen andere aus oder sagen böse Dinge zu ihnen oder strecken ihnen die Zunge heraus.
- (Bild 2) Dann gibt es Kinder, die nehmen anderen etwas weg, z. B. ihre Spielsachen, oder sie machen den anderen Kindern etwas kaputt oder verstecken es.
- (Bild 3) Hier siehst du Kinder, die andere schlagen, beißen, treten oder sie an den Haaren ziehen.
- (Bild 4) Und dann gibt es noch Kinder, die andere nicht mitspielen oder neben sich sitzen lassen.

Wenn Kinder immer wieder böse sind zu anderen Kindern, so wie auf den Bildern, nennt man es Plagen (Schweiz) oder Mobbing.

Diese Einleitung dient als Gesprächsgrundlage; Kinder und Interviewer sollten sich, soweit möglich, auf «ernsthaftere» Episoden einigen. Sie werden vielleicht staunen, dass im ersten Beispiel «Zunge herausstrecken» genannt wird. Wir haben es aufgenommen, weil wir in einer Studie herausfanden, dass viele Kinder es spontan als «beleidigend» empfinden. In der ersten Durchführung unseres Präventionsprogramms hatten Kinder in einer Gruppe sogar eine Regel gegen das «Zunge-Herausstrecken» formuliert (mit Zeichnungen). Dies zeigt wieder, wie wichtig es ist, den Kindern zuzuhören. Was für uns manchmal als wenig bedeutsam erscheint, kann für die Kinder einen ganz anderen Stellenwert haben. Das Gegenteil mag auch der Fall sein. Dies ist besonders bei Jugendlichen zu beachten. Gewisse Umgangsformen mögen uns etwas fremd und respektlos erscheinen und trotzdem keine besondere Bedeutung für die Jugendlichen haben.

In unseren Studien haben die Kinder eine Tafel vor sich mit Fotos aller Kinder, die am Projekt mitmachen dürfen. Jedes Kind (im Einzelinterview) wird nun aufgefordert, anhand der Fotos diejenigen Kinder zu nennen, die andere schlecht behandeln, und diejenigen, die Opfer dieser Handlungen sind. Die Kinder werden zudem zu ihren eigenen Erfahrungen mit Mobbing in ihrer Gruppe oder außerhalb des Kindergartens oder der Schule befragt. Das gesamte Mobbing-Interview ist im Anhang B zu finden. Wenn Sie als Eltern, Lehrperson oder Fachperson dieses Interview benutzen, sind Sie nicht an die strengen Kriterien gebunden, die in der Forschung gelten. Auch wenn das Kind gewisse Kinder vergisst (weil es keine Fotos vor sich hat), ist das mitunter nicht bedeutsam. Wenn Sie ein einziges Kind befragen (Grundlage für ein Gespräch), darf die Information allerdings nicht als Widerspiegelung der Wirklichkeit interpretiert werden. Die Hauptsache ist, dass Sie ein Bild der Wahrnehmung des Kindes über seine Peer-Gruppe bekommen und darüber hinaus einen kleinen Überblick über die Umgangsformen verschiedener Kinder erhalten. Unsere Erfahrung ist, dass Kinder gut mit diesem System arbeiten können. Passen Sie allerdings auf die Anzahl Ihrer Fragen auf – wie oben erwähnt, wird es auf einmal doch zu viel. Außerdem könnte das Kind das Gefühl bekommen, dass Sie etwas Spezielles wissen wollen. In diesem Fall erzählen die Kinder nicht mehr spontan über die Gruppe, sondern suchen nach der «richtigen» Antwort auf Ihre Fragen.

Die beschriebene Interview-Methode hat den Vorteil, dass wir über Verhalten sprechen und keine Kinder als Mobber oder Opfer durch ihre Peers bezeichnen lassen. Zu jeder genannten Episode können Folgefragen gestellt werden; beispielsweise, wenn man gerne mehr über gewisse Episoden wissen möchte, weil man sich über die Ernsthaftigkeit eines Vorfalles nicht sicher ist.

Aufgrund des noch nicht voll entwickelten Zeitbegriffs von Kindergartenkindern und jungen Schulkindern können diese im Gegensatz zu älteren Schülern keine Angaben zu Häufigkeiten (z. B. «wie oft seit den Herbstferien») machen. Wir gehen aber davon aus, dass die Häufigkeit der Nennungen durch viele Kinder die Intensität und Häufigkeit des Auftretens von Mobbing in den Wochen vor dem Interview widerspiegelt (Alsaker, 2003).

Wir verwenden die Antworten der Kinder in der Gruppe folgendermaßen: Da wir keine Zeitangaben haben, gehen wir von der Häufigkeit der Nennungen aus. Jedes Mal, wenn ein Kind von einem anderen Kind als «Aggressor» genannt wird, bekommt es einen Mobbing-Punkt. Wir gehen gleichermaßen mit den «Opfer»-Nennungen um. So erhält jedes Kind Mobbing-Punkte und Opfer-Punkte (oder natürlich keine Punkte). Danach werden diese Punkte im Verhältnis zu der Anzahl Kinder in der Klasse in Prozente umgerechnet. Schließlich wird eine Einteilung in Rollen vorgenommen, wie sie bei den anderen Methoden beschrieben wurde. Das heißt, dass man bereits im Kindergarten zwischen den zwei Opfertypen unterscheiden muss: den passiven und den aggressiven Opfern. Das System ist relativ komplex und eignet sich nur für Forschungszwecke. Sollte man sich in der Praxis die Zeit nehmen, eine ganze Gruppe auf diese Art und Weise zu befragen, würden Zählungen von Nennungen reichen, um sich ein Bild der Gruppe zu machen.

Nennungen von Gleichaltrigen kann man in der Praxis als Gesprächsgrundlage mit einzelnen Kindern benutzen.

Eltern als Informanten

Eltern bekommen von ihren Kindern gelegentlich Informationen über negative Erfahrungen, die diese in der Schule machen; sie können nur beurteilen, inwiefern sich die Berichte ihrer Kinder als verlässlich anhören oder nicht. In unseren Projekten versuchen wir, soweit es geht, Information von den Eltern einzuholen.

Im MOK-Projekt hatten wir die Gelegenheit, Antworten der Kindergartenlehrpersonen und der Eltern miteinander zu vergleichen. Eltern und Lehrpersonen füllten genau gleiche Fragebögen zu den Kindern aus. Der größte Unterschied bestand darin, dass Eltern im Vergleich zu den Lehrpersonen aggressives Verhalten ihrer Kinder in der Kindergruppe sehr selten angeben (Nägele, Alsaker, 2005). Von den 81 aus Sicht der Lehrpersonen mobbenden Kindern wurden gerade nur 4 aufgrund der Elternangaben als Mobber klassifiziert. Die Prozentzahlen betreffend Kinder, die gelegentlich oder häufig Opfer der Aggression anderer Kinder waren, zeigten mehr Übereinstimmung. Allerdings trügt dieser Schein, denn Kinder, die von Eltern und Lehrpersonen als Opfer genannt wurden, waren nur selten dieselben. Aufgrund der Information der Lehrpersonen wurden 31 Kinder als Opfer klassifiziert. Aufgrund der Daten der Eltern waren es 54. Eine Übereinstimmung gab es nur bei 6 Kindern. Zusätzlich nahmen Eltern ihre Kinder eher als passive Opfer und sehr selten als aggressive Opfer wahr. Dies sollte uns nicht erstaunen, denn aggressive Opfer erleben auch die Aggression der anderen Kinder. Sie erleben sich selber als Opfer und berichten davon. Sie erzählen aber nicht, wie sie selber mit den anderen Kindern umgehen.

Diese Ergebnisse sind für die Praxis wichtig. Sie zeigen, was viele Eltern und Lehrpersonen in der Praxis oft erleben. Lehrpersonen beklagen sich bei den Eltern über ein Verhalten der Kinder, von dem die Eltern gar nichts gewusst haben. Andererseits fühlen sich Eltern häufig nicht ernst genommen, wenn sie mit Mobbing-Anliegen zur Lehrperson gehen. Dass die Wahrnehmung und Information von Eltern nur in geringem Ausmaß mit der Sicht der Lehrpersonen übereinstimmen, ist nachvollziehbar. Beide bekommen Fragmente der Klassenwirklichkeit zu sehen oder hören. Trotzdem bleiben Eltern sehr wichtige Informanten, besonders in der Praxis. Sie kennen das Kind am besten und erleben die Freuden und Qualen des Kindes hautnah. Sie können auch frühe Signale des Unwohlseins wahrnehmen. Wichtig ist, dass beide Parteien sich darüber im Klaren sind, dass sie nicht das Gleiche sehen können.

Die Informationen von Eltern und Lehrpersonen zum Verhalten der Kinder unterscheiden sich stark. Dies kann problematisch, aber auch nützlich sein, wenn beide Parteien bereit sind, die Wahrnehmung der anderen Person als zusätzliche Information zur eigenen Sicht zu betrachten.

4.2 Wie verbreitet ist Mobbing?

Die Ergebnisse der verschiedenen Forschergruppen bezüglich der Häufigkeit von Mobbing sind relativ schwierig zu vergleichen, weil viele andere Kriterien benutzen als diejenigen, die ich bereits besprochen habe und welche lange Zeit auch allgemein akzeptiert waren. Gelegentlich werden sehr hohe Prozentzahlen von den Medien aufgenommen. Es handelt sich meistens um Studien, in denen das Kriterium «manchmal» (statt das strengere «ein Mal pro Woche») reichte, um ein Kind als Opfer zu bezeichnen. Häufig sind es auch Studien, in denen der Zeitraum für die Angaben zu Mobbing-Vorfällen sehr vage gesetzt wurde (beispielsweise «im letzten Jahr» oder «in den letzten Monaten»). Solche Angaben können gelegentlich nützlich sein, sie sollten uns aber nicht das Gefühl geben, dass heute alles viel schlimmer geworden ist, und uns somit beinahe in Panik versetzen.

Internationale Studien in Schulen

Ergebnisse einer internationalen Studie (im Rahmen der Weltorganisation für Gesundheit) mit mehr als 200 000 Schülern aus 40 Ländern im Schuljahr 2005/06 zeigten, dass die Prozentanteile in den verschiedenen Ländern zwar große Variationen aufwiesen, jedoch keine spezifischen Muster bildeten (Currie, 2008). In dieser Studie wurden die Zeitangaben und Kriterien leider etwas vage definiert. Trotzdem steigen die Prozentanteile involvierter Schüler insgesamt (in allen Ländern) nicht unverhältnismäßig in die Höhe. Ungefähr 11 % der befragten 11- bis 15-Jährigen sagten, sie hätten andere «mindestens zwei Mal im Laufe der letzten Monate» gemobbt, knapp 13 % der Befragten berichteten davon, «mindestens zwei Mal im Laufe der letzten Monate» gemobbt worden zu sein und schließlich gaben knapp 4 % der Jugendlichen an, sie hätten gemobbt und seien selber auch gemobbt worden.

Die Forschung zu Mobbing ist in den letzten Jahren sehr stark gewachsen und es werden – wie bereits erwähnt – vermehrt unterschiedliche Methoden und Kriterien verwendet um Mobbing zu messen. Cook und Kollegen (2010) haben in einer Meta-Analyse dokumentieren können, wie stark diese methodischen Faktoren die Ergebnisse beeinflussen. Es ist allerdings nicht das Ziel dieses Buchs, eine vertiefte Darstellung aller Prozentanteile und Einflussfaktoren zu bieten. Ich beziehe mich im Folgenden auf zwei Übersichten (Alsaker, 2003; Stassen Berger, 2007), um eine zuverlässige Größenordnung anzugeben. Ich berufe mich nur auf Studien, die das strengere Kriterium «mindestens einmal pro Woche» benutzt haben, weil es meines Erachtens der allgemein gültigen Definition von Mobbing als systematisch wiederholte aggressive Handlungen besser entspricht (siehe auch Scheithauer, Hayer, Petermann, Jugert, 2006). Ergebnisse aus einer Auswahl von 14 Studien aus diesen zwei Übersichten zu Eigenberichten von Schülern zwischen 9 und 16 Jahren liefern Häufigkeiten von 4 % bis 9 % für Mobber und 2 % bis 11 % für Opfer. Es wurde leider nicht immer zwischen Opfergruppen unterschieden. Die 2 % beziehen sich nur auf passive Opfer, während andere Studien aggressive und passive Opfer zusammenzählten.

In den allermeisten Studien werden höhere Prozentanteile von mobbenden Jungen als Mädchen berichtet. Prozentanteile von Opfern sind meistens in etwa gleich bei Jungen und Mädchen.

Prozentanteile von aggressiven Opfern

Da aggressive und passive Opfer nicht immer voneinander unterschieden werden, ist es schwierig, verlässliche Zahlen zu den aggressiven Opfern zu nennen. Dies bestätigt auch eine breite Literaturrecherche von Solberg, Olweus, Endresen

(2007). Je nach Alter der Kinder und verwendeten Kriterien variierten die Zahlen zwischen 0.4 % und 29 %. In ihren großen norwegischen Stichproben (3. bis 9. Klasse) und unter Verwendung des Häufigkeitskriterium «mindestens einmal pro Woche» konnten die Autoren gerade 1.9 % der Schüler als aggressive Opfer kategorisieren (gegenüber 9.5 % passiver Opfer und knapp 5 % Mobber). In der Studie, in welcher ich Mobbing unter Schulkindern (4. bis 9. Klasse) in Norwegen und der Schweiz untersuchte, waren 7 % der Schüler passive Opfer, 3 % waren aggressive Opfer und 5 % waren Mobber (Alsaker, Nägele, 2008). Auch Scheithauer und Kollegen (2006) berichten von nur 2.3 % aggressiven Opfern. Das heißt, wenn die gleichen strengeren Kriterien und gleichen Methoden verwendet werden, kommt man zu einer Zahl von 2 bis 3 % aggressiven Opfern im Schulalter.

Es muss hinzugefügt werden, dass aggressive Opfer viel häufiger unter den Jungen als unter den Mädchen zu finden sind. Schwartz, Proctor und Chien (2001) hatten bereits darauf hingewiesen und die oben zitierten Studien konnten dies alle bestätigen.

Mobbing und Alter

Aus frühen Studien zu Mobbing ist bekannt, dass Kinder häufig von älteren Mitschülern gemobbt werden. Mehrere Studien haben deutlich zeigen können, dass die Mobbing-Opferanteile unter Schülern mit steigendem Alter abnehmen. Auf der anderen Seite scheinen die Prozentzahlen von Mobbern nicht abzunehmen (z. B. Whitney, Smith, 1993). Wang und Kollegen (2009) fanden keinen Unterschied zwischen den 6.-, 7.- und 8.-Klässlern, was das Mobben von anderen betrifft (alle Formen wurden berücksichtigt), jedoch mehr Opfer unter den 6.-Klässlern. Ab der 9. Klasse gab es insgesamt weniger Mobbing-Vorfälle. Rigby (1996) betont aber, dass das Mobbing-Verhalten gerade im Übergang zu weiterführenden Schulen eher zunimmt – um danach stetig abzunehmen. Diese Befunde entsprechen den Kernelementen von Mobbing als eine Machtdemonstration, bei welcher die Mobber sich eher «einfache» Opfer suchen. Es muss an dieser Stelle festgehalten werden, dass es sich bei diesen Ergebnissen um allgemeine Aussagen über Tendenzen handelt, die über einzelne Schultypen nichts Spezifisches aussagen.

Besonders am Anfang des Schuljahres kann es wichtig sein, ein Auge auf die jeweils jüngeren Schüler zu werfen. Dies gilt nicht nur für die Primar- oder Elementarschule, sondern auch für weiterführende Schulen.

Verbreitung von Mobbing im Kindergarten

Ergebnisse zur ersten großangelegten Studie zu Mobbing im Kindergarten habe ich bereits ausführlich in einem früheren Buch beschrieben (Alsaker, 2003). In **Abbildung 4-1** sind die Zahlen der zweiten schweizerischen Studie (MOK-Studie; 1056 Kinder) im Vergleich zu den Ergebnissen der ersten Studie von 1997 (319 Kinder) und der Schulstudie in Norwegen und der Schweiz (2600 10- bis 16-Jährige) im Jahre 1994 (Alsaker, Brunner, 1999) präsentiert.

Im Jahr 1997 wurden die Aussagen der Kindergartenlehrpersonen mit den Nennungen der Kinder kombiniert. Im Jahr 2003 wurden nur die Aussagen der Lehrpersonen benutzt. Trotzdem waren die Prozentanteile sehr ähnlich. Beide Male stellte man fest, dass 6 % der Kinder als passive Opfer zu bezeichnen waren. Die Prozentanteile der aggressiven Opfer gingen im Zeitraum zwischen der Studie von 1997 und jener von 2003 etwas zurück. Dies kann eventuell darauf zurückzuführen sein, dass die Lehrpersonen in 2003 besser auf die Unterschiede zwischen Mobbing und anderen aggressiven Handlungen vorbereitet wurden.

Die Anteile an Mobbenden und aggressiven Opfern waren im Kindergarten höher als in unserer Schulstudie. Dieser Unterschied ist wahrscheinlich auf den Rückgang an aggressiven Handlungen mit der Entwicklung zurückzuführen (Kap. 1; Tremblay, Nagin, 2005). Körperlich aggressive Handlungen kommen im Kindergarten häufiger vor als in der Schule. Trotzdem sind solche Aggressionen

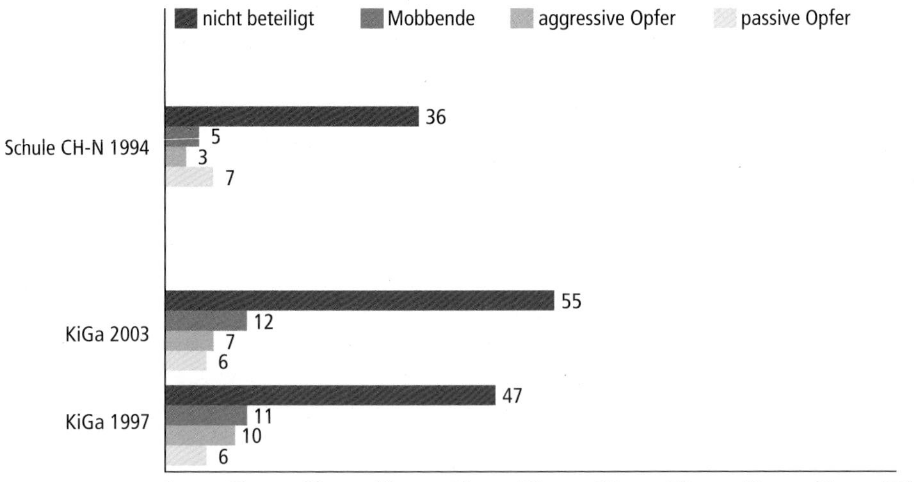

Abbildung 4-1: Prozentanteile von Kindern und Jugendlichen, die mindestens einmal in der Woche «gemobbt» wurden (passive Opfer), «mobbten» (Mobber) und sowohl «gemobbt wurden als auch mobbten» (aggressive Opfer). (Alsaker, Nägele, 2008)

bei den meisten Kindern nicht willkommen und werden als sehr störend empfunden. Dies könnte mit ein Grund sein, weshalb einzelne impulsiv-aggressive Kinder an den Rand gedrängt und von Mobbern als «interessante» Opfer ausgewählt werden (dieser Aspekt wird im Kap. 6 näher diskutiert). Eine weitere Ursache für den Unterschied zwischen Kindergarten- und Schulstudie kann mit der Verwendung unterschiedlicher Methoden zusammenhängen, da Schulstudien (wie die unsere) auf Eigenberichten beruhen und die Bereitschaft, sich selber als aggressiv zu bezeichnen, bekanntlich beschränkt ist.

Wir fanden in den Kindergartenstudien den üblichen Unterschied zwischen Mädchen und Jungen betreffend der Kategorisierung als aggressive Opfer (3 % der Mädchen und 12 % der Jungen). Ansonsten waren keine Unterschiede zwischen Mädchen und Jungen zu bezeichnen.

Ergebnisse aus Kindergartenstudien, die ähnliche Kriterien wie Schulstudien anwenden, zeigen ein sehr klares Bild: Alle Mobbingrollen sind bereits in Gruppen von 5- und 6-Jährigen vorhanden. Für die Praxis heißt das: genauer hinschauen und früh handeln.

Wichtiges in Kürze

Es ist anspruchsvoll, jedoch sehr gut möglich, Mobbing-Vorkommnisse verlässlich zu messen. Instrumente, die für die Forschung entwickelt wurden, bilden eine sehr gute Basis für die Erfassung von Mobbing in der Praxis. Es ist dabei sehr wichtig, den Kindern Anonymität und/oder Vertraulichkeit zu sichern, solange man nichts Konsequentes gegen Mobbing unternimmt und nichts anderes mit ihnen vereinbart hat. Es ist außerdem wichtig, sich bewusst zu sein, dass ein einzelnes Kind nur über die eigene Wahrnehmung berichten kann.

Studien, die gleiche Kriterien für die Erfassung von Mobbing benutzen, zeigen, dass Mobbing ca. 25 % der Kinder ab Kindergarten direkt betrifft (als Mobber oder Opfer von Mobbing).

Anregungen zum Nachdenken

- Inwiefern ist die Unterscheidung zwischen den verschiedenen Opfertypen für Ihr Denken über und Ihren Umgang mit Mobbing nützlich?
- Gibt es in der Verteilung zwischen Opfern, Mobbern, Nicht-Involvierten etc. Informationen, die Sie als relevant für die Praxis ansehen?
- Was haben Sie in der Diskussion der Instrumente erfahren, was Ihre Sicht über Mobbing beeinflussen kann?
- Wie könnten Sie die dargestellten Instrumente anwenden?

5. Mobbing geht alle an!

Der Titel dieses Kapitels gibt bereits Antwort auf die Frage, die uns beschäftigen wird: Wer spielt bei Mobbing welche Rolle? Sind die Kinder, die häufig «Nicht-Beteiligte» genannt werden, wirklich nicht beteiligt? Wie steht es mit den Erwachsenen? Sind sie auch Teil des Mobbing-Musters? Wenn ja, inwiefern?

Mobbing entsteht in sozialen Umfeldern, denen man sich nicht einfach entziehen kann. Es findet in Situationen statt, in welchen Menschen regelmäßig aufeinandertreffen, wie in Schulklassen, Heimen, Arbeitsplätzen, Militär etc. Es betrifft oft Gruppierungen, die nicht auf freiwilliger Basis gewählt wurden. Ein Kind wird beispielsweise zusammen mit Kindern eingeschult, die ungefähr gleich alt sind und in bestimmten Wohnquartieren zu Hause sind. Es werden Schulklassen gebildet, meistens ohne Rücksicht auf Freundschaften zu nehmen. Einige Gruppierungen sind gesetzlich verankert und die Menschen haben die Pflicht, dort zu bleiben (beispielweise Schule, Militär). Andere Gruppierungen entstehen aufgrund gewisser Aufgaben und Ziele, wie beispielsweise Arbeitsplätze oder Ausbildungsstätten. In diesen Gruppierungen kommen auch Menschen zusammen, die zwar eine bestimmte Aufgabe, sich aber nicht gegenseitig gewählt haben. Man kann theoretisch entscheiden, eine solche Situation zu verlassen. Dies geschieht aber nur auf Kosten der eigenen Arbeitsstelle oder Ausbildung etc. Mobbing zählt tatsächlich zu den Gründen, die Lehrlinge angeben, die ihren Lehrvertrag aufgelöst haben (Stalder, Schmid, 2006). Das heißt, dass die Situationen, in denen Mobbing gedeihen kann, solche sind, in welchen ein Opfer nicht ohne Weiteres seinen Aggressoren entfliehen kann (Smith et al., 1999).

In diesem Kapitel will ich zeigen, dass es sehr viele Akteure braucht, um Mobbing aufrechtzuerhalten, und dass Mobbing ein Gruppengeschehen ist, in welchem alle Gruppenmitglieder auf irgendeine Art verwickelt sind. Die allermeisten übernehmen eine Rolle, wohl oder übel, beabsichtigt oder auch nicht – und zum Teil auch wenig bewusst. Alle Rollen, die man bis heute klar identifiziert hat, sind in **Abbildung 5-1** dargestellt.

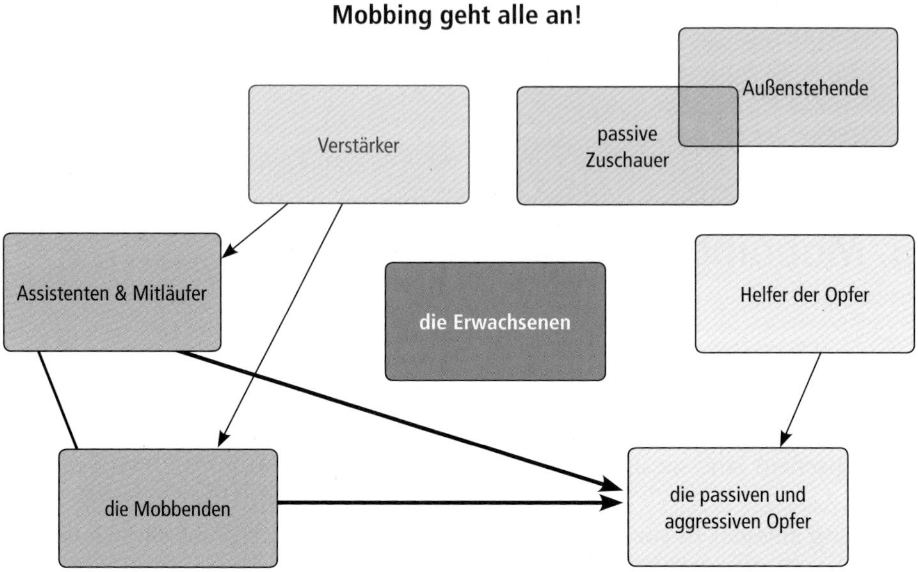

Abbildung 5-1: Die verschiedenen Akteure und Rollen in einer Mobbingsituation (Françoise Alsaker, 2011)

5.1 Die direkt Beteiligten – die Hauptakteure und ihre Helfer

Die zwei Hauptakteure im Mobbing haben wir bereits besprochen: die Mobber und die Opfer des Mobbings. Obwohl wir zwischen sogenannten passiven Opfern und aggressiven Opfern unterscheiden müssen, sind diese Kinder und Jugendlichen in vieler Hinsicht vor allem als Opfer schlechthin zu betrachten.

Mobber und ihre Opfer

Da Mobbing eine Machtdemonstration ist, ist es einleuchtend, dass die Mobber ihre Rolle selbst wählen. Die Opfer wählen ihre Rolle eindeutig nicht. Als Ausgangspunkt kann man sagen: Kein Mobbing ohne Mobber. Man könnte sich fragen, ob Mobbing sich auch in einer Gruppe entwickeln könnte, in welcher sich keine potentiellen Mobber befinden. Dies würde heißen, dass jede Person zum Mobber werden könnte. Es ist schwierig, sich eine solche Situation vorzustellen, da es eindeutig viel aggressives Potential braucht, um eine Person über längere Zeit zu mobben.

Eine oft gestellte Frage ist, ob es in der Gruppe, zusätzlich zu dem aggressiven Kind oder Jugendlichen, auch ein Kind braucht, das sich als typisches Opfer bezeichnen ließe. Es scheint so zu sein, dass sich die typischen Mobber rasch ein Bild davon machen, welche Kinder leichte Opfer sein könnten. Sie scheinen die Wirkung ihrer aggressiven Handlungen beim Eintritt in die Gruppe (typischerweise Schuljahranfang) an verschiedenen Kindern auszuprobieren, bis sie merken, bei wem sie auf den kleinsten Widerstand stoßen (Perry, Perry, Boldizar, 1990). Das heißt, Mobber brauchen keine «typischen Opfer», um Mobbing zu inszenieren. Sie suchen sich einfach diejenigen Mitschüler aus, die in der gegebenen Gruppe die kleinste Gefahr darstellen, wie zum Beispiel Schüler, die in eine neue Klasse wechseln müssen:

Als ihre Eltern ein Haus in einem anderen Wohnquartier kauften, musste Lena die Schule wechseln. Sie war in der 7. Klasse. Sie war eine selbstsichere, aufgestellte Jugendliche. Sie hatte immer viele gute Freundinnen gehabt. In der neuen Schule ging der erste Tag auch problemlos vorüber. Sie war zuversichtlich, es würde auch weiterhin, wie üblich, gut gehen. Am zweiten Schultag hatte Andrea, die am ersten Tag neben Lena saß, den Platz gewechselt. Lena saß jetzt allein. In der ersten Pause liefen die Mädchen davon, gruppierten sich. Niemand schaute sie an. Sie stand allein. Es verging eine Woche. Sie erzählte es der Mutter. Die Mutter sprach mit dem Klassenlehrer. Er meinte, es wäre bestimmt nur, weil sie noch so neu in der Klasse war. Es vergingen zwei Wochen. Lena fing an, die Lust an vielem zu verlieren. Sie wollte zurück zur alten Schule. Sie sprach mit ihrer früheren Lehrerin, Frau M. Ein Wechsel ließe sich nicht einfach organisieren. Frau M. ermutigte sie, mit dem Lehrer und den Mädchen zu reden. Diese hätten ihr doch keine Chance gegeben. Vielleicht könnte Lena das ansprechen.

Lena fühlte sich gestärkt. Sie spürte ihre allmählich verschwindende Selbstsicherheit zurückkommen und entschied sich dafür, den Lehrer um 5 Minuten Zeit vor der ganzen Klasse zu bitten. Er war etwas skeptisch, aber er willigte ein. Lena stellte sich vor, Frau M. würde neben ihr stehen, und erzählte der Klasse, dass sie es sehr unfair fand, sie einfach auszuschließen, ohne ihr je eine Chance gegeben zu haben, sie kennenzulernen. Sie konnten doch nicht wissen, warum sie nichts mit ihr zu tun haben wollten, wenn sie nie mit ihr gesprochen hatten.

In der nächsten Pause kamen zwei Mädchen zu ihr. Sie sagten, sie wäre mutig gewesen. Danach stellte sich heraus, dass es ein einziges Mädchen war, das das Ganze gestartet hatte, ähnlich wie im Fall Katia/Eva (Kap. 1). Lena ging in Norwegen zur Schule und Eva in der Schweiz.

Dass ein Kind so selbstsicher auftritt, wie Lena es tat, ist eher die Ausnahme. Aber auch die selbstsichere Lena war auf dem Weg, diese Selbstsicherheit zu verlieren. Hätte ihre frühere Lehrerin, Frau M., ihr nicht Mut gemacht, wäre sie ein «typisches» Mobbing-Opfer geworden.

Das Fallbeispiel soll die Tatsache illustrieren, dass Mobbing alle treffen kann – falls es in der jeweiligen Gruppe einen Nährboden für das Mobbing gibt.

- Das «typische» Mobbingopfer gibt es nicht.
- Mobber suchen sich systematisch diejenigen Mitschüler aus, die für sie die geringste Gefahr darstellen.
- Ein Opfer darf nie für seine Rolle verantwortlich gemacht werden.

Dass Mobber ihre Rolle anfänglich selber bestimmen, ist klar. Ob sie diese Rolle dann verlassen können, wenn sie es selber möchten, ist weniger klar. Es entsteht eine spezielle Dynamik in der Gruppe, die ihnen einen Rücktritt sehr erschweren kann. Hier spielen die Mitläufer eine wichtige Rolle.

Frau D. nahm mit dem Kinderpsychiatrischen Dienst Kontakt auf: sie und ihre Tochter Svenja bräuchten Unterstützung. Svenja ist in der 8. Klasse. Sie ist seit längerer Zeit als Anführerin verschiedener Mobbing-Fälle bekannt. Sie möchte aus dieser Rolle raus. Sie hat viel mit ihrer Mutter darüber gesprochen und nimmt sich immer wieder vor, mit den Mobbing-Handlungen aufzuhören. Sie fängt an, an sich selber zu zweifeln, denn sie schafft es nicht. Wenn sie in der Schule ist, kommen Nicholas und ein paar Mädchen und fordern sie heraus. Sie finden, dass das Opfer besonders lästig ist – Svenja sollte allen doch zeigen, wer hier «das Sagen hat». Sie hat Angst, ihre Freunde zu verlieren, wenn sie diese enttäuscht.

Denken Sie daran, dass es auch mobbende Kinder gibt, die selber genug vom Mobbing haben. Sie befürchten jedoch, sie könnten ihr Ansehen verlieren, wenn sie damit aufhören. Auch diese Kinder brauchen die Unterstützung von Erwachsenen.

Mitläufer – die Assistenten der Mobber

Mobbing ist durch Ungleichgewicht charakterisiert. Dieses Ungleichgewicht wird dadurch verstärkt, dass es Mitschüler gibt, die manchmal oder häufig den Mobbern zur Seite stehen und ihnen mehr oder weniger direkt «helfen», die Opfer zu plagen. Olweus (1996) nennt diese Kinder und Jugendlichen Mitläufer oder «passive Täter». Er hält diese Gruppe für sehr heterogen. Ein finnisches For-

Abbildung 5-2: Ein Schüler assistiert den Mobbern. Zeichnung: Marianne Kauer.

schungsteam (Salmivalli, Lagespetz, Björkqvist, Österman, Kaukianinen, 1996) hat sich für die verschiedenen Rollen interessiert, die Schüler annehmen können. Aufgrund von Peer-Nennungen haben sie eine Gruppe von Schülern gefunden, die sie «Assistenten der Mobber» nennen. Diese Kinder machten 7 % der ganzen Gruppe aus. Spezifisch für diese Kinder ist: Sie machen aktiv beim Mobbing mit, wenn ein Mobber damit angefangen hat. Selber würden sie nur selten die Initiative ergreifen. Die Gruppe entspricht in etwa der Gruppe der Mitläufer. Im Folgenden verwende ich beide Begriffe synonym.

Dass Kinder die Mobber assistieren, obwohl sie allein nicht mobben würden, hat mit bekannten Gruppenprozessen zu tun. Hier spielen vor allem der Abbau der Selbstkontrolle und die Zersplitterung der Verantwortung (Verantwortungsdiffusion) in der Gruppe eine wichtige Rolle. In der Gruppe werden die persönlichen moralischen Prinzipien geschwächt. Das Handeln der Gruppe bildet neue Normen, die – mindestens für eine gewisse Zeit – den eigenen moralischen Standards übergeordnet werden (Alsaker, 2003). Die meisten Schüler finden es plötzlich in Ordnung, einen Mitschüler auszulachen oder zu ignorieren. Dies, obwohl sie auch nicht sagen könnten, weshalb.

Der Spaghetti-Kocher: Moritz wurde anschließend an einen Streit mit seinem damaligen besten Freund Eugen von allen Schülern in der Klasse gemobbt. Weil er leicht errötete, wenn er wütend wurde, nannte man ihn den «Spaghetti-Kocher». Er wurde gar nicht mehr in Ruhe gelassen. Sogar die ruhigsten und friedlichsten Mädchen in der Klasse fingen an, ihm «Spaghetti-Kocher» nachzurufen und es lustig zu finden. (Aus dem Videofilm «Mobbing ist kein Kinderspiel», Name des Opfers geändert)

In der Gruppe wird das Gefühl der persönlichen Verantwortung abgeschwächt. Sobald sich mehrere Schüler an einer Handlung beteiligen, hat jeder Einzelne das Gefühl, nur noch einen Teil der Verantwortung für diese Handlung zu tragen. Der einzelne Schüler verliert das Gefühl der Verantwortung für seine negativen Handlungen (z. B. einen Mitschüler auslachen oder helfen, das Opfer zu halten), wenn viele Peers daran teilnehmen (Olweus, 1996). Die Zersplitterung der Verantwortung führt dazu, dass die einzelnen Schüler weniger Schuldgefühle nach den Mobbing-Handlungen haben. Jedes Mitglied der Gruppe schätzt außerdem die Wahrscheinlichkeit von möglichen negativen Sanktionen als tief ein, weil viele Schüler mitgemacht haben (Alsaker, 2003). Im schlimmsten Fall schiebt jeder die Schuld auf die anderen.

Auch das Lernen am Modell spielt hier eine Rolle. Wir wissen, dass einem Modell eher nachgeahmt wird, wenn es eine starke und einflussreiche Figur ist, für sein Verhalten belohnt und nicht bestraft wird (Bandura, 1977). Wenn Beobachter und Modell ähnliche Verhaltensweisen oder Einstellungen miteinander teilen, ist die Wirkung des Modells noch stärker. In Bezug auf Mobbing sind die zwei ersten Bedingungen meistens erfüllt. Die Mobber sind einflussreiche Mitglieder der Peer-Gruppe, die selten für ihr Verhalten bestraft werden. Dies allein schwächt die natürliche Aggressionshemmung der anderen Peers. Olweus (1996) nennt diesen Mechanismus das «Nachlassen der Hemmung gegen aggressive Tendenzen». Wenn ein Schüler oder eine Schülerin darüber hinaus gewisse Verhaltensähnlichkeiten mit den Mobbern zeigt, ist der Weg zum Mobber-Assistenten offen.

Es ist fraglich, ob Kinder und Jugendliche über längere Zeit in diesen assistierenden Rollen bleiben. Ich vertrete eher die Meinung, dass Kinder und Jugendliche zwar gewisse Tendenzen zeigen, in Mobbing-Situationen mit bestimmtem Verhalten zu reagieren, dass sie jedoch je nach Situation unterschiedlich reagieren. In der MOK-Studie haben wir deshalb die Kindergartenlehrpersonen zu Reaktionen der Kinder, wenn diese Zeugen von Mobbing waren, befragt (siehe dazu Hauser, Gutzwiller-Helfenfinger, Alsaker, 2009). Wir konnten anschließend Skalen bilden, die der heutigen Literatur sehr gut entsprechen (Staub, Fellner, Berry, Morange, 2003). Eine dieser Skalen fasste «Mobbing unterstützende Reaktionen» zusammen, die dem Verhalten der Mobbing-Assistenten entsprechen («Das Kind lacht und findet es lustig», «Das Kind hilft dem Täter»). Unsere Ergebnisse zeigten, dass die Jungen signifikant häufiger Mobber unterstützend auftreten als die Mädchen – dies entspricht den Befunden aus Schulstudien (Salmivalli, Lagerspetz et al., 1996; Salmivalli, Kaukiainen, 2004). Weiter konnten wir aufgrund der Aussagen der Kinder feststellen, dass Mobber viel häufiger andere Mobber unterstützen. Das Alter der Kinder spielte hierbei keine Rolle.

5.2 Die Zeugen von Mobbing

Die bereits erwähnten Forschergruppen haben sich auch für weitere Reaktionen der Schüler, die dem Mobbing beiwohnen, interessiert. Einige (z. B. Salmivalli, Lagerspetz et al., 1996) haben versucht, die Kinder typischen Rollen zuzuordnen. Aus diesen Studien resultieren wichtige Erkenntnisse – daher werde ich diese zusätzlichen Rollen hier darstellen (siehe dazu auch Abb. 5-1, S. 74). Trotzdem sollte man nicht vergessen, dass diese Einteilung in Rollen etwas Statisches an sich hat; man darf nicht vergessen, dass Kinder, die selber Opfer oder Mobber sind, auch Zeugen von Mobbing-Situationen werden können, in denen sie selber nicht direkt beteiligt sind. In anderen Studien wurde deshalb eher auf das Verhalten der Zeugen fokussiert und zwischen verschiedenen Zeugenreaktionen unterschieden, wie z. B. angemessene, unangemessene, hilflose, aggressive, prosoziale Reaktionen und Rückzugsverhalten (Hauser et al., 2009). Ergebnisse aus Studien zu Zeugenreaktionen geben Auskunft darüber, wie sich Mobber, Opfer und nicht beteiligte Schüler als Zeugen von Mobbing verhalten.

Die Helfer oder Verteidiger der Opfer

Laut Salmivalli, Lagerspetz und Kollegen (1996) gibt es in den meisten Schulklassen «Helfer der Opfer». Diese versuchen, das Opfer zu trösten, oder gelegentlich sogar, die Mobbing-Handlungen zu stoppen. Die Absicht, dem Opfer zu helfen, scheitert nicht selten an Gruppendruck und anderen Gruppenmechanismen. Wenn ein Schüler beobachtet, dass niemand außer ihm das Opfer unterstützt, wird es nach und nach sehr schwierig, dem Opfer zu helfen. Genau das passierte im Fall von Eric (Kap. 2): Jeder Zeuge meinte, die anderen würden nicht intervenieren, und so intervenierte tatsächlich auch niemand. Studien mit Erwachsenen zeigen, dass die Bereitschaft zu helfen mit steigender Anzahl Zeugen deutlich abnimmt (Darley, Latané, 1968). Aus den Beobachtungsstudien von Craig und Pepler (1997) geht hervor, dass die Peers in lediglich 11 % der Mobbing-Situationen intervenierten und auch die Lehrpersonen in nur 4 % der Mobbing-Situationen eingriffen.

Abbildung 5-3: Einzelne Kinder versuchen, dem Opfer zur Hilfe zu kommen. Zeichnung Marianne Kauer.

Menesini und Kollegen (1997) befragten 8- bis 16-jährige Schüler aus England und Italien (insgesamt 8000) zu ihren Reaktionen, wenn sie Zeugen von Mobbing wären. In beiden Ländern berichteten die Opfer häufiger als die Mobber – in England auch häufiger als nicht beteiligte Kinder –, dass sie eingreifen würden. Die Mobber waren am wenigsten geneigt, Opfern zu helfen. Man muss im Auge behalten, dass es sich um Eigenberichte handelt. Auch wenn dies eher einem Wunsch als der Realität entspricht, sprechen die Ergebnisse eine klare Sprache: Opfer haben deutlich häufiger das Gefühl, dass jemand dem Opfer helfen sollte.

In der MOK-Studie wurden *Opfer unterstützende Zeugenreaktionen* mit 3 Fragen gemessen: «Das Kind versucht, das Opfer aufzumuntern oder zu trösten», «Das Kind versucht, dem Opfer zu helfen», «Das Kind setzt sich bei den anderen Kindern für das Opfer ein». Ein erstes Ergebnis zeigte, dass Kinder, die Mobber in ihren Handlungen unterstützen, die Opfer meistens nicht unterstützen. Und trotzdem gab es Kinder, die einmal den Aggressoren und andere Male dem Opfer helfen. Das zweite interessante Ergebnis war, dass die Mädchen eindeutig mehr Opfer unterstützende Zeugenreaktionen zeigten als die Jungen. Dies entspricht wieder den Befunden aus Schulstudien (Salmivalli, Lagerspetz et al., 1996; Salmivalli, Kaukiainen, 2004). In den Schulstudien versuchten Mädchen außerdem häufiger, die Mobber vom Mobbing abzubringen. Erfreulich ist, dass Craig und Pepler (1997) beobachten konnten, dass die Mehrheit (57 %) der Interventionen von Mobbing-Zeugen zu einem Abbruch des Mobbing-Vorfalls führte.

Unsere Analysen zeigten weiter, dass Kinder, die selber nicht am Mobbing beteiligt waren, häufiger den Opfern zur Hilfe kamen und dass ältere Kinder (6- bis 7-jährig) den Opfern häufiger halfen als jüngere Kinder (4.5- bis 5.5-jährig). Die jüngeren Kinder zeigten mehr hilflose Zeugenreaktionen als ihre älteren Peers. Die Fragen dazu waren: «Das Kind reagiert gar nicht», «Das Kind zieht sich zurück». Interessant ist, dass Kinder, die Opfer unterstützende Reaktionen zeigten, viel seltener hilflos reagierten. Kinder in der Verteidigerrolle fanden leicht Freunde und waren anderen Kindern gegenüber freundlich.

Die anderen Zuschauer von Mobbing, die nicht direkt an den Mobbing-Handlungen beteiligt sind, spielen in Mobbing-Situationen ebenfalls eine wichtige Rolle – meist als passives Publikum, aber manchmal auch als direkte Verstärker des Mobbings.

Die Verstärker des Mobbings

Die Verstärker des Mobbings mobben nicht aktiv mit. Dafür geben sie den Mobbern positives Feedback. Dies kann durch aktives Hingehen, um besser schauen zu können, Lachen, Zurufen oder ermunternde Gesten geschehen. In den meisten Untersuchungen werden diese Kinder wegen ihrer unklaren Position nicht als beteiligt erkannt. Eine kanadische Beobachtungsstudie (O'Connell, Pepler, Craig, 1999) zeigte, dass Schüler viel Zeit damit verbrachten, die Mobber aktiv und passiv (nur Hinschauen, ohne etwas zu unternehmen) zu verstärken. In der MOK-Studie waren es eher die älteren Kinder in der Gruppe, die Jungen sowie die aggressiven Opfer und Kinder, die selber mobbten, die die Mobber verstärkten (laut Kinderaussagen).

Die Zuschauer – passiv und außenstehend

Unter den Zuschauern von Mobbing gibt es weiter Kinder und Jugendliche, die selber sozusagen nie direkt beteiligt sind und in der Regel auch nichts unternehmen, um den Opfern zu helfen. Diese werden auch «Außenstehende» genannt. Sie möchten sich weder auf die Seite der Mobber noch auf die Seite der Opfer stellen. Sie lassen jedoch das Mobbing zu, indem sie wegschauen, sich zurückziehen und nichts machen. Diese Art von Reaktion haben wir in der MOK-Studie als «hilf-

Abbildung 5-4: Kinder haben ihren Spaß als Zuschauer. Zeichnung: Marianne Kauer.

lose» Reaktion bezeichnet. Im Kindergarten waren es eher die jüngeren Kinder, die laut Kindergartenlehrpersonen und Kinderaussagen so reagierten; ein Ergebnis, das gut nachvollziehbar ist, weil die jüngeren Kinder noch keine Erfahrung mit solchen Situationen haben. Salmivalli, Lagerspetz und Kollegen (1996) fanden, dass Mädchen häufiger mit Rückzug und Passivität reagierten als Jungen.

Im Kindergarten gaben die meisten Kinder an, sich «nicht fröhlich» zu fühlen, wenn sie sahen, dass andere Kinder gemobbt wurden. Etwas mehr als ein Drittel fühlte sich jeweils wütend und/oder traurig. Dies trifft nicht speziell auf den Kindergarten zu. Kindern und Jugendlichen, die Mobbing beiwohnen, geht es weniger gut als Gleichaltrigen in Klassen ohne Mobbing (Alsaker, Olweus, 2002). Deshalb stellt sich die Frage, warum die meisten nichts unternehmen und sogar angeben, dass sie das Mobbing-Geschehen nichts angehe (Slee, 1993). Einige Argumente habe ich bereits im Abschnitt zu den «Helfern der Opfer» diskutiert. Hier geht es darum zu erklären, weshalb Zuschauer von Mobbing sich zurückziehen und das Geschehen ignorieren, ohne die Erwachsenen zu informieren – so, als ob es sie überhaupt nichts angehen würde.

In Kapitel 3 wurde bereits gezeigt, dass Opfer «allein stehen» und wenig beliebt sind. Dies ist wahrscheinlich ein wichtiger Faktor für die passive Haltung ihrer

Mitschüler. Es wurde auch bereits erwähnt, dass die geringe Beliebtheit der Opfer teilweise mit ihrer schwachen Position in der Gruppe zusammenhängt. Die Peers identifizieren sich lieber mit den «Stärkeren und Mächtigen» als mit den Opfern.

Die meisten fühlen auch, dass es besser für sie selber ist, die Ungunst der Mobber nicht auf sich zu lenken. Viele dieser Kinder und Jugendlichen geben auch an, dass sie Angst haben, selbst Opfer zu werden (Slee, 1993). Tatsächlich bringt eine Besserung von Mobbing-Situationen nicht nur den Opfern des Mobbings Erleichterung, sondern auch den anderen Mitschülern, die nach einer gelungenen Intervention eine Erhöhung ihres Selbstwertgefühls erleben (Alsaker, Olweus, 2002). Dies zeigt auch, wie hoch der allgemeine Stress in Klassen mit Mobbingproblemen ist.

Die Passivität der Zeugen wird von den Mobbern häufig als Billigung ihres Verhaltens verstanden und wirkt so eindeutig verstärkend (Alsaker, 2003).

5.3 Die Erwachsenen

Aus den Beobachtungsstudien von Craig und Pepler (1997) geht hervor, dass nicht nur die Peers selten intervenierten, sondern dass auch die Lehrpersonen in nur 4 % der Mobbing-Situationen eingriffen. In 80 % der Mobbing-Episoden waren sich die Lehrpersonen gar nicht erst bewusst, dass Mobbing stattfand. Die Tatsache, dass die Handlungen der Mobber nur in sehr begrenztem Ausmaß von Seiten der Lehrpersonen und Eltern sanktioniert werden (Olweus, 1996), verstärkt Mobber und andere im Glauben, dass diese Handlungen durchaus zulässig sind.

In Abbildung 5-1 (S. 74) stehen die Erwachsenen in der Mitte, zwischen allen Rollen. Sie hätten überall platziert werden können. Wie die eben erwähnte Studie von Craig und Pepler (1997) zeigte, könnten die Erwachsenen oft zu den passiven Zuschauern gezählt werden oder bei den Außenstehenden platziert werden, weil sie häufig nicht einmal wahrnehmen, dass Mobbing stattfindet. Ob die Erwachsenen es nicht wissen *können* oder nicht wissen *wollen*, soll hier offen bleiben.

Wenn Frau N. (Fallbeispiel Kap. 2) immer wieder Tamara bestraft, weil sie das vorangehende Verhalten von Elisa und Martina nicht sieht, macht sie sich, ohne es zu merken, zur Assistentin der zwei mobbenden Mädchen. Sie wird in diesem Fall von den mobbenden Mädchen instrumentalisiert.

In einigen Fällen (zum Beispiel im Fall von Emmanuel, Kap. 3) ist die Lehrperson auch direkt am Mobbing eines Kindes beteiligt, indem sie beispielsweise Kinder für ihr Verhalten vor der ganzen Klasse demütigt. Studien zur aktiven Mobbingrolle von Lehrpersonen sind selten. Kollegen aus Kanada (Brendgen, Wanner, Vitaro, 2006) haben eine solche Studie durchgeführt. Sie konnten 400 Kinder vom Kindergarten bis zur 6. Klasse verfolgen und erhoben Informationen zum Verhalten der Lehrpersonen gegenüber den einzelnen Kindern anhand von Aussagen der Mitschüler. Die Kinder äußerten sich zu Verhaltensweisen der Lehrpersonen, wie öffentliche Kritik der Schüler, Schelten und Anschreien. Die meisten Schüler (85 %) blieben von starken öffentlichen Beschimpfungen der Lehrpersonen verschont. Trotzdem sollte die Zahl viel höher liegen und man darf die restlichen 15 % der Kinder nicht ignorieren. Dabei handelte es sich häufig um Kinder, die bereits im Kindergarten ein etwas «schwierigeres» Verhalten und mehr Aufmerksamkeitsprobleme zeigten. Viele dieser Kinder wurden über ihre ganze Schulzeit diesen groben Verhaltensweisen der Lehrpersonen ausgesetzt. Die Ergebnisse mögen die Hilflosigkeit vieler Lehrpersonen widerspiegeln. Lehrpersonen lernen meistens nicht, wie sie mit Kindern mit verschiedenen Verhaltensproblemen (inklusive ADHS-Diagnosen) am besten umgehen sollten. Trotzdem ist das offensichtlich negative, beleidigende und belästigende Verhalten gegenüber Kindern nicht akzeptabel. Die Autoren der Studie nennen dieses Verhalten auch «verbaler Missbrauch».

Aufgrund der PISA-Studie im Jahre 2003 kam Bergmüller (2007) zum Schluss, dass 8 % der befragten Jugendlichen chronisch durch die Interaktion mit den Lehrpersonen belastet waren. Insgesamt 26 % der Jugendlichen gaben an, mindestens einmal im Laufe der 6 Wochen vor der Erhebung erlebt zu haben, dass eine Lehrperson sie vor der Klasse lächerlich machte. Knapp 3 % erlebten eine solche Situation öfter als sechs Mal. Äußerst problematisch an diesem Verhalten der Lehrpersonen ist, dass andere Mitschüler in ihrer Einstellung gegenüber dem angegriffenen Kind beeinflusst werden und eventuell in ihrem Mobbing-Verhalten verstärkt werden. Dies könnte typischerweise die Situation der aggressiven Opfer sein.

Erwachsene, die sich von Kindern und Jugendlichen dahin manipulieren lassen, in irgendeiner Art das Mobbing zu verstärken, sind meines Erachtens zu Opfern der Mobber geworden. Es gibt auch wenig Wissen über Lehrpersonen, die Opfer der Schüler sind. Eines ist jedoch klar: Wenn eine Lehrperson das Mobbing toleriert, gibt sie den Mobbern zu verstehen, dass sie sich der Situation nicht gewachsen fühlt und eventuell sogar Angst hat. Damit gefährdet die Lehrperson sich selber.

Natürlich können Lehrpersonen als Verteidiger der Opfer auftreten. Dabei muss immer Rücksicht darauf genommen werden, dass die Opfer dabei nicht geschwächt werden. Sehr wichtig ist, dass die Lehrperson die Opfer ernst nimmt und ihnen ihre Unterstützung zusichert.

Um zu vermeiden, dass das Opfer durch die Intervention eines Erwachsenen geschwächt wird, ist es wichtig, nicht im Namen des Kindes zu reden, sondern im eigenen Namen zu intervenieren. D. h. eine «Ich-Botschaft» zu ver-

wenden und von der eigenen Betroffenheit oder evtl. Unmut oder Wut zu sprechen (Siehe Kap. 6, Fallbeispiel Herr R., und den zweiten Teil des Buchs).

Eltern spielen selbstverständlich eine Rolle im Mobbing-Geschehen. Diese Tatsache wurde bereits in vorangehenden Kapiteln angesprochen. Mobbing-Situationen sind meist sehr komplex und Eltern und Lehrpersonen hören nicht immer die gleichen Geschichten. Deshalb ist es wichtig, noch einmal zu betonen, dass sie miteinander kommunizieren müssen und einander helfen sollten, auftretende Probleme zu lösen. Eltern sollten besser und früher über das Verhalten ihrer Kinder informiert werden. Weder die Eltern noch die Lehrpersonen sind am Mobbing schuldig. Aber alle sind für das Wohl der Kinder mitverantwortlich.

Die Erwachsenen sollten inmitten des Geschehens stehen. Sie sollten sich einen Überblick verschaffen und ihre natürliche Autorität als verantwortungsvolle Erzieher wahrnehmen, akzeptieren und zeigen.

5.4 Was ist für die Praxis relevant?

Alle Erkenntnisse aus internationalen und unseren eigenen Studien zeigen, dass Kinder in allen Altersgruppen in alle Mobbing-Rollen schlüpfen können. Sie zeigen auch, dass man davon ausgehen kann, dass alle Schüler auf irgendeine Art einen Einfluss auf das Mobbing-Geschehen haben. Das heißt wiederum, dass Mobbing mit allen Schülern in einer Klasse angegangen werden sollte.

Frühere Studien haben belegen können, dass das Verhalten der Mobbing-Zeugen den Beginn und die Aufrechterhaltung des Mobbings beeinflusst (O'Connell et al., 1999). Die meisten Kinder sind dem Mobbing gegenüber negativ eingestellt (Menesini et al., 1997). Dass sie trotzdem nicht intervenieren oder die Mobber sogar unterstützen oder zumindest verstärken, zeigt, wie wichtig es ist, die nicht direkt involvierten Kinder und Jugendlichen bei der Prävention von Mobbing mit einzubeziehen.

In der MOK-Studie halfen die älteren Kinder den Opfern öfter als die jüngeren, die mehr hilflose Zeugenreaktionen zeigten. Es könnte in altersgemischten Klassen wichtig sein, dass die älteren Schüler eine positive Modellfunktion übernehmen. Wenn ihnen eine solche Aufgabe zugeteilt werden könnte, würde es sie weiter dazu animieren, zu ihren Peers «zu schauen». Dies würde zu einer allgemein positiven Stimmung in der Klasse führen, die wiederum eine bessere Grundlage für das Intervenieren der Kinder gegen Mobbing bildet (Hauser et al., 2009).

Ergebnisse der MOK-Studie zeigten, dass Mobber bereits auf Kindergartenstufe von anderen Kindern unterstützt und verstärkt werden. Ein wichtiger Schritt in der Prävention ist deshalb, den mobbenden Kindern ihr Publikum wegzunehmen (Salmivalli, Kaukiainen, Voeten, Sinisammal, 2004). Wird ein mobbendes Kind über Zeit in seinen Handlungen verstärkt, wird es immer schwieriger, sein Verhalten zu stoppen. Es wird auch für das Kind immer schwieriger, damit aufzuhören (siehe dazu der Fall von Svenja in diesem Kapitel). Alle Kinder müssen sensibilisiert werden; es muss mit allen über die Gruppenmechanismen bei Mobbing gesprochen werden (Alsaker, 2003; Salmivalli et al., 2004). Jedes Kind sollte das Gefühl der eigenen Verantwortung erleben. Die hier aufgeführten Schlussfolgerungen werden im zweiten Teil des Buchs eingehend diskutiert.

Mobbing soll nicht als ein Problem zwischen Mobbern und Opfern angegangen werden, sondern als ein Gruppenanliegen. Jedes Mitglied der Gruppe trägt einen eigenen Teil dazu bei, ob Mobbing entsteht und aufrechterhalten wird.

Wichtiges in Kürze

Ob in Kindergartenklassen oder auf der Oberstufe, es lassen sich auf allen Stufen die gleichen Mobbing-Rollen identifizieren. Wir stellen fest, dass Mobbing alle Kinder in der Gruppe und die Erwachsenen angeht – auf allen Altersstufen. Die Passivität der Zeugen und der Erwachsenen führt dazu, dass mobbende Kinder ihr Verhalten allmählich als akzeptabel ansehen oder zumindest wissen, dass sie ungestört weitermachen können. Gewisse Kinder in der Gruppe und vor allem die Kinder, die nicht am Mobbing beteiligt sind, unterstützen die Opfer. Es zeigt, dass in jeder Gruppe positive Ressourcen vorhanden sind, die auch dazu genutzt werden könnten, alle Kinder zu einem positiven Verhalten zu animieren.

Anregungen zum Nachdenken

- Was haben Sie über die möglichen Rollen aller Gruppenmitglieder erfahren, das für Ihren Umgang mit Mobbing relevant ist?
- Dass ein Kind so selbstsicher auftreten kann, wie Lena im Fallbeispiel es tat, ist eher die Ausnahme. Was hätten andere, und besonders der Lehrer, tun können?
- Wie könnten Kinder und Jugendliche davon abgehalten werden, mobbende Mitschüler zu verstärken?

6. Entstehung und Aufrechterhaltung von Mobbing – Bedingungen im Umfeld

Woher kommt Mobbing? Dies ist wohl die Frage, die mir am häufigsten gestellt wird. Wir alle möchten gerne unangenehme und bedrohende Vorkommnisse auf ihre – wenn möglich wenigen – Ursachen zurückführen können. Ursachenfindung gibt ein Gefühl von Kontrolle. Es ist allerdings so, dass Ereignisse – gleich welcher Art – sich nur extrem selten auf klare, einfache und wenige Ursachen zurückführen lassen. Meistens gibt es eine Reihe von Faktoren, die miteinander interagieren und zu einem spezifischen Vorfall führen. Soziale Situationen sind an sich sehr komplex. Interaktionen, Erwartungen, Gewohnheiten, Persönlichkeitsmerkmale der involvierten Personen und gegebene Strukturen sind nur einige der Faktoren, die in Wechselwirkung stehen und soziale Ereignisse mitbestimmen. Wir haben die Komplexität der Mobbing-Situationen mit allen ihren spezifischen Merkmalen bereits vertieft diskutiert und es sollte dem Leser klar geworden sein, dass sich Mobbing kaum auf wenige konkrete Ursachen reduzieren lässt. Auch wenn diese Einsicht frustrierend sein mag, ist sie sehr wichtig. Wer diese Einsicht hat, weiß, dass die Verantwortung für einen Mobbing-Vorfall nicht bei einer einzigen Person liegen kann. Im Folgenden will ich auf Bedingungen im Umfeld eingehen, welche die Entstehung von Mobbing fördern. Gleichzeitig will ich Faktoren diskutieren, die Kinder vor Mobbing schützen können. Im nächsten Kapitel bespreche ich Faktoren, die Kinder und Jugendliche für Mobbing-Attacken verletzbar machen.

Noch wichtiger als die Diskussion zur Entstehung von Mobbing ist mir, die Aufmerksamkeit auf die Bedingungen zu richten, die zur Aufrechterhaltung von Mobbing beitragen. Angenommen, Mobbing entsteht in einer Klasse, ohne dass vorhergesagt werden konnte, dass dies geschehen würde, ist es zentral, auf die Bedingungen Einfluss zu nehmen, die zur Aufrechterhaltung des Geschehens führen können. So kann durch eine frühe Intervention verhindert werden, dass sich eine langandauernde Mobbing-Situation etabliert. Bedingungen, die zur

Entstehung und zur Aufrechterhaltung beitragen, werden im Folgenden nicht direkt unterschieden, da die gleichen Faktoren bei der Entstehung und danach bei der Aufrechterhaltung von Mobbing eine Rolle spielen.

Die meisten Autoren betrachten heute Mobbing als ein sozial-ökologisches Problem (Espelage, Swearer, 2003) und weisen dabei auf systemtheoretische Modelle hin. Das heißt, dass Mobbing aufgrund der komplexen Wechselwirkung zwischen Merkmalen der Personen und des Umfelds entsteht und aufrechterhalten wird. Dabei werden die Merkmale der Personen in dem System, in welchem sie sich befinden, auch vom sozialen Kontext beeinflusst und umgekehrt. Zum sozialen Umfeld zählen unter anderem «die anderen Kinder» in der Klasse oder Gruppe, die Familie, die Schule (Gebäude, Pausenplatzgestaltung, Schulklima, Schulregeln etc.) sowie die Wohnumgebung (Nachbarschaft, Quartier, Gemeinde). Ein Kind ist somit sowohl als Individuum mit seinen Merkmalen wie auch als Teil des sozialen Umfelds der anderen Kinder in der Klasse zu betrachten.

Ich habe erwähnt, dass Mobbing in allen sozialen Situationen vorkommen kann, in welchen Menschen – von Kleinkindern bis zu Erwachsenen – regelmäßig zusammenkommen und in welchen die Opfer ihren Angreifern nicht ohne Weiteres entfliehen können (Smith et al., 1999). Schulen, Heime, Kindergärten und auch Kinderhorte sind insofern für die Entstehung von Mobbing prädestiniert.

Gegen diese fehlende Fluchtmöglichkeit kann man wenig tun. Es wäre auch ein falscher Ansatz, Mobbing dadurch lösen zu wollen, eventuell Betroffene aus dem Mobbing-Umfeld zu «evakuieren». In einigen extrem schwierigen Fällen wird tatsächlich empfohlen, ein gemobbtes Kind in eine andere Schule zu überführen. Dies sollte allerdings nur in Sondersituationen genutzt werden. Eine solche Situation entsteht zum Beispiel, wenn Eltern untereinander und Eltern und Lehrpersonen absolut nicht mehr miteinander reden können und das Kind entsprechend darunter leidet; wenn es auf der Schulseite gar keinen Willen gibt, etwas gegen das Mobbing zu unternehmen, oder wenn das Opfer überhaupt nicht mehr zu beruhigen ist und man es als therapeutische Maßnahme ansieht, dem Kind einen neuen Start in einer neuen Umgebung zu ermöglichen. Wenn man ein Kind umplatziert, weil es Opfer anderer Kinder ist, gibt man den mobbenden Kindern Recht und mindert damit keineswegs das Mobbing-Potential in der Klasse.

Die UNO-Charta zu den Kinderrechten besagt in ihrem Artikel 19, dass jedes Kind ein Recht auf Schutz gegen alle Formen von physischer und psychischer Gewalt oder Vernachlässigung hat. Im Artikel 28 wird das Recht auf

Ausbildung, Spiel und Freizeit in den Vordergrund gestellt. Im Einklang mit diesen Artikeln müssen wir dafür sorgen, dass Kinderrechte respektiert werden.

6.1 Das Verhalten der anderen Kinder

In Kapitel 5 argumentierte ich, dass das Verhalten aller Kinder eine Rolle im Mobbing-Geschehen spielt. Kinder, die einem Mobbing-Vorfall beiwohnen (zur Erinnerung: in 85 % der Fälle sind andere Kinder in der Nähe; Hawkins et al., 2001), machen meistens nichts. Würden sie bereits bei den ersten Attacken ihre Meinung klar verkünden, hätte Mobbing keine Chance, denn das Eingreifen anderer Kinder scheint effizient zu sein (Craig, Pepler, 1997). Mobbende Kinder und Jugendliche sind von der Meinung ihrer Mitschüler abhängig. Sie möchten, wie alle Menschen, beliebt sein. Würden sie früh genug merken, dass das Mobbing-Verhalten ihnen keine Zuwendung bringt, wäre Mobbing schnell nicht mehr attraktiv. Dies müsste allerdings geschehen, bevor die Anführer des Mobbings zu viele Assistenten und Anhänger gefunden haben.

Kinder können dem Mobbingumfeld nicht entfliehen und sind alle vom Verhalten und der Meinung ihrer Peers abhängig. Kinder sollten früh geschult werden, sich positiv füreinander einzusetzen.

6.2 Mobbing lohnt sich für die Mobber

Aggressive Kinder und Jugendliche suchen und finden einander. Dies geschieht bereits im Kindergartenalter (Perren, Alsaker, 2006) und wir wissen, dass Mobbing selten von Einzelpersonen allein durchgeführt wird, sondern meist zusammen mit Assistenten. Durch das Zusammensein mit ihren Gleichgesinnten sichern sich die Mobber und ihre Assistenten gegenseitige positive Rückmeldungen für ihr Verhalten (Cairns, Cairns, Neckerman, Gest, Gariépy, 1988). Der Zusammenhalt mit den Gleichgesinnten gewährt ihnen ein Gefühl der Gruppenzugehörigkeit. Problematisch daran ist vor allem, dass diese Kinder in der Folge unter diesen Gleichgesinnten bleiben und die Gelegenheiten, mit nichtaggressiven Peers sozial normative Erfahrungen zu machen, seltener werden. Es ist auch möglich, dass sie ihr Freundschaftsgefühl und ihre Gruppenzugehörigkeit gerade über das Mobbing-Verhalten und ihre abschätzige Haltung gegenüber dem Opfer definieren.

Die allgemeine Passivität der Zeugen wirkt eindeutig verstärkend auf die Mobber. Es wird ihnen immer klarer, dass niemand es wagt, etwas zu unternehmen, und dass sie eine große Macht in der Klasse haben. Das Bedürfnis nach Macht habe ich bereits angesprochen. Es ist für Kinder und Jugendliche unmittelbar sehr belohnend, zu merken, wie viel Macht sie ausüben können, wie dieses Beispiel eines 6-Jährigen illustriert, der sich sogar einer Erwachsenen gegenüber sehr «stark» fühlt.

> Frau L. übernimmt für eine Woche die Vertretung einer Kollegin in einem Kindergarten. Nach dem ersten Zusammenkommen der Kinder im Kreis kommt Fabian (6-jährig) zu Frau L. und will ihr klarmachen, dass er im Kindergarten bestimme. Frau L. fragt, was das denn bedeute. Fabian erzählt, er würde sagen, was man spiele und was in der Gruppe gemacht werde. Frau L. sagt darauf, solange sie da wäre, würde sie bestimmen, sie wäre ja die Lehrerin. Fabian wehrt sich und behauptet nochmals, er würde sagen, was sie tun sollten. Frau L. geht nicht darauf ein und Fabian fragt dann, was er denn tun solle. Frau L. sagt ganz einfach, er solle wie die anderen Kinder das tun, was sie jetzt entschieden hatte: malen. Fabian geht zu den anderen Kindern und malt. Am Ende des Tages fragt er Frau L., ob sie wiederkommen würde. Sie bejaht. Die ganze Woche würde sie kommen. Fabian strahlt und sagt, er fände das toll.

Dass Fabian sich als «Chef» der Gruppe fühlte und sehr klare Grenzen brauchte, ist eindeutig. Fabian hatte die anderen Kinder unter seiner Kontrolle; er hat entschieden, wer Zugang zu «seinen» Privilegien hatte. Er hatte zudem dafür gesorgt, dass ein Junge immer wieder ausgeschlossen wurde. Sein Verhalten hat sich in seinen Augen lange gelohnt. Möglicherweise hat es ihn aber auch belastet. Erst als er klar Bescheid bekam, dass er sich in die Gruppe einfügen sollte, und die Lehrerin die Verantwortung übernahm, konnte er entspannen und fühlte sich sehr wohl dabei. Er durfte auch erleben, dass anderes Verhalten sich lohnen kann. Dies hätte er von sich aus nicht herausfinden können.

Nun zurück zu typischen Mobbing-Situationen. Da Mobber sich bestimmte Opfer aussuchen und sich auf diese konzentrieren, lassen sie die anderen Kinder in Ruhe, solange diese sie nicht stören. Deshalb sind Mobber auch nicht besonders unbeliebt, sondern sogar genauso beliebt wie Kinder, die weder mobben noch gemobbt werden (siehe Kap. 5). Das heißt, dass sie im Allgemeinen keine eindeutigen Beliebtheitseinbußen aufgrund ihres Verhaltens erleben. Unter ihren Assistenten und den Verstärkern des Mobbings genießen sie sogar viel

Ansehen. Dies haben holländische Kollegen eindrücklich zeigen können (Veenstra, Lindenberg, Munniksma, Dijkstra, 2010). Mobber waren nur unter Kindern unbeliebt, für welche sie eine Gefahr darstellten. Generell wählten sie ihre Opfer auch so aus, dass sie ihre Unbeliebtheit bei anderen Peers nicht gefährdeten, d. h. sie wählten häufig Kinder aus, die in der Gruppe nicht sonderlich beliebt oder integriert waren.

Im Falle von Erpressung kann der Gewinn von Mobbing-Handlungen auch materiell sein. Der Gewinn kann in Form von bestimmten Gütern (Geld, DVDs, Handys oder dergleichen) oder auch in Form von Diensten – wie etwa Hausaufgaben abschreiben – ausbezahlt werden. Bereits jüngere Kinder lernen schnell, dass gewisse aggressive Handlungen sich lohnen können, weil sie dadurch beispielsweise zu dem Spielzeug kommen, mit welchem sie gerade spielen wollen.

Zweifellos wissen Jugendliche sehr wohl, was sie durch Mobbing bewirken. Jüngere Kinder brauchen an sich nicht manipulierend zu sein, um andere zu mobben. Sie brauchen bloß die wiederholte Erfahrung zu machen, dass ihr Verhalten sich lohnt. Im Mobbing-Prozess sollte deshalb darauf geachtet werden, dass mobbende Kinder von ihren Peers für ihr Verhalten nicht belohnt werden.

Den Mobbern die Show zu stehlen, ist nicht unbedingt einfach; aber wenn man konsequent Bescheid gibt, dass man dieses Verhalten nicht in Ordnung findet, vergeht vielen Kindern die Lust am Verstärken der Mobber. Man sollte dabei trotzdem nicht vergessen, dass Mobbing in den Augen der Kinder etwas Spannung in den Schulalltag bringt, der besonders von den aggressiven Kindern und Jugendlichen häufig als langweilig erlebt wird: «Es geschieht etwas» (Alsaker, 2003). Das ist eine wichtige Erkenntnis, die bei der Prävention von Mobbing unbedingt beachtet werden sollte.

Mobbing lohnt sich für die Mobber

- Mobbende Kinder und Jugendliche erleben Macht, Kontrolle und Kompetenz.
- Mobbende Kinder und Jugendliche bekommen Anerkennung von ihren Gleichgesinnten.
- Die Gefahr von negativen Konsequenzen ist gering.
- Mobbing bringt für einen Teil der Schüler eine ersehnte «Spannung» in den Alltag.

6.3 Klassen- und Schulklima

In den allermeisten Texten zu Mobbing ist zu lesen, dass das Schulklima mit Mobbing in Verbindung steht (z. B. Olweus, 1996). Dies ist allerdings sehr wenig erforscht worden. Es gibt aber einige Befunde, die dafür sprechen, dass eine klare und kohärente Regelung betreffend Disziplinprobleme, eine gut funktionierende Kooperation zwischen Lehrpersonen, gemeinsame Aktivitäten auf Schulebene und der Einbezug der Eltern zu einem gesunden Schulklima beitragen und für Sicherheit sorgen (Beaumont, 2009). Man darf deshalb annehmen, dass ein positives Schulklima einen Einfluss auf das Verhalten der Schüler untereinander hat. Zudem weiß man, dass das schulische Wohlbefinden von Kindern und Jugendlichen im Zusammenhang mit schulischen Qualitätskriterien steht (Hascher, 2004). Unter diesen Kriterien versteht man beispielsweise die Gewährleistung eines Klimas des Vertrauens und der emotionalen Sicherheit. Je mehr Schüler die Lehrpersonen als unterstützend wahrnehmen, desto mehr berichten sie, dass sie ihre Hilfe bei Mobbing und generell bei Angriffen von Peers suchen würden (Eliot, Cornell, Gregory, Fan, 2010).

Dass das Klassenklima auf Mobbing einwirken kann, zeigt sich auch in der Bereitschaft der Kinder, bei Mobbing-Vorkommnissen zu handeln. In Kindergartenklassen, in denen Lehrpersonen viel aggressives Verhalten wahrnehmen, kommt Opfer unterstützendes Verhalten weniger vor als in Klassen mit weniger aggressivem Verhalten (Hauser et al., 2009). Außerdem wirken die Kinder in solchen Klassen eher hilflos, wenn ein Kind von Peers angegriffen wird. In Klassen hingegen, die eher von einer positiven Stimmung geprägt sind und in denen gegenseitige Hilfe praktiziert wird, werden Mobbing-Opfer von den Zeugen stark unterstützt und die Kinder reagieren seltener mit Hilflosigkeit. Italienische Kolleginnen berichten von Befunden mit Jugendlichen, die ähnlich interpretiert werden können (Pozzoli, Gini, 2010). Empfanden die Schüler einen höheren Druck seitens Mitschüler, sich für die Opfer einzusetzen, zeigten sie sogleich mehr Opfer unterstützendes Verhalten (Eigenberichte und Lehrerbeobachtungen).

Kinder lernen viele Verhaltensweisen durch Beobachten und Nachahmen anderer. Je mehr aggressive Modelle in einer Klasse frei agieren und je länger das Mobbing andauert, umso normaler wirkt dieses Verhalten für die Kinder. Dies kann dazu führen, dass beim einzelnen Kind die natürliche Neigung, dem Opfer zu helfen, nachlässt. In einer kanadischen Studie, die sich über 10 Jahre erstreckte (LeBlanc, Swisher, Vitaro, Tremblay, 2008), wurde gezeigt, dass die Unterschiede in aggressivem Verhalten zwischen Schulen zwar zu einem großen Teil mit Familien- und Kindsmerkmalen zu erklären waren, dass aber Kinder in Schulen mit viel aggressivem Verhalten ein erhöhtes Risiko hatten, antisoziales Verhalten zu entwickeln (dies über den Einfluss der Familie und ihrer eigenen Vorgeschichte hinaus). Ähnlich wie in der Studie zum Zeugenverhalten im Kindergarten zeigen diese Ergebnisse, dass Klassen und Schulen mit viel aggressivem Verhalten (darunter Mobbing) einen guten Nährboden für weiteres aggressives und antisoziales Verhalten bieten.

Ein wichtiges Ziel für Schulen und Lehrpersonen sollte es sein, ein Klima des Vertrauens und der emotionalen Sicherheit zu schaffen.

6.4 Die Einstellung und das Verhalten der Lehrpersonen

Wie Lehrpersonen ihre Rolle in Mobbing-Situation einschätzen, ist für ihre Reaktionen auf Mobbing-Vorkommnisse und ihr Eingreifen zentral; selbst das Wissen um Handlungsmöglichkeiten wirkt sich auf ihr Handeln aus. Wer sich das Wissen angeeignet hat, das in den ersten sieben Kapiteln dieses Buchs angeboten wird, sollte gute Voraussetzungen haben, um anfängliche Mobbing-Situationen zu erkennen, und auch wissen, dass die Opfer und die anderen Kinder in der Klasse kaum selber mit der Situation fertig werden können.

Kinder sollen zwar lernen, Konflikte selber zu lösen – dies bedarf aber in vielen Fällen der Hilfe von Erwachsenen. Die Einstellung, Kinder sollen Probleme unter sich lösen, kann unter Umständen sogar zur Konflikteskalation und zur Verfestigung von Mobbing-Mustern führen (Alsaker, 2003).

In der MOK-Studie – unserer zweiten Kindergartenstudie – (Alsaker, 2007) konnten wir zwei erfreuliche Ergebnisse feststellen: Erstens war die Einstellung, dass Kinder selber mit der Mobbing-Situation umgehen sollten, bei Lehrpersonen im Jahre 2003 weniger ausgeprägt als es 1997 der Fall war. Zwischen den beiden Studien wurde vieles über Mobbing geschrieben und es scheint, dass wichtige Erkenntnisse heute verbreiteter sind als im Jahr 1997. Damals war der Begriff Mobbing auch noch nicht geläufig. Zweitens waren Lehrpersonen, die an unserer Prävention im Laufe des Schuljahres 2003/2004 teilnahmen, noch weiter von der Vorstellung abgekommen, Mobbing-Opfer sollten selber mit der Situation umgehen.

Leider sind allerdings noch immer viele Mythen und Unwahrheiten über Mobbing im Umlauf. Wir stellten beispielsweise fest, dass Kindergartenlehrpersonen im Jahre 1997 sehr häufig die Meinung vertraten, dass gewisse Kinder «zum Opfersein bestimmt sind». Diese Einstellung nahm zwar bei Lehrpersonen, die an einer Mobbing-Prävention teilgenommen hatten, ab, stieg dafür bei den anderen Lehrpersonen im Laufe des Schuljahres weiter an. Auch wenn dies wahrscheinlich mit gewissen Reaktionen der Kinder in Mobbing-Situationen in Verbindung steht (siehe später in diesem Kapitel), stimmt diese Einstellung nicht mit dem heutigen Wissen überein und kann eine adäquate Reaktion verhindern.

Mobber sind sehr geschickt, wenn es darum geht, Lehrpersonen zu täuschen oder sie sogar für sich mit einzubeziehen. Letzteres zum Beispiel wenn sie es schaffen, ihr Opfer zu einer verbotenen Handlung zu animieren, die danach von der Lehrperson sanktioniert wird. Es kann auch dazu kommen, dass eine Lehrperson eine Situation falsch einschätzt und bei einem «lustigen Vorfall» (selbstverständlich aus der Perspektive der Mobber) am Rande steht und das Vorgehen stillschweigend zulässt. Wie bereits erwähnt, kommt es leider immer noch vor, dass vereinzelte Lehrpersonen dazu neigen, die Schwächen ihrer Schüler in der Öffentlichkeit der Klasse zu betonen. Dies bietet Mobbern eine ausgezeichnete Gelegenheit, in aller Straflosigkeit das Opfer selber zu mobben. In solchen Fällen kann das Opfer kaum mit Unterstützung von Mitschülern rechnen. Es ist sozusagen ein offizielles freies Mobbing-Ziel. Deshalb ist es sehr wichtig zu betonen, dass auch Kinder, die ein schwieriges Verhalten zeigen (wie beispielsweise hyperaktive Kinder), nie vor der Klasse gedemütigt werden dürfen.

Lehrpersonen haben eine wichtige Modellrolle. Eine klare und konsequente Haltung gegen Mobbing ist für das Verhalten der meisten Schüler von großer Bedeutung.

Ein Beispiel dafür, wie eine klare Haltung seitens einer Lehrperson sich auswirken kann, bietet folgendes Fallbeispiel:

> Herr R. hatte drei Monate Urlaub. Als er zurück an die Schule kommt, erfährt er von seinem Stellvertreter, dass sich eine «schlimme Mobbing-Geschichte» entwickelt hat. In einer Beratungssitzung (im Rahmen einer Weiterbildung) einige Tage vor der ersten Stunde mit seiner alten Klasse wird ein klares Konzept erarbeitet. Am Montagmorgen begrüßt Herr R. seine Klasse und sagt, dass er sich freut, sie alle wiederzusehen, aber dass er auch erfahren hätte, dass Mobbing vorkommen würde. Das würde er nicht dulden. Er würde mit dem Unterricht nicht anfangen, bevor man herausgefunden hätte, wie das Mobbing aufhören sollte, und er betonte, dass es schnell eine Lösung geben müsste. Zum Erstaunen von Herrn R., der etwas skeptisch zum Vorgehen stand, arbeiteten die Schüler sofort an Lösungsvorschlägen und das Mobbing war bald aufgelöst.

6.5 Die Familie

Dass aggressives Verhalten in der Schule zu einem großen Teil mit dem Umgang mit Aggression in der Familie zusammenhängt, ist nicht zu bestreiten. Das wurde unter anderem in der zitierten kanadischen Studie von LeBlanc et al. (2008) gezeigt. Es wäre allerdings falsch zu sagen, dass aggressive Kinder dieses Verhalten direkt von ihren Eltern gelernt oder abgeschaut haben. Ich habe bereits im ersten Kapitel darauf hingewiesen, dass viele Forscher heute die Meinung vertreten, dass ein gewisses aggressives Potential in uns liegt, und dass Kinder dieses Verhalten nicht lernen, sondern eher durch die Erziehung «verlernen» müssen (Tremblay, Nagin, 2005). Es ist mir ein großes Anliegen, dies nochmals zu betonen. Eltern meistern diese Erziehungsaufgabe unterschiedlich, und man darf nicht davon ausgehen, dass alle Kinder, die sich in der Klasse aggressiv verhalten, selber aggressive Eltern hätten. Eventuell haben sie eher Eltern, die den Umgang mit der Aggression ihrer Kinder nicht meistern. Hier müssen wir deshalb unbedingt differenzieren, denn sonst kann das Gespräch zwischen Eltern oder zwischen Lehrpersonen und Eltern sehr unproduktiv und verletzend werden. Im Folgenden will ich auf Bedingungen in der Familie eingehen, die Kinder gefährden, sich entweder aggressiv in der Peer-Gruppe zu verhalten oder zu Opfern der aggressiven Kinder zu werden.

Eltern-Kind-Beziehung

In der Regel ist die Beziehung zwischen den Eltern und ihren Kindern von mehr positiven als negativen Interaktionen geprägt. Wenn aber die Beziehung zwischen Kind und Eltern von wenig sensiblem Verhalten geprägt ist, wenn auf die Bedürfnisse des Kindes nicht angemessen eingegangen wird oder wenn das Kind vermehrt zurückgewiesen wird, ist zu erwarten, dass das Kind in einer generell unsicheren emotionalen Beziehung zu den Eltern aufwächst. Dies kann sich auf verschiedenste Art und Weise zeigen: Diese Kinder können wenig Interesse an anderen zeigen, sich unsicher verhalten und sich inkompetent fühlen – leichte Zielscheiben für Mobber (Perry, Hodges, Egan, 2001). Wohlbemerkt, sozial unsichere Kinder können auch eine sichere und gute Beziehung zu ihren Eltern haben. Wir sprechen hier nur von Wahrscheinlichkeiten und Risiken.

Dass die Beziehungen der Mobber und aggressiven Opfer zu ihren Eltern im Allgemeinen von geringerer Qualität sind, wurde allerdings in einer Reihe von Studien gezeigt. In diesen Familien wurde zum Beispiel weniger auf die Probleme der Kinder eingegangen, die Kinder fühlten sich weniger ernst genommen (Rostampour, Melzer, 1999) und das Gefühl einer nahen emotionalen Beziehung zwischen den Familienmitgliedern war geringer als in anderen Familien (Alsaker, 2003).

Eine gute, sensible und sichere Beziehung ist ein sehr guter Start im Leben und bietet den Kindern Rückhalt in schwierigen Situationen. Auch wenn sie keinen Schutz vor allen Gefahren bietet, senkt sie das Risiko für Probleme in der Peergruppe.

Modellfunktion

Wenn wir auf die familiären Bedingungen eingehen, die zu vermehrtem aggressivem Verhalten führen können, muss selbstverständlich die Modellfunktion der Eltern diskutiert werden. Kinder müssen keine Modelle haben, um aggressives Verhalten zu lernen, aber wenn sie aggressive Modelle haben, werden sie dieses Verhalten keinesfalls verlernen. Im Gegenteil, das Risiko ist groß, dass das aggressive Verhalten Teil ihres alltäglichen Handlungsrepertoires wird. Dies wurde in der Schweiz-Norwegen-Studie im Verhältnis zu Mobbing gezeigt. Sowohl Mobber (Mädchen und Jungen) als auch aggressive Opfer gaben signifikant häufiger als andere an, jemand in ihrer Familie habe im Laufe des letzten halben Jahres Probleme mit der Polizei gehabt (Alsaker, 2003). Aus nordamerikanischen Studien wird auch berichtet, dass Mobber und aggressive Opfer häufiger Gewalt beiwohnen, wobei dies noch viel häufiger bei aggressiven Opfern der Fall ist (Schwarz, Dodge, Pettit, Bates, 1997).

Erwachsene – ob Eltern oder Lehrpersonen – möchten in der Regel gute Modelle für die Kinder sein. Im Alltag ist dies allerdings oft schwierig. Trotzdem müssen Erwachsene diese wichtige Aufgabe stets vor Augen halten.

Erziehungsverhalten

Harte Erziehungsmethoden

Vor allem inkonsequentes und negatives Erziehungsverhalten (evtl. mit körperlicher Bestrafung verbunden) sind als Risikofaktoren für aggressives Verhalten gegenüber Peers anzusehen. Dodge (1991) geht davon aus, dass Zurückweisung und hartes Erziehungsverhalten dazu führen, dass ein Kind nicht lernt, seine Emotionen zu regulieren, und dass es feindselige Ursachenzuschreibungen (Attributionen) entwickelt. Das heißt, dass es nicht eindeutiges Verhalten von Peers fast automatisch als feindselig wahrnimmt und entsprechend aggressiv darauf reagiert. Damit versucht das Kind, sich selber vor eventuellen Angriffen zu schützen. Solche Kinder entwickeln einen extrem wachsamen Verhaltensstil, der durch unkontrollierte Ausbrüche geprägt sein kann. Gerade diese Kinder laufen Gefahr, von anderen Kindern ausgeschlossen und gemobbt zu werden.

Kinder, die in der Familie mit Gewalt konfrontiert werden, haben ein höheres Risiko als andere, selber aggressiv gegenüber ihren Peers zu sein, und eventuell auch selber Opfer von Mobbing zu werden.

Das elterliche Erziehungsverhalten scheint bei den aggressiven Opfern schlechter zu sein als bei den Mobbern (Bowers, Smith, Binney, 1994). Die aggressiven Opfer gaben ihren Eltern die tiefsten «Noten» für angemessene Kontrolle und Wärme, gleichzeitig jedoch die höchsten sowohl für Überbehütung als auch Vernachlässigung. Diese Befunde zeigen, dass Eltern von aggressiven Opfern keine homogene Gruppe bilden und dass es sowohl zu viel als auch zu wenig Kontrolle geben kann, und eventuell beides auf unvorhersehbare und inkonsistente Weise.

Überbehütung versus Autonomie

Gemäß Olweus (1978) hatten Opfer-Jungen (er untersuchte damals nur Jungen) einen viel engeren Kontakt und ein positiveres Verhältnis zu ihren Eltern – speziell zu ihren Müttern – als andere Jungen. Dies ist an sich kein Problem. Problematisch ist, dass dies zur Annahme führte, dass gemobbte Jungen überbehütet waren. Diese Annahme gehört, neben anderen, zu den undifferenzierten, schnellen Schlussfolgerungen im Bereich Mobbing. Wir haben es hier nur mit Wahrscheinlichkeiten zu tun und die Befunde in diesem Bereich zeigen lediglich, dass es mehr Opfer gibt, die von ihren Müttern «überbehütet» werden, als dies bei anderen Kindern der Fall ist. Und wenn bei Opfern tatsächlich Überbehütung vorhanden ist, kann dies sowohl als Ursache wie auch als Folge des Mobbings betrachtet werden. Es ist wahrscheinlich, dass ein Junge, der von der Mutter überkontrolliert wird (die Mutter begleitet ihn immer in die Schule, kommt in der Pause etwas bringen und schauen, wie es geht etc.), sich kindlicher verhält als andere Jungen, deswegen möglicherweise von den Peers gehänselt wird und so in eine Opferrolle geraten kann. Das Verhalten des Kindes müsste auch nicht auffällig sein; das Verhalten der Mutter könnte für Hänseleien schon reichen. Auf der anderen Seite ist es auch möglich, dass ein Kind, das Probleme mit den Peers hat, von einer verständnisvollen Mutter in Schutz genommen und mit der Zeit tatsächlich übermäßig behütet wird.

Bowers et al. (1994) kamen zum Schluss, dass passive Opfer gute Beziehungen sowohl zu ihren Eltern wie auch zu ihren Geschwistern hatten, dass diese Familien aber möglicherweise zu sehr engen und Autonomie hindernden Beziehungen untereinander tendierten. Dabei besteht die Gefahr, dass die Kinder nicht lernen, selber mit Problemen umzugehen, und sich deshalb in der Peer-Gruppe weniger gut behaupten und zur Wehr setzen können. In anderen Studien (Alsaker, 2003; Rican, Klicperova, Koucka, 1993; Schwartz et al., 1997) fand man allerdings keinen Unterschied zwischen den Familien der Opfer und den Familien der nicht involvierten Kinder.

Verstärkung des aggressiven Verhaltens

Ich habe einleitend darauf hingewiesen, dass nicht alle aggressiven Kinder und nicht alle Mobber aggressive Modelle erleben und dass die Erfahrung, dass sich ein Verhalten lohnt, oft genügt, um dieses Verhalten weiter zu zeigen. Aggressives Verhalten wird auf verschiedene Art und Weise verstärkt. Wie dies in der Peer-Gruppe geschieht, habe ich bereits diskutiert. In der Familie ist die Verstärkung oft nicht so direkt und meistens mit eher inkonsequentem Handeln seitens der Eltern verbunden. Durch sein aggressives Verhalten – oft nach längerem Streiten – erreicht ein Kind immer wieder genau das, was es will. Dadurch lernt das Kind, dass sich dieses Verhalten lohnt. Man nennt dies positive Verstärkung. Zu oft wird das Verhalten sogar entschuldigt (Dumas, 2000), und zu oft kommen die Erwachsenen an ihre eigenen Grenzen und Kräfte und verzichten deshalb auf Reaktionen auf das aggressive Verhalten.

Die Studien von Patterson (2002) haben viel zum Verständnis der Verstärkung von aggressivem Verhalten in Familien beigetragen. Ein Schlüsselwort ist die «negative Verstärkung». Negative Verstärkung bedeutet, dass ein Verhalten durch Aufhebung von negativen Konsequenzen verstärkt wird, zum Beispiel, dass das Kind mit seinem Verhalten erreicht, dass die Strafe der Eltern, beispielsweise ein Fernsehverbot, wieder aufgehoben wird. Meist sind sowohl positive als auch negative Verstärker gleichzeitig am Werk. Zum Beispiel, wenn ein Kind sich aggressiv verhält und die Eltern ebenso aggressiv reagieren (etwa durch lautes Schimpfen), ist diese Reaktion für das Kind negativ. Es versucht eventuell, das Schimpfen der Eltern durch noch mehr Aggression zu stoppen. Wenn es dem Kind gelingt, hat es häufig zwei Ziele erreicht: Es stoppt das negative Verhalten der Eltern (sog. negative Verstärkung) und erreicht das, was es wollte (sog. positive Verstärkung), da es eventuell doch ausgehen darf oder vor dem Fernseher bleibt etc. Die Eltern haben erreicht, dass das Kind aufhört zu schreien, schimpfen, schlagen etc. Sie werden in ihrem Nachgeben verstärkt.

Zum Schluss entsteht die sogenannte «gegenseitige Erpressung» (engl. coercion), d.h. es entwickeln sich negative Zirkel, die schwer zu brechen sind, weil meistens beide Parteien das Gefühl haben, gesiegt zu haben. Dieses Gefühl ist selten von langer Dauer, da die nächste Szene immer schneller kommt. Die Probleme, die den Streiten zugrunde liegen, werden nicht gelöst. Die Gefahr ist groß, dass Kinder und Jugendliche dieses «Nötigungsverhalten» auf die Peer-Gruppe in der Schule übertragen. Nicht selten kommt es auch dort zu negativen Zirkeln mit Peers und Lehrpersonen. Das Fallbeispiel von Frau L. und Fabian zeigte, wie Frau L. es schaffte, sich nicht in einer solchen Falle fangen zu lassen. Sie blieb ruhig aber bestimmt. Als Fabian merkte, dass er mit seinem Verhalten keine Chance hatte, zu seinem Ziel zu kommen, gab er auf und wählte eine andere Strategie.

In der MOK-Studie (Alsaker, 2007) gaben Mütter von aggressiven Opfern häufiger als andere Mütter an, ihr Kind impulsiv zu bestrafen, sei es durch Anschreien oder auch mit körperlichen Mitteln (Klaps, am Ohr ziehen etc.). Wahrscheinlich stellen diese Kinder durch ihr aggressives Verhalten eine besondere Herausforderung dar, sodass Mütter an ihre Grenzen kommen. Ergebnisse aus einer kanadischen Studie (Romano, Tremblay, Boulerie, Swisher, 2005) scheinen dies zu bestätigen, indem sie zeigen, dass Mütter sich ihren aggressiven Kindern gegenüber härter verhielten als gegenüber den Geschwistern. Leider lernen die Kinder dadurch nicht, ihr Verhalten zu regulieren.

Vermutlich brauchen Eltern von aggressiven Jungen und Mädchen selber auch Unterstützung in ihrer Erziehungsaufgabe, da sie häufig selber sehr verunsichert sind. Durch die Verunsicherung tragen viele ungewollt dazu bei, das Verhalten ihrer aggressiven Kinder zu verstärken (Alsaker, 2003).

Eltern haben eine besonders wichtige Aufgabe bezüglich der Regulation des aggressiven Verhaltens ihrer Kinder. Sie sollten ihren Kindern gewaltlose Konfliktlösungsstrategien vorzeigen und beibringen. Kinder und Jugendliche brauchen Erwachsene, die ihnen bestimmt und konsequent, aber ohne Aggression, Grenzen setzen können.

Erwartungshaltung der Eltern

Es wurde bereits erwähnt, dass zu viel Kontrolle seitens der Eltern die Kinder auch daran hindern könnte, Selbstbestimmungskompetenzen zu entwickeln. Konflikte sind im Alltag mit den Peers üblich und Kinder sollten lernen, sich in der Peer-Gruppe zu behaupten. Dies könnte auch einen gewissen Schutz gegen Mobbing bieten.

Um sich in Konfliktsituationen behaupten zu können, müssen Kinder ihre eigene Kompetenz und ihren eigenen Wert regelmäßig erfahren können. Sie brauchen viel Lob und Unterstützung, um ein positives und sicheres Selbstwertgefühl aufzubauen. In der MOK-Studie mussten wir jedoch feststellen, dass passive Opfer signifikant seltener Lob von ihren Vätern bekamen als alle anderen Kinder (Alsaker, 2007) und dass die Mütter der passiven Opfer häufiger als andere Mütter angaben, ihre Kinder zu bestrafen (nicht impulsiv wie bei aggressiven Opfern, sondern kontrolliert). Die Eltern der passiven Opfer bezeichneten ihre Kinder zudem häufiger als hyperaktiv, während Lehrpersonen diese Kinder überhaupt nicht als solches bezeichneten. Es scheint, als ob Eltern der passiven Opfer in unserer Studie sehr hohe Erwartungen an ihre Kinder hatten (im Sinne von Gehorsam) und dass diese Kinder viel schneller Sanktionen für ein Verhalten erhielten, das andere Eltern und Lehrpersonen nicht stören würde. Diese Ergebnisse entsprechen denjenigen aus einer amerikanischen Studie zu älteren Kindern (Ladd, Kochenderfer-Ladd, 1998).

Diese Befunde können helfen zu verstehen, warum passive Opfer in der MOK-Studie (Testsituation zu sozialen Konfliktsituationen, siehe Kap. 3) sehr selten sagten, dass sie Wut empfinden würden, und auch signifikant weniger aggressive Verhaltensweisen andeuteten als Kinder, die gar nicht in Mobbing involviert und allgemein sehr friedlich sind. Auch wenn aggressive Reaktionen nicht die «richtige» Lösung von Konflikten darstellen, wären Wutgefühle eine erwartete Reaktion der Kinder in diesem Alter. In unserer Studie scheinen passive Opfer starke Hemmungen gehabt zu haben, was sie eventuell gegenüber aggressiven Kindern verletzbar machen könnte.

- Kinder brauchen Unterstützung und Wertschätzung.
- Klare Grenzen sind wichtig.
- Zu viel Kontrolle hemmt die Entwicklung der Autonomie.
- Kinder sollten Möglichkeiten haben, ihre Kompetenz zu erfahren und Selbstvertrauen zu entwickeln.

6.6 Schutz vor Mobbing

In diesem Kapitel habe ich an verschiedenen Stellen Hinweise darauf gegeben, was zur Entstehung und Aufrechterhaltung von Mobbing führen kann, und was Kinder gefährden kann, entweder Opfer oder Täter von Mobbing zu werden. Im Folgenden will ich die Rolle der Erwachsenen kurz ansprechen, um danach auf die Rolle von Freundschaften einzugehen.

Die Erwachsenen

Eines scheint klar zu sein: Wo Kinder klare Einstellungen und klare Grenzen seitens der Erwachsenen erfahren, gibt es weniger Aggression, d.h. auch weniger Mobbing.

Einige (evtl. sogar viele) Erwachsene glauben, dass ein ungepflegter und oft rücksichtsloser Umgang von Kindern und Jugendlichen untereinander und gegenüber Erwachsenen heute sozusagen «normal» ist und deshalb toleriert werden muss (Alsaker, 2003). Dies ist eine Kapitulationserklärung, die den Kindern und Jugendlichen nichts Positives bringt. Ich werde im zweiten Teil des Buchs auf dieses Thema zurückkommen, wenn ich die Konkretisierung der Prävention und Intervention präsentiere. Wichtig ist eine Kombination von «Halt sagen» und «Halt geben», wobei es wichtig ist, dass die Erwachsenen als gute Modelle auftreten.

Herr F. ist Schulleiter. An einem Montagmorgen geht er durch den Gang zu seinem Büro und sieht von weitem, dass Simon zwischen ihm und seiner Bürotür steht. Simon ist ein Schüler, mit dem er bereits viele negative Erfahrungen gemacht hat, und Herr F. spürt rasch, dass sich sein Magen und seine Gesichtsmuskulatur verkrampfen. Warum sollte er nun als Erstes an einem Montagmorgen auf Simon treffen müssen? Herr F. ist in einer Weiterbildung zu Mobbing-Prävention und denkt sehr rasch an das Thema «Respekt», das dort angesprochen wurde. Er entscheidet sich dafür, Respekt und Anstand vorzuleben. Er geht auf Simon zu, schaut ihn an und begrüßt ihn freundlich. Entgegen seinen Erwartungen begrüßt ihn Simon ganz normal und anständig.

Was hat Herr F. getan? Er hat sowohl Anstand als auch Entschiedenheit gegenüber Simon gezeigt. Der Blickkontakt war dabei wichtig. Herr F. zeigte dadurch, dass er Simon wahrnimmt. Er hat den Schüler als einen ganz normalen Menschen behandelt – etwas, das in früheren Interaktionen nicht unbedingt der Fall war. Ich will mit dem Fallbeispiel nicht sagen, dass dieses Verhalten alle Probleme von und mit Simon löste. Ich will nur zeigen, dass Erwachsene vieles durch kleine Änderungen ihres eigenen Verhaltens bewirken können. In dem Fallbeispiel haben Herr F. und Simon eine neue Art der Interaktion in ihr gemeinsames Repertoire aufgenommen. Das wird ihre späteren Interaktionen positiv beeinflussen.

Freundschaften

In Kapitel 5 habe ich dargelegt, dass passive und aggressive Opfer in der Klasse weniger beliebt sind als ihre Peers. Sie haben weniger Freunde in der Klasse, die sie unterstützen könnten. Dieser Befund wird sowohl im Kindergarten, in der Schule als auch in der Berufsschule berichtet (Perren, Alsaker, 2006; Alsaker, Gutzwiller-Helfenfinger, 2010; Ruggieri, 2009; Schwartz et al., 2000; Unnever, 2005).

Einige Studien haben belegen können, dass nahe Freunde einen gewissen Schutz vor Mobbing bieten können, besonders wenn bei einem Schüler aus verschiedenen Gründen ein erhöhtes Risiko besteht, gemobbt zu werden (Alsaker, 2003; Hodges, Boivin, Vitaro, Bukowski, 1999; Pellegrini, Bartini, Brooks, 1999). Freunde können auf verschiedene Art und Weise Schutz bieten. Erstens ist von Freunden zu erwarten, dass sie in der Situation konkrete Unterstützung liefern (Opfer-Unterstützung). Zweitens kann die reine Gegenwart von Freunden die Mobber unsicher machen, besonders wenn sie nicht wissen, was sie von den Freunden zu befürchten haben. Allerdings hilft es nicht automatisch, einen Freund oder eine Freundin zu haben, wenn diese nicht in der Lage sind, einen zu verteidigen. Doch auch wenn die Freunde die Mobbing-Situation nicht zu stoppen vermögen, können sie psychische Unterstützung bieten. Opfer, die von einer qualitativ guten Freundschaft berichten, scheinen etwas weniger an den Folgen von Mobbing zu leiden (Hodges et al., 1999; Ruggieri, 2009). In einer qualitativ guten Freundschaft fühlt man sich meistens wertvoll, gemocht, wichtig für den anderen und dies kann wesentlich sein, um den Glauben an sich selber nicht zu verlieren.

Es ist sehr wichtig, Kindern die Möglichkeit zu geben, ihre besten Freundschaften zu pflegen. Auch könnte man in der Klasse oder im Freizeitbereich versuchen, positiv eingestellte Kinder auf die «Ressourcen» von isolierten Kindern aufmerksam zu machen, indem man geeignete Situationen dazu anbietet.

Wichtiges in Kürze

Mobbende Kinder und Jugendliche suchen und finden einander. Die zahlenmäßige Überlegenheit der mobbenden Schüler sichert ihnen einen schnellen Erfolg und es ist unmittelbar sehr belohnend für sie, zu merken, wie viel Macht sie ausüben können. Die allgemeine Passivität der Zeugen (ob Kinder oder Erwachsene) wirkt weiter verstärkend auf die Mobber.

Es tut weh zuzuschauen, wenn ein wehrloser Mensch von anderen gequält wird, egal auf welche Art dies geschieht. Wenn man sich selber unfähig fühlt, etwas an der Situation zu ändern, versucht man, vor diesem Schmerz zu flüchten, wegzuschauen und wegzugehen. Der nächste Schritt besteht darin, Gründe zu finden, die das eigene hilflose Verhalten für einen selber verständlich machen könnten, um sich selber vor schlechtem Gewissen zu schützen. Häufig greift man auf Erklärungen zurück, die im Wesen oder Verhalten des Opfers liegen könnten. Auf diese Art und Weise sind viele Mythen über Mobbing-Opfer entstanden. Die zitierten Studien in diesem und in den vorherigen Kapiteln weisen aber in eine klare Richtung: Mobbing ist ein sozial-ökologisches Problem (Espelage, Swearer, 2003), das in Wechselwirkung zwischen Merkmalen der Personen und des Umfelds entsteht und aufrechterhalten wird.

Die Peers haben nur begrenzte Möglichkeiten zu intervenieren. Häufig schränkt ihre Angst vor der Aggression der Mobber ihre Handlungsfähigkeit ein. Allgemein ist es lohnender für den Selbstwert, sich mit starken und mächtigen Peers zu verbinden, als mit Peers, die einen tiefen Status in der Gruppe haben (Alsaker, Gutzwiller-Helfenfinger, 2010). Erwachsene müssen sich deshalb ihrer Verantwortung in diesem komplexen System bewusst werden. Als Modelle und Erzieher stehen sie nie am Rande des Geschehens und können das System stärker beeinflussen, als sie es häufig glauben oder wahrhaben wollen.

Anregungen zum Nachdenken

- Was könnte man im Rahmen des normalen Unterrichts bewirken, sodass Schüler nicht so leicht ausgeschlossen werden?
- Wie könnte man Schüler dazu ermutigen, etwas zusammen mit einem isolierten Kind oder Jugendlichen zu unternehmen?
- Wie kann man dafür sorgen, dass aggressives Verhalten sich weniger lohnt (Schule und Familie)?
- Welche Einstellungen zu Mobbing entdecken Sie bei sich selber, die Sie davon abhalten zu handeln?
- Wie könnte man Ressourcen von Opfern und Mobbern besser zum Vorschein bringen?

7. Entstehung und Aufrechterhaltung von Mobbing – individuelle Verletzbarkeiten

Auch wenn man sich in der Forschung inzwischen weitgehend einig ist, dass Mobbing als ein soziales Phänomen zu betrachten ist, ist es auch klar, dass gewisse Kinder ein kleineres oder höheres Risiko haben können, Opfer oder Täter von Mobbing zu werden. Dies hat unter anderem die Diskussion zur Rolle der Familie gezeigt. Wenn aggressives Verhalten in der Familie geduldet wird oder Einstellungen vermittelt werden, dass Aggression der richtige Weg zur Lösung von Konflikten ist, stellt dies ein großes Risiko dar, dass ein Kind sich in der Peer-Gruppe entsprechend verhält. Wie schon erwähnt – ein Kind, das sich nicht widersetzen darf und das nicht lernt, dass es ein Anrecht auf Respekt von anderen hat, mag ein einfacheres Opfer sein.

Ich möchte hier wiederholen, dass weder Opfer noch aggressive Kinder und Jugendliche einheitliche Gruppen ausmachen. In einigen Studien kann man lesen, dass aggressive Kinder ein höheres Risiko tragen, gemobbt zu werden; in anderen liest man, dass Rückzugsverhalten ein Risiko für Mobbing-Erfahrungen darstellt. Dies ist keineswegs widersprüchlich und hängt nur damit zusammen, dass viele Autoren den Unterschied zwischen passiven und aggressiven Opfern ignorieren und einfach das Ausmaß an Mobbing-Erfahrungen oder an aggressiven Handlungen untersuchen. Einige aggressive Schüler werden von ihren Peers gemobbt, andere nicht. Letztere werden häufig zu Mobbern in der Gruppe. Einige Opfer ziehen sich leicht zurück, andere wiederum nicht.

Was ein Kind verletzbar für Mobbing-Attacken macht, muss nicht ein typisches Merkmal des Kindes sein, es kann auch mit einer vorübergehenden Schwächung des Kindes zusammenhängen. In der Schweiz-Norwegen-Schulstudie (Alsaker, 2003) fanden wir heraus, dass norwegische Mädchen, die im Halbjahr vor der Untersuchung eine Trennung der Eltern erlebt hatten, häufiger Opfer von Mobbing waren als die anderen Kinder. Wir fanden in dieser Gruppe eine Überrepräsentation sowohl von aggressiven als auch von passiven Opfern. Es ist denkbar, dass diese Mädchen durch die Trennung der Eltern geschwächt waren oder wegen der Belastung allgemein aufgebracht und eventuell aggressiv auf ihre Umwelt reagierten und daher wiederum von ihren Peers aggressiv behandelt wurden. Wichtig ist bei diesem Befund, dass viele Ereignisse, die zu einer Schwächung und/oder einem andersartigen Verhalten eines Kindes oder Jugendlichen führen, als Risiken für Mobbing anzusehen sind. Der Befund zeigt noch einmal, dass es den mobbenden Mitschülern darum geht, leichte Opfer zu finden, und dass sie kein Mitgefühl mit diesen haben (siehe später in diesem Kapitel).

Im Folgenden gehe ich auf Merkmale der Kinder und Jugendlichen ein, die ein gewisses Risiko haben, entweder eine Mobber-Rolle zu übernehmen oder in eine Opferrolle gezwungen zu werden. Dabei hoffe ich gewisse Mythen zu entkräften und viele Annahmen zu relativieren.

Denken Sie daran, dass ein Risiko nur die Wahrscheinlichkeit eines Ereignisses erhöht. Wenn ein Kind eines der genannten Merkmale aufweist, heißt es noch nicht, dass es hoch gefährdet oder gar prädestiniert ist, Mobber oder Opfer zu werden. Es heißt einfach, dass man seinem Verhalten innerhalb der Peer-Gruppe etwas Aufmerksamkeit schenken sollte – dies wiederum, ohne überkontrollierend zu werden.

7.1 Kräfteverhältnisse

Olweus (1978) befragte Lehrpersonen und Schüler (nur Jungen) über ihren Eindruck zur Stärke der jeweiligen Jugendlichen in der Klasse. Er fand heraus, dass die Mobber in der Wahrnehmung der anderen stärker waren als die Opfer. Auch Studien anderer Autoren (siehe Valkanover, 2005, für eine ausführliche Übersicht) deuten darauf hin, dass Opfer körperlich schwächer sind als Mobber. Wenn Opfer nach den Gründen für ihre Opferrolle gefragt werden, sagen viele von ihnen, dass sie den anderen Kindern körperlich unterlegen seien (Boulton, Underwood, 1992). Diese Befunde machen intuitiv Sinn, man muss aber bedenken, dass Stärke in den meisten Studien lediglich über Berichte gemessen wurde. Ohne objektive Messung oder eindeutige Vergleichsmöglichkeiten ist es schwierig für Schüler und Lehrpersonen, Kraft und Stärke einzuschätzen. Bei sportlichen Wettkämpfen in der Schule können Schüler solche Vergleiche besser machen. Interessanterweise fand man in Studien, die Aussagen von Schülern und Lehrpersonen zur sportlichen Kompetenz der Schüler verwendeten, keine Unterschiede zwischen Opfern, Mobbern und anderen Kindern (Callaghan, Joseph, 1995; Neary, Joseph, 1994).

In der ersten Berner Kindergartenstudie (Alsaker, 2003) wurden verschiedene motorische Fähigkeiten der Kinder anhand praktischer Aufgaben untersucht. Dies waren unter anderem Kraft (Sprung über ein Seil), Schnelligkeit und Koordination. Die Analysen ergaben keine signifikanten Unterschiede in allen diesen Fertigkeiten zwischen passiven Opfern, aggressiven Opfern, Mobbern und den anderen Kindern (Valkanover, 2005). Kinder schätzten die Mobber allerdings auch in dieser Studie als stärker und die Mobbing-Opfer als eindeutig schwächer ein als die anderen Kinder. Die aggressiven Kinder (Mobber und aggressive Opfer) schätzten sich auch selber als stärker ein als die anderen Kinder. Diese Befunde sind höchst interessant, denn sie deuten darauf hin, dass den Mobbern körperliche Überlegenheit lediglich aufgrund ihres aggressiven Verhaltens zugeschrieben wird (Alsaker, 2003). Aggressive Personen treten auch entsprechend auf, besonders wenn sie von ihrer eigenen Stärke überzeugt sind. Außerdem sind Schläge und Tritte schmerzhaft und suggerieren Stärke von Seiten der Aggressoren.

Es kann allerdings sein, dass ältere aggressive Kinder ihren Opfern tatsächlich punkto Stärke überlegen sind. Dazu bräuchte es angemessene Studien. Für die Arbeit gegen Mobbing mit jüngeren Kindern ist es jedenfalls wichtig zu wissen, dass die Mobber ihren Opfern körperlich nicht überlegen sind, sondern aufgrund ihres aggressiven Auftretens so wahrgenommen werden. Die Befunde zur Diskrepanz zwischen tatsächlicher und wahrgenommener Stärke sind auch wichtig, weil sie zeigen, dass der Glaube an die eigene bzw. fehlende Stärke das Verhalten der Kinder beeinflussen kann. Diese Einsicht bietet die Möglichkeit, Kindern den Unterschied zwischen Aggression und Stärke deutlich zu machen.

Spiele, die ein Kraftmessen ohne Aggression erlauben, könnten Kindern helfen, den Unterschied zwischen Stärke und Aggression zu verstehen, und dies könnte wiederum den Opfern und Zeugen von Mobbing Mut machen, sich zur Wehr zu setzen.

Dass die Mobber sich schwächer aussehende, schwach auftretende oder tatsächlich schwächere Opfer suchen, zeigt sich auch in der Abnahme von Mobbing-Erfahrungen mit dem Alter und in der Tatsache, dass Kinder häufig von älteren Mitschülern gemobbt werden (Boulton, Underwood, 1992; Olweus, 1996; Whitney, Smith, 1993).

Körperliche Stärke und Schwäche, seien sie objektiv oder nur subjektiv wahrgenommen, stellen nur eine Facette der Kräfteeinschätzung dar. Der soziale Status in der Gruppe, die Anzahl Peers und Freunde, mit denen man sich abgibt, die Schlagfertigkeit und die Art der Reaktionen in Konflikten sind genauso wichtige

Elemente. Aus Sicht der Mobber wird aufgrund aller Merkmale entschieden, wie «gefährlich» oder «sicher» es ist, ein bestimmtes Kind anzugreifen.

7.2 Einfühlungsvermögen

Einfühlungsvermögen (auch Empathie genannt) ist den meisten Menschen gegeben. Bereits Säuglinge reagieren häufig mit Weinen auf das Weinen anderer Säuglinge. Man nennt dies Gefühlsansteckung. Es bedeutet nicht, dass Säuglinge bereits die Fähigkeit zum Mitempfinden entwickelt haben, aber die Tatsache, dass sie anders auf menschliches Weinen als auf entsprechend hohe und intensive Geräusche reagieren, deutet auf eine soziale Vorprogrammierung des Menschen hin. Weitere Studien mit kleinen Kindern weisen auf eine frühe Entwicklung der Sensibilität für emotionale Reize hin (Schmidt-Denter, 1996). Bereits ein- und zweijährige Kinder reagieren mit Betroffenheit (unter anderem Weinen), wenn sie Signale von Schmerz oder Unwohlsein bei anderen registrieren. In diesem Alter geht man davon aus, dass die Kinder zwischen ihren eigenen Gefühlen und den Gefühlen anderer unterscheiden und dass die Kinder sich allmählich in die andere Person einfühlen (Schmidt-Denter, 2005). Das Einfühlungsvermögen wird von mehreren Autoren als eine Voraussetzung für die Entwicklung positiver sozialer Beziehungen, für moralisches Handeln und als Schutz vor der Ausführung von aggressivem Handlungen betrachtet (Hymel, Schonert-Reiche, Bonanno, Vaillancourt, Henderson, 2010).

Dieses Mitgefühl und die entsprechenden Reaktionen sind allerdings nicht bei allen Menschen gleich entwickelt. Mehrere Studien haben gezeigt, dass aggressive und besonders mobbende Kinder und Jugendliche über weniger Einfühlungsvermögen verfügen als gleichaltrige. Die Studie von Jolliffe und Farrington (2011) kann als Beispiel dienen. Die Autoren befragten Jugendliche (13 bis 17 Jahre) in England und konnten zeigen, dass sowohl Schüler als auch Schülerinnen, die ihre Peers häufig mobbten (mindestens einmal pro Woche), eindeutig weniger Einfühlungsvermögen (emotionale Empathie) und Verständnis für die Gefühlszustände anderer (kognitive Empathie) zeigten. Interessant bei dieser Studie ist, dass die Autoren wichtige andere Faktoren kontrollierten, die Mobbing-Verhalten hätten vorhersagen können. Diese Befunde waren bei indirekten Formen von Mobbing am deutlichsten. Dies zeigt noch einmal, dass indirekte Formen von Mobbing sehr ernst zu nehmen und in vielem den offensichtlichen körperlichen Formen gleichzustellen sind.

Espelage, Mebane und Adams (2004) untersuchten vier Aspekte des Einfühlungsvermögens bei Jugendlichen der 6. bis 8. Klasse und fanden, dass alle Aspekte bei Mobbern weniger ausgeprägt waren. Das empathische Mitfühlen und fürsorgliches Verhalten hingen bei den Jungen mit weniger Mobbing-Verhalten zusammen. Aggressive Opfer zeigten ebenso wenig einfühlsames und fürsorgliches Verhalten wie die Mobber. Passive Opfer hingegen hatten hohe Werte in all diesen Bereichen.

Diese Befunde entsprechen denjenigen einer älteren experimentellen Studie von Perry und Bussey (1977), in welcher eindrücklich gezeigt wurde, dass aggressive Kinder sich vom Leiden ihrer Opfer nicht beeinflussen lassen. In diesem Experiment wurden Kinder instruiert, anderen Kindern eine mehr oder weniger schmerzhafte Bestrafung zu verabreichen, wenn diese bei einem Test Fehler machten. Alles natürlich rein fiktiv. Unter den «bestrafenden» Kindern gab es eine Gruppe aggressiver Kinder und eine Gruppe nicht aggressiver Kinder. Es wurde den bestrafenden Kindern über Computer vorgetäuscht, dass die Kinder in der Testsituation Fehler machten. Die (fiktive) Bestrafung erfolgte ferngesteuert. Die Kinder bekamen natürlich keine Strafen, aber es wurde den bestrafenden Kindern über eine Lichtanzeige glaubhaft gemacht, dass ihre Opfer unter der Bestrafung litten. Auch wenn aggressive Kinder Bescheid bekamen, dass ihre Opfer anfingen, sehr stark zu leiden, bestraften sie in gleicher Intensität weiter. Die nicht aggressiven Kinder reduzierten die Bestrafung sofort, wenn sie glaubten, dass das bestrafte Kind Schmerz erlebte.

Viele Befunde zeigen, dass passive Opfer nichts Falsches machen. Auch wenn sie ihr Leiden zum Ausdruck bringen, ist es an sich eine angemessene Reaktion, die nicht aggressive Kinder zu Empathie und zum Umdenken bringen würde. Das Verhängnis der Opfer von Mobbing ist, dass Mobber nicht besonders empathisch und primär auf den eigenen Gewinn orientiert sind.

Sollte man aufgrund dieser verschiedenen Befunde davon ausgehen, dass mobbende Kinder generell weniger gut entwickelte soziale Kompetenzen haben? Diese Frage diskutiere ich im nächsten Abschnitt.

7.3 Soziale Kompetenzen

Die sozialen Kompetenzen der Opfer und der Mobber sind sowohl in der wissenschaftlichen Literatur als auch unter Laien und Fachleuten ein wiederkehrendes Thema. Besonders Laien gehen von Defiziten sowohl bei Opfern als auch bei Mobbern aus, ohne dass spezifiziert wird, um welche Kompetenzen es sich handelt. Da der Begriff «soziale Kompetenz» auch in der Forschung unterschiedlich gehandhabt wird, variieren die Befunde stark. In den letzten 10 Jahren ist jedoch deutlich geworden, dass Mobber keine generellen Defizite in sozialen Kompetenzen aufweisen, die ihr Verhalten erklären könnten. Was die Opfer betrifft, scheint es, dass ihnen gewisse Fertigkeiten fehlen könnten, die allgemein einen gewissen Schutz vor Mobbing bieten.

Das Wort Kompetenz ist sehr positiv geprägt. Deshalb ist es schwierig zu akzeptieren, dass aggressives Verhalten mit gewissen Kompetenzen einhergehen könnte. Dass Mobber ihre Opfer gezielt auswählen und dabei zwischen «leichten Zielscheiben» und anderen unterscheiden, zeigt aber, dass sie sich schnell eine gute Übersicht über die Klasse verschaffen und somit eine gut entwickelte soziale Wahrnehmung haben. Rasch zu verstehen, bei wem man welche Reaktionen auf ein Verhalten erwarten kann, ist ein wichtiger Bestandteil der sozialen Kompetenz (Alsaker, 2003).

Eine Zeit lang hat man die soziale Kompetenz beinahe mit ihren vermeintlichen positiven Konsequenzen vermischt. Man ging davon aus, dass Kinder und Jugendliche, die beliebt sind oder viele Freunde haben, sozial kompetent sind. Die heutige Sicht berücksichtigt zweierlei Perspektiven: die eigene und die der anderen. So definiert man soziale Kompetenz als die Fähigkeit, soziale Interaktionen im Dienste des eigenen Wohls und der eigenen Bedürfnisse zu gestalten und gleichzeitig das Wohl der anderen zu beachten (Perren, Malti, 2008). Man beschreibt diese sozialen Kompetenzen entsprechend als «selbst-orientierte» und «fremd-orientierte» Kompetenzen. Gemäß dieser Unterescheidunghaben sowohl Mobber als auch Opfer je ihre Kompetenzen, nur nicht in den gleichen Bereichen.

Dass solche Verhaltensweisen über Zeit bestehen, zeigte sich in unserer letzten Studie (GEWOS-Studie), in welcher wir die Kinder aus der MOK-Studie in einem Alter von 12 Jahren – und gleichzeitig auch ihre Eltern – erneut befragt haben. Wir fanden, dass die Angaben der Kindergartenlehrpersonen in 2003 mit den Aussagen der Eltern in 2011 übereinstimmten, was sowohl fremd-orientierte als auch selbst-orientierte Kompetenzen betrifft (Perren, Forrester-Knauss, Alsaker, 2011).

Prosoziales Verhalten und Kooperation

Zum prosozialen Verhalten gehören Handlungen wie andere zu trösten, zu helfen und mit anderen zu teilen. Prosoziales Verhalten und die Fähigkeit, mit anderen zusammenzuarbeiten (kooperatives Verhalten), sind typische fremd-orientierte Kompetenzen.

Es gibt Studien, die davon berichten, dass gemobbte ältere Schulkinder weniger prosoziales Verhalten zeigen als ihre Peers (z. B., Toblin, Schwartz, Gorman, Abou-ezzeddine, 2005). Unsere erste Kindergartenstudie ergab keine Unter-

Abbildung 7-1: Kinder helfen, teilen und trösten gerne. Zeichnungen Marianne Kauer.

schiede zwischen passiven Opfern und Kindern, die nicht in Mobbing involviert waren. Beide Gruppen übten eindeutig mehr prosoziales Verhalten als die anderen Kinder aus (Alsaker, 2003; Perren, Alsaker, 2006). Die passiven Opfer erwiesen sich auch als zusammenarbeitswillig. Mobber und aggressive Opfer hatten weniger gut entwickelte fremd-orientierte Kompetenzen, d. h. sie waren weniger prosozial und zusammenarbeitsfähig.

In der zweiten Kindergarten-Studie (MOK-Studie; Alsaker, 2007) war das Muster weniger klar. Die passiven Opfer und die Mobber unterschieden sich nicht mehr so stark voneinander. Beide Gruppen zeigten allerdings mehr fremdorientierte Kompetenzen als aggressive Opfer. Und in der Nachfolgestudie GEWOS konnten wir zeigen, dass Kinder, die von den Kindergartenlehrpersonen als prosozial und kooperativ bezeichnet worden waren, im Alter von 12 Jahren weniger gemobbt wurden und selber auch weniger mobbten (Perren et al., 2011). Das heißt, dass fremd-orientierte Kompetenzen, d.h. prosoziales und kooperatives Verhalten, einen gewissen Schutz sowohl gegen Opfererfahrungen als auch gegen aggressives Verhalten über Zeit bieten können.

Es gibt auch Untergruppen von Jugendlichen, die ihr Verhalten der Situation sehr geschickt anpassen und sich sowohl aggressiv als auch prosozial verhalten (Hawley, 2003). Dies zeigt, dass man mit Generalisierungen immer vorsichtig sein muss. Aber die allgemeine Richtung bleibt klar:

- Passive Opfer haben ein ganz normales prosoziales und kooperatives Verhalten.
- Aggressive Opfer haben klare Defizite in diesem Bereich.
- Mobber haben gewisse Defizite im Vergleich zu Kindern, die nicht in Mobbing involviert sind.

Diese Befunde zeigen einmal mehr, dass wir aufgefordert sind, spezifisch auf die Defizite der Mobber und aggressiven Opfer in prosozialen und kooperativen Kompetenzen einzugehen. Hingegen spricht nichts dafür, den Grund für die Mobbing-Erfahrungen der passiven Opfer in irgendwelchen Defiziten im prosozialen Verhalten zu suchen.

Durchsetzungsvermögen und Initiative in der Peer-Gruppe

Mobber scheinen allgemein gute «selbst-orientierte» Kompetenzen zu besitzen. Ergebnisse aus vielen Studien gehen in die gleiche Richtung: Mobber können sich sehr gut durchsetzen und setzen klare Grenzen für das, was sie tolerieren und sich nicht gefallen lassen wollen, sie suchen den Kontakt zu anderen Kindern und führen gerne an. Dies sind alles Verhaltensformen, die zum eigenen Wohl in sozialen Situationen beitragen. Ergebnisse aus Kindergartenstudien (Alsaker, 2003; Perren, Alsaker, 2006) entsprechen hier genau den Ergebnissen aus Studien mit älteren Schulkindern (Boulton, Smith, 1994; Schwartz, 2000).

Mehrere Studien haben hingegen gezeigt, dass einige Defizite in den selbst-orientierten Kompetenzen häufiger bei passiven Opfern vorkommen als bei ihren Peers (Perren, Alsaker, 2009). Sie haben Mühe, sich durchzusetzen und sich zu wehren (Perren, Alsaker, 2006; Schwartz, 2000). Dieses Verhalten fanden wir in unserer zweiten Kindergartenstudie allerdings nur bei Mädchen (Alsaker, Nägele, 2011).

Aggressive Opfer zeigen keine Anzeichen von Unterwürfigkeit und wehren sich vehement gegen Angriffe ihrer Peers (Schwartz, 2000). Finnische Kolleginnen (Salmivalli, Karhunen, Lagerspetz, 1996) berichteten von vermehrten Hilflosigkeitsreaktionen und Gegenaggression bei gemobbten Mädchen im Alter von 12 bis 13 Jahren. Sie meinten, dass dieses Verhalten zur Aufrechterhaltung der Mobbing-Angriffe beitrug. Es waren allerdings vor allem die aggressiven Gegenangriffe, die zur Aufrechterhaltung des Mobbings führten. Das heißt, dass vor allem aggressive Opfer über Zeit weiter gemobbt wurden.

Die Ergebnisse aus der GEWOS-Studie zeigten keinerlei langfristige Effekte. Dies bedeutet, dass Kinder, die Defizite in der Selbstbehauptung im Kindergarten hatten, mit 12 Jahren nicht häufiger Opfer von Mobbing waren und dass hohe selbst-orientierte soziale Kompetenzen im Kindergarten auch keinen Schutz vor Mobbing in der Schule bieten.

- Mobber haben gute selbst-orientierte soziale Kompetenzen (setzen sich durch, zeigen Initiative).
- Passive Opfer haben gewisse Defizite in den selbst-orientierten Kompetenzen.
- Passive Opfer haben normal entwickelte fremd-orientierte Kompetenzen (prosozial und zusammenarbeitsfähig).
- Mobber und aggressive Opfer haben Defizite in den fremd-orientierten Kompetenzen.

Diese Befunde zeigen erneut, wie wichtig es ist, soziale Kompetenzen zu differenzieren. Mobber und aggressive Opfer brauchen keine Stärkung der Selbstbehauptung und der selbst-orientierten Kompetenzen. Aggressive Opfer jedoch sollten andere, nichtaggressive Selbstbehauptung einüben.

Passive Opfer brauchen Unterstützung in den selbst-orientierten Fertigkeiten. Sie sollten lernen, dass auch sie «Nein» sagen dürfen und dass sie das Recht haben, über sich zu bestimmen.

7.4 Schüchternheit und Rückzugsverhalten

Schüchterne Kinder ziehen sich häufig – aber nicht zwingend – etwas zurück und vermeiden eher neue soziale Situationen. Bei älteren Kindern, Jugendlichen und Erwachsenen gilt dies besonders in sozialen Situationen, in welchen sie soziale Beurteilung erwarten. Es ist aber nicht so, dass schüchterne Menschen kein soziales Interesse hätten. Die meisten von ihnen möchten gerne in Kontakt zu anderen treten, aber sie wagen nicht, den ersten Schritt zu machen, und stehen so in einem Konflikt zwischen Annäherungs- und Vermeidungsmotiven (Asendorpf, 1990).

Von sozialem Rückzug spricht man, wenn eine Person sich über verschiedene Situationen hinweg im Beisein von sowohl bekannten als auch unbekannten Personen zurückzieht. Sozialer Rückzug kann aufgrund verschiedener Motive entstehen. Der Rückzug kann, wie eben angesprochen, aufgrund von Schüchternheit geschehen. Hier spielt eine angeborene soziale Gehemmtheit eine wichtige Rolle. Der Rückzug kann aber auch aufgrund von einem gewissen sozialen Desinteresse entstehen oder durch die aktive Ablehnung von anderen verursacht sein (Rubin, Burgess, Coplan, 2004). Im letzten Fall handelt es sich um Situationen, die Teil von Mobbing sein können. Ein Kind kann «wählen», sich zurückzuziehen, um unangenehme Situationen zu vermeiden, und sich dadurch selber zu schützen. Problematisch ist, dass der Rückzug nur punktuell Schutz gewährleistet.

Wie bereits in früheren Kapiteln angesprochen, kann der Rückzug mit der Zeit ein Risiko sein, da das Alleine-Stehen Verletzbarkeit signalisiert. So hat man zeigen können, dass Kinder, die sich im Ausgangspunkt zurückziehen, später auch von anderen ausgeschlossen werden (Buhs, Ladd, Herald, 2006). Inwiefern Schüchternheit und Rückzug bei jüngeren Kindern bereits ein Risiko für Mobbing darstellen, ist nicht klar. Einige Studien zeigen gewisse Zusammenhänge, andere wiederum nicht. Mit zunehmendem Alter nimmt das Risiko jedoch zu (Boivin, Hymel, Bukowsky, 1995). Sozialer Rückzug ist selten wirklich selbst gewählt. Dies zeigen unter anderem Ergebnisse zur beeinträchtigten Selbstwahrnehmung von 7-jährigen, zurückgezogenen Kindern (Nelson, Rubin, Fox, 2005).

Es ist bisher relativ wenig über die Freundschaften schüchterner und zurückgezogener Kinder bekannt, aber Ladd und Burgess (1999) haben in ihrer Studie mit 5 bis 8-Jährigen herausgefunden, dass zurückgezogene Kinder ebenso viele Freunde hatten wie andere Kinder. Sie konnten außerdem zeigen, dass diese Kinder auch beste Freunde hatten. In unserer ersten Kindergartenstudie fanden wir zudem, dass nur sozial zurückgezogene Kinder ohne besten Freund ein erhöhtes Risiko hatten, gemobbt zu werden. Sehr introvertierte Kinder, welche einen besten Freund oder eine beste Freundin hatten, waren nicht häufiger unter den Opfern zu finden als Kinder, die sozial offener waren (Alsaker, 2003).

- Rückzugsverhalten ist häufig eine Folge von Ausschluss durch die Peers.
- Schüchternes, zurückgezogenes Verhalten kann im Schulalter zu einem Risiko werden.
- Beste Freunde bieten schüchternen, zurückgezogenen Kindern einen gewissen Schutz in der Peer-Gruppe.

7.5 Sprachliche Kompetenzen und Migrationshintergrund

Schweizer Schulen haben einen hohen Grad an kultureller Durchmischung; ca. 22 % der Kinder haben einen Migrationshintergrund (Bundesamt für Statistik, 2007). Kinder mit einem Migrationshintergrund unterscheiden sich stark untereinander, was die Integrierung in der lokalen Kultur und ihre Kompetenzen in der lokalen Sprache (Deutsch oder Schweizerdeutsch) betrifft. Für einige Kinder kann der Eintritt in den Kindergarten auch die erste ernsthafte Konfrontation mit der lokalen Sprache sein. Deshalb war es uns wichtig, im MOK-Projekt zu untersuchen, wie es diesen Kindern geht.

Frühere Studien in der Schweiz und in Deutschland haben gezeigt, dass Schulkinder mit einem Migrationshintergrund ein höheres Risiko haben, ausgeschlossen zu werden (z. B. Eckhart, 2005). Gleiche Ergebnisse findet man in einer Mehrzahl von Studien aus Europa und Nordamerika (Übersicht in von Grünigen, Perren, Nägele, Alsaker, 2010). Eine finnische Studie (Strohmeier, Kärnä, Salmivalli, 2011) zeigte beindruckend, dass erste und zweite Generationen jugendlicher Migranten es in Finnland besonders schwer haben. Diese Jugendlichen wurden übermäßig oft Opfer von Mobbing (körperliche Angriffe, rassistische und sexuelle Beleidigungen und Cyber-Mobbing). Was das Mobbing von Peers betrifft, sind die Ergebnisse sehr heterogen. Während einige Autoren von mehr generellem aggressivem Verhalten (nicht unbedingt Mobbing) bei ausländischen Schülern berichten, zeigen Studien zu Mobbing einen umgekehrten Trend (Strohmeier, Spiel, 2003).

Da zu vermuten ist, dass die Sprache eine hohe Barriere für die Integration in die Peer-Gruppe darstellt, ist es wichtig, bei jüngeren Schulkindern beide Faktoren gleichzeitig zu untersuchen: Sprachkompetenz und Migrationshintergrund. Kinder, die die lokale Sprache (die Sprache der meisten Kinder in der Peer-Gruppe) nicht gut beherrschen, können sich verbal nicht gut behaupten, sie können ihre Wünsche und ihre Grenzen nicht gut zum Ausdruck bringen, d. h. dass sie besonders im selbst-orientierten Bereich der sozialen Kompetenzen einen Nachteil haben, auch wenn sie in ihrer eigenen Sprachgruppe keinen hätten. Es ist deshalb anzunehmen, dass sprachliche Defizite dazu beitragen, dass Kinder in eine gefährdete Position in der Kindergruppe geraten. Kinder mit Sprachproblemen werden häufiger von der Peer-Gruppe ausgeschlossen als andere (siehe von Grünigen et al., 2010 für eine Übersicht). Auch in der ersten Kindergartenstudie hatten passive und aggressive Opfer laut Kindergärtnerinnen weniger gut entwickelte Sprachkompetenzen als die unbeteiligten Kinder (Alsaker, 2003), was bedeutet, dass sie sich verbal nicht gut behaupten können.

Die wenigen Studien, die sowohl den Migrationshintergrund als auch die Sprachkompetenz bei Schulkindern berücksichtigen, zeigen, dass die Sprache eine sehr wichtige Rolle für die fehlende Anpassung in die Peer-Gruppe spielt. Dies war auch in unserer eigenen Studie der Fall (von Grünigen et al., 2010). Ein erster Blick auf unsere Daten zeigte zwar, dass Kinder mit Migrationshintergrund weniger beliebt und häufiger gemobbt wurden als ihre schweizerischen Peers, dies galt aber nur in Abhängigkeit von ihren Sprachkompetenzen in Deutsch oder Schweizerdeutsch. Kinder mit Migrationshintergrund, die die Sprache gut beherrschten, waren entsprechend beliebter bei ihren Peers und weniger häufig gemobbt. Wichtig ist dabei, dass eine höhere Sprachkompetenz bei den schweizerischen Kindern keine höhere Beliebtheit oder weniger Mobbing-Erfahrungen mit sich brachte.

- Kinder und Jugendliche mit einem Migrationshintergrund haben ein höheres Risiko als ihre «einheimischen» Peers, Opfer von Mobbing zu werden.
- Das Risiko für Mobbing-Erfahrungen hängt bei jüngeren Schulkindern mit ihren Sprachkompetenzen zusammen

Es ist wichtig, dass Kinder mit einem Migrationshintergrund sich früh gute Kompetenzen in der lokalen Sprache aneignen. Dies erleichtert ihre Integration in die Peer-Gruppe und bietet einen gewissen Schutz vor negativen Erfahrungen.

7.6 Auffälligkeiten oder Störungen des Verhaltens

Die äußere Erscheinung

Kinder, die selber Opfer von Mobbing sind, bekommen von den Mobbern und ihren Assistenten regelmäßig zu hören, dass sie eine Reihe von Makeln haben. Die Ohren, die Haare, die Nase, die Figur, das Gewicht, die Beine, die Kleider, die Brille, ja alles kann beanstandet werden. Deshalb glauben Mobbing-Opfer auch, dass sie wegen irgendeiner Auffälligkeit oder eines Makels gemobbt werden (Björkqvist, Ekman, Lagerspetz, 1982). Auch Lehrpersonen scheinen der Meinung zu sein, dass Opfer aufgrund einer Auffälligkeit gemobbt werden (Schäfer, 1996). Die frühen Studien von Olweus (1978) zeigten aber, dass Opfer-Kinder nicht häufiger als andere Kinder auffällige äußerliche Merkmale aufwiesen. In unserer ersten Kindergartenstudie wurden Eltern nach Behinderungen und Auffälligkeiten der Kinder befragt und 21 % der Eltern bejahten diese Frage. Mobber und Opfer unterschieden sich punkto Behinderungen und Auffälligkeiten nicht von anderen Kindern (Alsaker, 2003). Das bedeutet, dass Mobber sich selber dafür entscheiden, welche Merkmale eines Kindes als «auffällig» wahrgenommen werden sollen.

In Mobbing-Situationen wollen Mobber ihr Opfer beleidigen und erniedrigen (siehe frühere Kapitel). Der Körper und das Aussehen sind jedem Menschen von Bedeutung – ganz speziell in unseren westlichen Gesellschaften, in denen ein wahrer Körperkult herrscht. Was ist näher liegender, als Wege zu finden, das Äußere einer Person anzugreifen? Alle Kinder in einer Klasse haben irgendein äußeres Merkmal, das man dazu verwenden könnte. Es muss nicht einmal speziell sein. Ein Mädchen kann plötzlich entscheiden, dass entweder blonde, braune, rote, schwarze, glatte oder auch lockige Haare unschön, vulgär oder sonst etwas sind. Ein Mädchen kann von den mobbenden Peers als dick bezeichnet werden, obwohl es absolut normalgewichtig oder sogar dünn ist. Wenn es dünn ist, wird vielleicht ein bestimmter Körperteil als «dick» bezeichnet. Vor allem, wenn dies während der Pubertät geschieht, ist die Wahrscheinlichkeit groß, dass das betroffene Mädchen diese Bemerkung bald einmal selbst für wahr hält. Gleichzeitig können übergewichtige Kinder in derselben Klasse sein, über deren Aussehen nie etwas gesagt wird (Alsaker, 2003). Was zu erwarten ist, ist, dass das Opfer rasch ein sehr negatives Körperbild entwickelt.

Es gibt sehr wenige Studien zum Zusammenhang zwischen Mobbing-Erfahrungen und Zufriedenheit mit dem eigenen Körper, aber die wenigen zeigen alle in die gleiche Richtung: Kinder und Jugendliche (10 bis 16 Jahre), die Opfer von Mobbing sind, sind eindeutig weniger zufrieden mit ihrem Aussehen und ihrem Körper (z. B. Lunde, Frisén, Hwang, 2006; Zumthurm, 2007). Hänseleien über Gewicht, Figur und Kleidung hängen zudem, wie zu erwarten war, stark mit der körperlichen Unzufriedenheit von jugendlichen Mädchen (Barker, Galamos, 2003) zusammen.

- Es gibt keinen Hinweis darauf, dass die äußere Erscheinung an sich Mobbing durch andere Kinder provoziert.
- Äußerliche Merkmale werden häufig benutzt, um Opfer zu beleidigen.
- Kinder und Jugendliche, die Opfer von Mobbing sind, glauben, dass ihr Äußeres ein Grund für das Mobbing ist.
- Opfer von Mobbing weisen eine deutlich tiefere Zufriedenheit mit ihrem Körper auf.

Übergewicht

Äußerungen zum Gewicht sind im Rahmen von Mobbing üblich (Frisén, Jonsson, Persson, 2007). Da Übergewicht nicht so häufig vorkommt wie andere körperliche Besonderheiten, kommt die Frage auf, ob übergewichtige Kinder ein erhöhtes Risiko haben, unbeliebt zu sein und Opfer von Mobbing zu werden

Studien zur Beliebtheit zeigen alle gewisse Zusammenhänge zu Ungunsten von übergewichtigen Jugendlichen (Übersicht in Randa, 2009). Die MOK-Studie ergab entsprechende Resultate: Mädchen und Jungen im Alter von 5 bis 7 Jahren, die nach heute geltenden Kriterien als übergewichtig oder adipös kategorisiert wurden, waren in ihrer Klasse weniger beliebt und erhielten weniger Freundschaftsnennungen ihrer Peers als normal- und untergewichtige Kinder. Jüngere übergewichtige Kinder wurden häufiger ausgeschlossen, aber es gab ansonsten keine klaren Hinweise auf regelmäßiges Mobbing (Anrig, 2009).

In der bereits genannten Studie von Lunde et al. (2006) zeigten die Autoren einen minimalen Zusammenhang zwischen Übergewicht und regelmäßigem Mobbing. Eine kanadische Studie (Janssen, Craig, Boyce, Pickett, 2004) ergab einen klaren Zusammenhang: übergewichtige und adipöse 11- bis 16-jährige Mädchen und 11- bis 12-jährige Jungen waren häufiger Opfer von Mobbing. Eine nordamerikanische Studie zeigte, dass die schwersten Mädchen und Jungen (11-jährig) ungefähr doppelt so oft Opfer von Mobbing waren wie ihre Peers (Sweeting, West, 2001). Entsprechende Ergebnisse finden sich in einer Reihe von Studien aus verschiedenen Ländern (Übersicht in Anrig, 2009).

Nicht selten wird von Seiten der Erwachsenen der Fehler begangen, auf das Übergewicht von einzelnen Kindern zu fokussieren. Und wenn ein übergewichtiges Kind gehänselt wird, ist es einfach, das Übergewicht als Grund für das Mobbing zu sehen.

> Celia ist gerade elf und bereits in die Pubertät gekommen. Sie ist früher entwickelt als die anderen Mädchen (und Jungen) in der Klasse. Das heißt, sie ist größer als ihre Klassenkameraden und auch breiter gebaut als viele der anderen Mädchen. Sie wird von vier Jungen auf üble Art und Weise gemobbt. Sie rufen ihr «du dicke Sau» nach. Sie äußern sich zu ihrer Körpermasse, sie warten sie ab und schubsen sie hin und her. Dies läuft bereits seit längerer Zeit. Die Lehrperson hat nichts gemerkt. Die vier Jungen sagen in einem Interview, sie würden es schon traurig finden, besonders wenn sie anfinge zu weinen. Auf die Frage, wann es denn aufhören soll, meinen sie: «Wenn sie nicht mehr in dieselbe Klasse gehen.» (Aus dem Film «Mobbing ist kein Kinderspiel», Name geändert)

Diese Szene habe ich bereits viele Male in Weiterbildungskursen gezeigt und als Grundlage für Gespräche benutzt. Interessanterweise erwähnen die allerwenigsten Zuschauer, dass Celia anscheinend früher entwickelt ist als ihre Peers. Dagegen sagen sehr viele, sie wäre übergewichtig. Außerdem hat bis jetzt niemand bemerkt, dass besonders einer der Mobber selber etwas viel Gewicht aufweist. Die Mobber ziehen die Aufmerksamkeit von ihren eigenen Körpern weg, indem sie die Figur von Celia in den Fokus stellen. Und die meisten Zuschauer gehen in die Falle.

Übergewichtige Menschen werden oft stigmatisiert; trotz ansteigender Prozentanteile ist Übergewicht unter Kindern und Jugendlichen nicht sehr verbreitet. Es ist sehr wichtig, darauf zu achten, die Peer-Beziehungen von übergewichtigen Kindern zu fördern und Vorurteile in der Peer-Gruppe abzubauen.

Impulsivität, sozial ungehemmtes Verhalten und ADHS

Bereits vor mindestens 15 Jahren berichteten Autoren davon, dass aggressive Opfer häufiger als andere Kinder an neuropsychologischen Störungen wie Aufmerksamkeits- und Hyperaktivitätsstörungen (ADHS) leiden (Olweus, 1996; Smith et al. 1999). Es gibt inzwischen viele Studien, die zeigen, dass Kinder mit ADHS häufiger gemobbt werden als andere (z.B. Huphrey, Storch, Geffken, 2007). In unserer ersten Kindergartenstudie fanden wir überdurchschnittlich viele aggressive Opfer unter den Kindern, die mindestens eine Belastung bei der Geburt erlebt hatten (Alsaker, 2003). Dies könnte darauf hinweisen, dass auch wenig auffallende Störungen des Verhaltens ein Risiko in Situationen mit Peers darstellen.

ADH-Störungen zeigen sich häufig in Unruhe, Impulsivität und Konzentrationsschwierigkeiten. Das heißt, dass sowohl das Verhalten als auch die Selbstregulation beeinträchtigt sein können. Dementsprechend haben verschiedene Studien gezeigt, dass besonders Hyperaktivität und Impulsivität viel häufiger bei aggressiven Opfern als bei anderen Kindern und Jugendlichen vorkommen (z.B. Schwartz, 2000, Toblin et al., 2005). Weiter wird von starken Defiziten in der Selbstkontrolle der aggressiven Opfer berichtet (Hanish, Guerra, 2004). Kinder mit ADHS, welche diese Kombination von Verhaltensweisen (Hyperaktivität und fehlende Selbstkontrolle) zeigen, haben ein hohes Risiko, Opfer von Mobbing zu werden (Holmberg, Hjern, 2008). Auch in unseren Kindergartenstudien fanden wir, dass Kinder, die aggressiv waren und von anderen gemobbt wurden, immer die höchsten Werte in Impulsivität, Hyperaktivität und Aufmerksamkeitsproblemen aufzeigten (Alsaker, 2003; Alsaker, Nägele, 2011). Mädchen, die passive Opfer waren, hatten auch mehr Probleme mit der Aufmerksamkeit als ihre Peers. Ein ähnliches Ergebnis zeigte sich bereits in der ersten Kindergartenstudie: unter den jüngeren Kindern hatten alle involvierten Kinder niedrigere Aufmerksamkeitswerte. Es scheint, dass Aufmerksamkeitsdefizite Kinder in der Peer-Gruppe verletzbar machen, unabhängig von aggressivem Verhalten.

Es gibt heute hinreichend Befunde, um mit großer Sicherheit sagen zu können, dass Störungen, die allgemein mit Aufmerksamkeitsproblemen, Impulsivität und Hyperaktivität in Verbindung stehen, Kinder in der Peer-Gruppe verletzbar für Mobbing-Attacken machen.

Für die Gründe, warum solche Kinder mit höherer Wahrscheinlichkeit Opfer von Mobbing-Attacken werden, gibt es verschiedene Erklärungen. Die fehlende Selbstkontrolle kann dazu führen, dass ein Kind mit der Zeit unbeliebt wird, weil die anderen Kinder unsicher werden, sich gestört oder auch bedroht fühlen. Gewisse ungewohnte Verhaltensweisen oder wiederholte Fehltritte können von anderen Kindern als «komisch» oder «fremd» empfunden werden. Einige Kinder versuchen dann, diese speziellen Verhaltensweisen durch Provokationen oder ausgeklügelte Manipulationen hervorzurufen. Besonders bei fehlender Selbstkontrolle machen sich andere Kinder und Jugendliche häufig eine Freude daran, den Mitschüler so weit zu bringen, dass er ausrastet. So entsteht ein Teufelskreis: Die Auffassung, dass dieses Kind «unmöglich» und «komisch» ist, wird kontinuierlich bestätigt, das Kind verliert immer mehr an Ansehen und wird so zum geeigneten Mobbing-Opfer (Alsaker, 2003).

Dass die Gruppe der aggressiven Opfer Probleme mit der Selbstkontrolle in konkreten alltäglichen sozialen Situationen hat, haben wir in einer Testsituation dokumentieren können (Alsaker, 2011). Es ging darum, eine realistische Situation zu inszenieren. Unsere Interviewerinnen wurden gebeten, eine kleine Schachtel mit Bonbons neben sich auf den Tisch zu legen. Diese war in Reichweite der Kinder, wenn sie sich streckten. Es sollte nichts über diese Schachtel gesagt werden. Die Interviewerin schrieb auf, ob ein Kind nach einem Bonbon fragte, und was es sonst unternahm. Die Antwort auf eine Anfrage war: «Nein, ich brauche sie heute selber, weil ich so viel reden muss und etwas Halsweh habe.» Relativ viele Kinder fragten tatsächlich, ob sie ein Bonbon haben könnten (ungefähr 20 bis 25 % aller Kinder). Dies ist ein ganz korrektes soziales Verhalten. Die Mobber und die aggressiven Opfer gingen aber weiter: 15 % der Mobber und ein Viertel der aggressiven Opfer nahmen einfach ein Bonbon ohne zu fragen. Und damit nicht genug: 10 % der aggressiven Opfer nahmen die ganze Schachtel und weitere 10 % versuchten, im Geheimen zur Schachtel zu kommen. Dieses

Verhalten war bei anderen Kindern nur in einem oder zwei Fällen zu beobachten. Der Alltag ist voll von solchen Situationen, die für Kinder mit wenig Selbstkontrolle oder Frustrationstoleranz schwierig sein können. Aber höchstwahrscheinlich sind es auch diese kleinen Normbrüche, die sowohl für Peers als auch Erwachsene als reine Störung erlebt werden.

Von Kindern, die Probleme mit der Aufmerksamkeit und Selbstkontrolle haben, darf man nicht das Gleiche erwarten wie von anderen Kindern. Diese Kinder haben ein Anrecht auf fachliche Betreuung. Sie brauchen Hilfe, um ihr Verhalten zu ändern und besser kontrollieren zu können, damit ihre Verletzbarkeit gemindert wird.

Aggressives Verhalten

Dass Kinder und Jugendliche, die sich aggressiv verhalten, in Gefahr sind, Mobber-Rollen zu übernehmen, steht außer Zweifel. Dies wurde bereits im vorigen Kapitel diskutiert. Was für viele weniger einleuchtend ist, ist, dass aggressive Kinder auch Gefahr laufen, selber Opfer von Mobbing zu sein. Dies trifft auf die sogenannten aggressiven Opfer genau zu. Warum haben einige aggressive Kinder eher ein Risiko, Mobber zu werden – und andere Kinder Opfer? Wir haben im vorigen Abschnitt bereits besprochen, dass aggressive Opfer häufig Defizite in der Selbstkontrolle und weniger soziale Hemmungen haben, als die Norm verlangen würde, sodass ihr Verhalten häufig als störend erlebt wird.

Studien zu Mobbing im Schulalter berichten von aggressiven Opfern als hoch aggressiv, aggressiver als die Mobber, sowohl wenn es um reaktive Formen als auch proaktive Formen der Aggression geht (Salmivalli, Nieminen, 2002). Reaktiv bedeutet, dass eine Person aggressives Verhalten als Reaktion auf (eventuell nur vermeintliche) Provokationen verwendet. Proaktiv bedeutet, dass eine Person angreift ohne jegliche Form von vorangehender Provokation. Aggressive Opfer im Kindergarten und in der Schule wenden außerdem mehr körperliche Aggressionsformen an als Mobber (Perren, Alsaker, 2006; Unnever, 2005). Dieses Ergebnis wurde in der MOK-Studie bestätigt.

In der **Abbildung 7-2** sind die verschiedenen Mobbing-Formen aufgeführt, die Mobber und aggressive Opfer verwenden.

Der Abbildung kann man eindeutig entnehmen, dass aggressive Opfer zu einem sehr hohen Prozentsatz (80 %) körperliche Mittel verwenden und dort sehr viel höher liegen als die mobbenden Kinder. Verbale Aggressionsformen werden von beiden Gruppen ungefähr gleich oft benutzt, während aggressive Opfer wiederum häufiger Gegenstände ihrer Peers zerstören. Sehr interessant ist zu sehen,

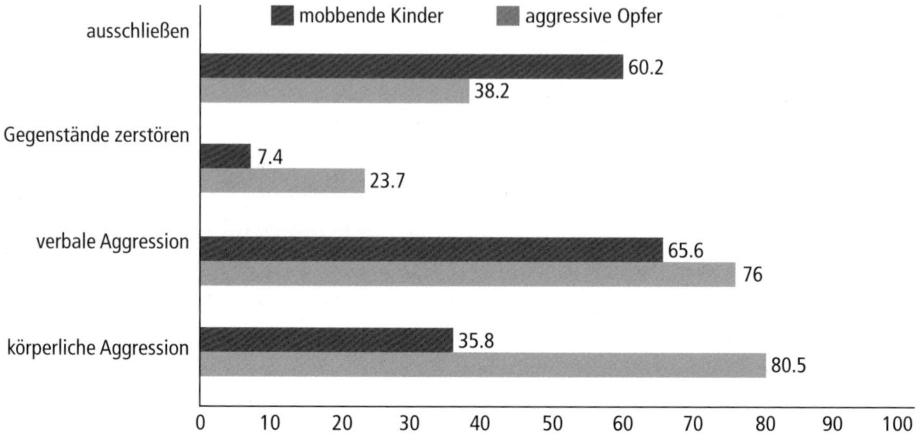

Abbildung 7-2: Prozente von aggressiven Opfern und Mobbern, die verschiedene Formen der Aggression mindestens einmal pro Woche verwenden (Beobachtung durch Kindergarten-Lehrpersonen). (Alsaker, Gutzwiller-Helfenfinger, 2010).

dass Mobber bereits im Kindergartenalter andere durch indirekte Formen, wie den Ausschluss, mobben. Insgesamt kann man sagen, dass die aggressiven Opfer vor allem körperliche und verbale Angriffe benutzen, aber auch recht häufig Gegenstände zerstören und andere Kinder ausschließen. Mobber bedienen sich vor allem verbaler und indirekter Aggressionsformen.

Aggressives Verhalten scheint auch eine Steigerung von Opfererfahrungen über die Zeit voraussagen zu können (Kochenderfer-Ladd, 2003). Dies erstaunt nicht, wenn man weiß, dass hoch aggressives Verhalten sich relativ stabil hält und mit Mobbing-Erfahrungen verbunden ist.

Studien aus dem letzten Jahrzehnt zeichnen ein Bild der Mobber als dominante Kinder und Jugendliche mit gut entwickelten selbst-orientierten sozialen Fertigkeiten, die wissen, wann sie welche Formen der Aggression gegen wen anwenden können, um ihre Ziele zu erreichen. Kinder, die hoch dominant sind, scheinen tatsächlich die Fähigkeit zu haben, die Kosten-Nutzen-Balance von verbalen und körperlichen Aggressionsformen zu berechnen. Diese Kinder scheinen Aggression sehr effizient zu verwenden, dafür eher weniger häufig als andere aggressive Kinder (Roseth et al., 2007).

7.7 Werte und Moralentwicklung

Wie bereits erwähnt, fehlt es den mobbenden Kindern und Jugendlichen nicht generell an sozialen Kompetenzen, sondern vor allem an Empathie und moralischen Werten. Sie haben zudem eine spezielle Fähigkeit, sich von ihren Handlungen zu distanzieren (Sutton et al., 2001; Gini, 2006; Hymel et al., 2010).

Die moralische Distanzierung geht auf Schriften von Bandura (1978; Bandura, Barbaranelli, Caprara, Pastorelli, 1996) zurück. Bandura spricht von einer Veränderung kognitiver Beurteilungsprozesse und beschreibt verschiedene Strategien, die Personen verwenden, um eindeutig unmoralisches oder normbrechendes Verhalten für sich selber zu rechtfertigen und sich damit von jeglicher Schuld zu befreien.

Das erste, was geschieht, ist häufig eine Rechtfertigung der eigenen negativen Handlungen gegenüber dem Opfer. Je länger Mobbing anhält, d.h. je häufiger eine Handlung durchgeführt wird, desto öfter wird sie als akzeptabel erlebt. Es wird allmählich akzeptabel, das Opfer zu plagen. Es gehört zum Alltag in der Gruppe und wird nicht mehr als direkt falsch erlebt (Alsaker, 2003).

Bereits in Kapitel 3 habe ich angedeutet, dass die öffentlichen Erniedrigungen des Opfers dazu führen können, dass dieses in den Augen der Zeugen allmählich an Wert verliert. Ein zentraler Prozess bei der moralischen Distanzierung ist gerade die Entschuldigung der eigenen Handlungen aufgrund des «niedrigen Wertes» des Opfers. Man nennt es Entmenschlichung (Dehumanisierung) des Opfers. Oft wird dem Opfer sogar die Schuld für seine Situation gegeben. Es habe es verdient, da es sich so «merkwürdig», «provokant» oder «störend» benehme. Solche Argumente hört man sogar von Erwachsenen, die entweder hinter den Mobbern stehen (z.B. deren Eltern), nach einer einfachen und schnellen Erklärung suchen oder dadurch ihre Hilflosigkeit zu verstecken suchen. Noch öfter sind solche Argumente zu hören, wenn Kinder aggressive Opfer sind oder wenn sie eine Verhaltensstörung haben (siehe vorherige Abschnitte). Dies kann allerdings dazu führen, dass Opfer mit der Zeit selber glauben, dass sie Schuld an ihrer Situation haben (Graham, Juvonen, 1998) und die Mobber sich wiederholt unversehrt davon herausnehmen können.

Andere Prozesse, die bereits angesprochen wurden, sind die Verantwortungsdiffusion, d.h. die Zersplitterung der Verantwortung für eigene Handlungen auf eine Reihe von Mittätern. Weitere Mechanismen sind die Umdeutung der negativen Handlungen (siehe dazu auch Kap. 2) und die Bagatellisierung der negativen Konsequenzen für das Opfer von Seiten der Mobber.

Gini (2006) ließ 8- bis 11-jährige Kinder einen Fragebogen ausfüllen, der das Ausmaß an moralischer Verantwortlichkeit und Distanzierung erfasste. Er fand, dass Mobber signifikant mehr moralische Distanzierung zeigten als alle anderen

Kinder. Sowohl die Assistenten der Mobber als auch die Verstärker des Mobbings (siehe Kap. 5) schnitten auch signifikant höher ab als Kinder, die Opfer unterstützen. Auch Befunde aus einer Studie von Menesini/Codecasa, Benelli, Cowie (2003) zeigten, dass Mobber im Alter von 10 bis 13 Jahren anderen Mobbern (aus Mobbing-Szenarien) signifikant häufiger Reaktionen wie Stolz oder Gleichgültigkeit zuschrieben, als ihre Peers es taten. Interessant ist weiter, dass ungefähr 30 % der Mobber sagten, die Mobber könnten auch Schuldgefühle haben, aber sie begründeten dies nicht wirklich mit Schuldgedanken, sondern mit der Angst vor einer Bestrafung.

Ergebnisse zu Moralentwicklung, moralischer Distanzierung und Sozialkompetenzen legen den Schluss nahe, dass Mobber eher Defizite in der moralischen Motivation und im Einfühlungsvermögen haben und ansonsten sehr berechnend und manipulierend sind. Sutton (2003) meint, dass speziell die versteckten und subtilen Angriffe ein gutes Verständnis für die Motive und Bedürfnisse der Peers voraussetzen, um effizient ausgeführt zu werden.

Zu dieser ersten Schlussfolgerung kommt hinzu, dass Mobber eine positive Einstellung zu aggressivem Verhalten als Mittel zur Erreichung von persönlichen Zielen haben. Sie betrachten aggressives Verhalten als legitim und häufig als die «einzige Alternative» (Hymel et al., 2010).

Wichtiges in Kürze

Der Versuch, bei Opfern und Mobbern soziale Defizite zu finden, ist nur dann sinnvoll, wenn man das Problem dadurch nicht gleichzeitig zu individualisieren versucht. Defizite – seien sie sozialer oder anderer Natur – genügen nie, um das Phänomen Mobbing zu erklären. Defizite können jedoch das Risiko, gemobbt zu werden, in gewissen Situationen erhöhen.

Die passiven Opfer können aufgrund der heutigen Erkenntnisse als eher unauffällig beschrieben werden. Viele dieser Kinder scheinen gute Beziehungen zu ihren Eltern zu haben, was eindeutig eine Ressource darstellt. Kinder, die aus irgendeinem Grund geschwächt sind, haben ein etwas höheres Risiko, zum Opfer von manipulierenden Mobbern zu werden. Die verschiedenen Forschungsergebnisse deuten darauf hin, dass Opfer davon profitieren könnten, gewisse Verhaltensweisen einzuüben, die ihnen den Zugang zu anderen, nichtaggressiven Kindern erleichtern würden.

Aggressives Verhalten ist in mehrerer Hinsicht ein klares Risiko. Sozial kompetente aggressive Kinder tragen ein hohes Risiko, Mobber zu werden und in dieser Rolle zu bleiben, mit den späteren Konsequenzen, die es mit sich bringt (siehe nächstes Kapitel). Unkontrolliert aggressive Kinder sind in Gefahr, selber auch gemobbt zu werden und in dieser Rolle zu bleiben.

Das Erlernen von nichtaggressiver Selbstbehauptung stellt in diesem Rahmen für alle Kinder eine wichtige Strategie dar, die sie auch – in einem gewissen Ausmaß – vor Mobbing schützen könnte (Perry et al., 2001).

Kinder, die Verhaltensprobleme, Aufmerksamkeitsprobleme oder ADHS haben, tragen ein höheres Risiko, gemobbt zu werden. Ihr Verhalten macht sie in der Peer-Gruppe häufig wenig beliebt und sie erhalten weniger Unterstützung von nicht involvierten Peers, wenn sie gemobbt werden. Diese Kinder brauchen fachliche Unterstützung. Diese muss allerdings individuell abgestimmt sein und die Familie und die Peer-Gruppe mit einbeziehen.

Mobber benutzen häufig verdeckte Formen der Aggression und scheinen gut entwickelte selbst-orientierte soziale Kompetenzen zu haben, die sie zu geschickten Manipulationen nutzen. Ihnen fehlt es aber an Einfühlvermögen und moralischen Werten.

Anregungen zum Nachdenken

- Gab es für Sie überraschende Ergebnisse in diesem Kapitel?
- Welche Ergebnisse betrachten Sie als besonders wichtig?
- Welche Bedeutung können die Ergebnisse in diesem Kapitel für Ihre praktische Arbeit oder Ihren Umgang mit eigenen und anderen Kindern haben?

8. Am Boden zerstört – von sich überzeugt: Die Folgen von Mobbing

Nach der Lektüre der ersten sieben Kapitel sollte es für die Leser offensichtlich geworden sein, dass Mobbing nicht ohne Konsequenzen verlaufen kann. Zahlreiche Studien zeigen, dass Mobbing längerfristig sowohl für die Opfer als auch für die Mobber negative Folgen hat (Cook et al., 2010; Stassen Berger, 2007). Die Opfer leiden häufig unter depressiven Symptomen und einem tiefen Selbstwert, und die Mobber sind übermäßig oft in delinquente Taten verwickelt. Aggressive Opfer sind durch ihr aggressives Verhalten gefährdet, später delinquent und gewalttätig zu werden. In diesem Kapitel will ich zuerst die Elemente von Mobbing zusammenfassen, die zur Entwicklung von Problemen führen, und danach auf konkrete Konsequenzen für Opfer und Mobber eingehen.

8.1 Krankmachende Elemente von Mobbing

Die einzelnen Mobbing-Handlungen sind meist kaum dramatisch, und es ist für Außenstehende oft schwierig, Mobbing als solches zu erkennen. Opfer bleiben häufig lange unerkannt. Diese scheinbar undramatischen negativen Handlungen werden in vielen Fällen bagatellisiert, und genau dies ist für die Befindlichkeit der Opfer fatal. Wenn indirekte aggressive Handlungen im Spiel sind, wissen die Opfer oft nicht einmal selber, ob sie das Geschehene sogar zu ernst nehmen, denn dies wird ihnen von den mobbenden Kindern so suggeriert (Alsaker, 2006).

Der demütigende Charakter der meisten Mobbing-Handlungen verletzt den Selbstwert der Opfer systematisch; es ist ja oft ein Ziel von Mobbing, das Opfer spüren zu lassen, dass es wertlos ist.

Für Opfer ist es meist nicht vorhersehbar, wann Mobber ihre Schikanen einsetzen. Und das bedeutet, dass Opfer erleben, gar keine Kontrolle über ihre eigene Situation zu haben. Vorhersagbarkeit garantiert zwar noch keine Kontrolle, aber fehlende Vorhersagbarkeit lässt dem Opfer nicht die geringste Chance, sich zu schützen.

Die Erfahrung von Kontrolle ist für die menschliche Entwicklung elementar, und zwar schon vom Säuglingsalter an. Kontrolle ermöglicht zielgerichtetes Handeln und gibt Selbstvertrauen und Sicherheit im Leben; mangelnde oder wenig Kontrolle erzeugt Unruhe, Angst und Unsicherheit, ja Hilflosigkeit. Genau diese Kombination von Unvorhersagbarkeit und Ausweglosigkeit wurde in Seligmans (1975) Theorie der gelernten Hilfslosigkeit als ein zentrales Element in der Entstehung von Depression beschrieben.

Viele Mobbing-Opfer suchen nach Strategien, um den Mobbern zu entgehen, aber sie erfahren fast nur Misserfolg. Nichts nützt. Weder der traurige Ausdruck noch die Wutreaktion können die mobbenden Peers davon abhalten, weiterzumachen. Im Gegenteil: Die Mobber und ihre Gehilfen erleben «Mobbing-Erfolg» und versuchen, genau diese Reaktion des Opfers immer wieder zu provozieren. So erleben die Mobber Kontrolle und Erfolg, während die Opfer die Situation als ausweglos erfahren.

Oft wird den Opfern suggeriert, sie seien selber schuld an ihrem Schicksal (internale Attributionen; Graham, Juvonen, 1998). Aber gerade dieses Gefühl, selber schuld am eigenen, unabwendbaren Schicksal zu sein, führt zu einer verstärkten Selbstabwertung. Das Opfer ist nicht nur nicht in der Lage, sich zu wehren; es fühlt sich zusätzlich schuldig dafür, dass es sich nicht selber aus der Opfersituation herausnehmen kann. Darum ist es nicht verwunderlich, dass Mobbing-Opfer häufiger als andere Kinder depressive Symptome entwickeln (Alsaker, 2006).

Die typischen Krankmacher:

- Bagatellisierung der Handlungen durch andere
- Demütigungen
- Unvorhersagbarkeit und Verlust des Gefühls von Kontrolle
- Gefühl der Ausweglosigkeit
- verzerrte Schuldzuschreibung und Schuldgefühle.

Da die Konsequenzen der Mobbing-Erfahrungen für die passiven und aggressiven Opfer viele Gemeinsamkeiten aufweisen, werde ich die Befindlichkeit aller Opfer in einem Unterkapitel (Kap. 8.2) behandeln. Aufgrund ihres aggressiven Verhaltens teilen die aggressiven Opfer darüber hinaus einige Spätfolgen mit den Mobbern; deshalb werde ich die Folgen des aggressiven Verhaltens der aggressiven Opfer gemeinsam mit den Folgen des Mobbens behandeln (Kap. 8.3).

8.2 Typische Folgen für die passiven und aggressiven Opfer

Selbstwert

Aus der Perspektive der Opfer entsteht eine Kluft zwischen dem, was sie empfinden, und dem, was ihr soziales Umfeld behauptet. Das Umfeld sagt nicht selten, es sei nicht so schlimm (Bagatellisierung), oder nimmt das Problem nicht einmal wahr. Und so geschieht und ändert sich nichts. Die Opfer bleiben allein mit ihrem Schmerz. Weiter wird oft von ihnen erwartet, dass sie sich selber aus der Situation herausholen; sei es, dass sie sich wehren, die Mobber meiden oder dass sie sich «besser» aufführen. Das können sie jedoch nicht (Ausweglosigkeit). So entsteht eine weitere Kluft zwischen den Erwartungen anderer und ihren Handlungsmöglichkeiten. Solche Klüfte (Diskrepanzen) zwischen Außen- und Innenperspektive sind für die Entwicklung des Selbstbildes und die Aufrechterhaltung des Selbstwerts äußert negativ.

Dementsprechend haben viele Studien Zusammenhänge zwischen Mobbing und Selbstabwertung dokumentiert (z. B. Alsaker, 2006; Alsaker, Olweus, 2002; Boulton, Smith, 1994). In einer schweizerischen Studie zu Mobbing-Erfahrungen bei Lehrlingen (Ruggieri, 2009) hatten passive und aggressive Opfer den niedrigsten Selbstwert in der Gruppe.

Zudem wurde in einer früheren norwegischen Studie (Alsaker, Olweus, 2002) klar gezeigt, dass im Verlauf von zwei Jahren abnehmende Mobbing-Erfahrungen zu einer Verbesserung und zunehmende Mobbing-Erfahrungen zu einer Verschlechterung des Selbstwerts führten. Olweus (1993) hat darüber hinaus zeigen können, dass der negative Effekt von Mobbing auf den Selbstwert bis ins Erwachsenenalter bestehen kann, selbst wenn Mobbing-Erfahrungen lange zurückliegen und kein Mobbing am Arbeitsplatz besteht.

Weshalb können solche Erfahrungen den Selbstwert so lange beeinträchtigen? Wie bereits erwähnt, braucht der Mensch eine gewisse Vorhersehbarkeit, um in der Welt effizient zurechtzukommen. Die Vorstellungen, die wir über uns selber und unsere Umwelt bilden, helfen uns, eine gewisse Ordnung und Sicherheit im Leben zu finden. Um diese Ordnung aufrechtzuerhalten, tendieren wir dazu, abweichende Ereignisse so zu erklären, dass sie dennoch unseren Vorstellungen einigermaßen entsprechen. Wenn eine Person gemobbt wird, kann sie zum Beispiel ihre Sicht von sich selbst als soziale und wertvolle Person nicht länger aufrechterhalten. Die Schuldübernahme stellt dann eine konsistente Ordnung wieder her. So entsteht ein negatives Selbstbild, welches Teil des neuen ordnungsgebenden kognitiven Systems wird. So makaber es tönt: Selbstabwertung macht das Schicksal verständlicher. Dieser Preis für die neue Ordnung ist sehr hoch!

Was tut aber eine gemobbte Jugendliche, die sich abwertet? Sie zieht sich allmählich von den Peers zurück. Die nicht in Mobbing involvierten Peers nehmen mit der Zeit keinen Kontakt mehr mit ihr auf, denn sie wird uninteressant. Aufgrund ihrer negativen Vorstellungen versteht das Opfer das Desinteresse der Peers nun als Beweis der eigenen Wertlosigkeit. So wird die Selbstabwertung zu einem Risiko für weitere Mobbing-Erfahrungen (Salmivalli, Isaacs, 2005). So geht die negative Spirale weiter. Wenn sie nicht gestoppt wird, kann Mobbing bis ins Erwachsenenalter seine Spuren hinterlassen (Alsaker, 2003).

Körperbild

In der Schweiz-Norwegen-Studie an Schulkindern waren es die aggressiven Opfer, die am wenigsten mit ihrem Körper zufrieden waren. Besonders bei der körperlichen Leistungsfähigkeit waren die Unterschiede deutlich. Sie berichteten signifikant häufiger als alle ihre Peers, dass sie sich wünschten, «besser im Sport» und «körperlich stärker» zu sein. Auch die passiven Opfer hatten solche Wünsche, nur etwas weniger ausgeprägt als die aggressiven Opfer (Alsaker, 2006). Diese Befunde entsprechen denjenigen von einer früheren Studie zu Mobbing in England (Boulton, Smith, 1994).

Der Befund, dass besonders aggressive Opfer im Schulalter sich mehr Stärke wünschten, hängt wahrscheinlich 1) damit zusammen, dass sie erleben, dass ihre aggressiven Reaktionsstrategien gegen die systematischen Angriffe der Mobber wenig Erfolg haben und 2) dass sie trotzdem glauben, der Weg aus der Mobbing-Situation ginge über aggressive Reaktionen.

Angst vor der Schule und soziale Angst

Opfer von Mobbing entwickeln relativ schnell Angst davor, in die Schule zu gehen. Sharp (1995) berichtete, dass die Angst vor Mobbing nicht selten zu Schwänzen und Schulabbruch bei älteren Schülern führt. Dadurch verschlechtern sie ihre schulische und ihre soziale Situation: wieder eine kontraproduktive negative Spirale.

In der ersten Berner Kindergartenstudie erreichten die passiven Opfer laut Lehrerbefragung die höchsten Werte für Ängstlichkeit. Die mobbenden Kinder hatten die tiefsten Werte. Diese Ängstlichkeit war am ausgeprägtesten in der Kindergartensituation und dort betreffend die Beziehungen zu den anderen Kindern. In der MOK-Studie kamen wir zu den gleichen Ergebnissen (Alsaker, 2007), sodass wir mit Sicherheit sagen können, dass passive Opfer im Kindergartenalter ein deutlich höheres Ausmaß an Ängstlichkeit aufweisen als ihre Peers.

In beiden Studien fanden wir außerdem, dass die aggressiven Opfer keine besondere Ängstlichkeit aufwiesen.

Die Ergebnisse zu den passiven Opfern entsprechen auch Ergebnissen aus Studien mit Schulkindern (Alsaker, 2003; Olweus, 1996). In der Schweiz-Norwegen-Studie (Alsaker, 2003) wurden die Schüler selber zu ihrer Befindlichkeit gefragt. Da fanden wir, dass sowohl die passiven wie auch die aggressiven Opfer, unabhängig von Geschlecht und Land (Norwegen resp. Schweiz), höhere Angstwerte als ihre Peers hatten. Vielleicht ist die Ängstlichkeit bei aggressiven Opfern von außen weniger sichtbar als bei passiven Opfern. Vielleicht aber fangen die aggressiven Opfer erst mit der Zeit an, sich bewusst zu werden, dass sie unter der kritischen Beobachtung ihrer Peers stehen, und sich vor den subtilen Provokationen und offenen Angriffen der Mobber zu fürchten.

Wir können meist nicht sagen, ob die Opferkinder schon vor den Mobbing-Erfahrungen ängstlich waren, oder ob sie es erst dadurch geworden sind. Eine Studie an älteren Jugendlichen (Siegel, La Greca, Harrison, 2009) zeigte einen wechselseitigen Einfluss von Angst und Mobbing-Erfahrungen über die Zeit von zwei Monaten und dies speziell für die indirekten, subtilen Formen von Mobbing. Es ist wahrscheinlich so, dass einige Opfer eine gewisse Ängstlichkeit in die Peer-Gruppe mitbringen, die sie sehr verletzbar gegenüber dem Verhalten der Mobber macht. Die Mobbing-Erfahrungen, die diese Kinder in der Folge erfahren, verstärken ihre Ängstlichkeit und tragen so zu einem weiteren Teufelskreis bei (Alsaker, 2003).

Patrick war ein ruhiger Junge, der raufende Spiele nicht mochte. Das merkten zwei Jungen in der Klasse sehr schnell und hatten bald ihren Spaß daran, ihn immer wieder zu schubsen oder in eine Ecke zu drängen. Patrick fing an, Angst davor zu haben, auf den Pausenplatz zu gehen. Deshalb verzögerte er den Ausgang in die Pause, indem er zum Beispiel sehr lange auf der Toilette blieb. Andere Kinder merkten es und fanden es «sehr komisch». Er wurde deswegen ausgelacht. Es wurde über Patrick geredet, und viele seiner Peers fingen an, sich von ihm zu distanzieren. Er fühlte sich sehr einsam, wurde immer ängstlicher, hatte immer wieder Bauchweh und verweigerte nach und nach den Besuch der Schule.

Depressive Symptome

Die Ausführungen im ersten Teil dieses Kapitels lassen erwarten, dass Opfer von Mobbing depressive Symptome entwickeln. Tatsächlich belegen empirische Befunde solche Symptome sowohl bei jüngeren als auch bei älteren Schülern. In unseren Kindergartenstudien fanden wir, dass Opferkinder von den Lehrpersonen höher auf der Depressivitätsskala eingestuft wurden als die anderen Kinder.

Zur Messung von Depressivität verwendeten wir Fragen wie «das Kind scheint unglücklich/betrübt» oder «das Kind macht sich oft um viele Dinge Sorgen». Die Lehrpersonen nahmen sowohl passive als auch aggressive Opfer als depressiver wahr (Alsaker, 2003; Alsaker, Nägele, 2011). Bemerkenswerterweise wurden die aggressiven Opfer zwar nicht als ängstlich eingestuft (siehe oben), jedoch als betrübt und weniger glücklich als ihre Peers. Und auch die Eltern der aggressiven Opfer gaben an, dass sie ihre Kinder als müde, traurig und gestresst empfanden (Alsaker, 2003). Snyder und Kollegen (2003) berichteten zudem, dass Kindergartenkinder, die von den Lehrpersonen als Opfer wahrgenommen wurden, laut Elternberichten über einen Zeitraum von zwei Jahren mehr depressive Symptome entwickelten als andere Kinder.

Die Antworten der Opfer (Selbstberichte) in der Schweiz-Norwegen-Studie ergaben viel höhere Depressionswerte als jene ihrer Peers (Alsaker, 2006). Alle diese Ergebnisse fügen sich sehr gut in eine lange Reihe von Studien zur Befindlichkeit von gemobbten Kindern und Jugendlichen ein, die alle zeigen, dass Opfererfahrungen mit depressiven Symptomen einhergehen (Übersicht z. B. in Hawker, Boulton, 2000), ja dass eindeutig die Opfererfahrungen zu depressiven Symptomen führen resp. vorhandene Symptome verstärken (Hanish, Guerra, 2002; Stassen Berger, 2007). Dies ist vom Kindergarten bis in die Schule der Fall (Perren, Alsaker, 2009), wie meine eigene Längsschnittstudie zeigt.

Barchia und Bussey (2010) berichteten, dass die jugendlichen Opfer, die sie befragten, ihre Gedanken über das Mobbing nicht los wurden und nicht glaubten, dass Lehrpersonen oder Peers das Mobbing stoppen könnten. Dies verstärkte ihre depressiven Symptome weiter und reduzierte ihre Chancen, Hilfe zu bekommen.

Die Ähnlichkeit der Ergebnisse im Kindergarten und in der Schule ist beeindruckend – dies speziell, weil die Informationen von Lehrpersonen, Eltern und den Schülern übereinstimmen.

Die Folgen von depressiven Symptomen für die Entwicklung sind ersichtlich. Besonders wenn die Situation lange andauert, muss damit gerechnet werden, dass sich die Symptome festigen und mit der Zeit die Entwicklung dieser Kinder und Jugendlichen sowohl im sozialen wie auch im schulischen Bereich beeinträchtigen. Man weiß beispielsweise, dass depressive Menschen sich zurückziehen und weniger Initiative für verschiedene Aktivitäten ergreifen. Daten aus der Schweiz-Norwegen-Studie haben gezeigt, dass sich jene 10 % der Jugendlichen mit den höchsten Depressivitätswerten unwohl in sozialen Situationen mit Peers fühlten und auch wenig Glauben daran hatten, Konflikte mit Gleichaltrigen erfolgreich lösen zu können. Sie hatten zwar nahe Freundschaften, die sie als gut bezeichneten, aber sie vermieden sonst soziale Situationen mit Peers, gingen weniger aus, schauten mehr allein Fernsehen und wenn sie Sport machten, taten sie es häufiger allein (Alsaker, 2000b).

Wenn ein Kind gemobbt wird und depressive Symptome entwickelt, ist die Gefahr groß, dass sein Verhalten Verletzbarkeit kommuniziert. Rückzugsverhalten gewährt etwas «Frieden» im Augenblick, aber es gefährdet das Kind weiter, da andere Peers den Kontakt allmählich aufgeben (siehe frühere Ausführungen). Tatsächlich scheinen depressive Jugendliche unter ihren Peers weniger beliebt zu sein, obwohl sie selber ihre Peers gut mögen (Zimmer-Gembeck, Waters, Kindermann, 2010).

Eine spontane Besserung der Befindlichkeit der Opfer ist kaum zu erwarten. Opfer, die unter einem tiefen Selbstwert, Ängstlichkeit und depressiven Tendenzen leiden, versuchen häufig, den Schaden durch Rückzug zu mindern. Dies verstärkt aber ihre eigenen verzerrten Vorstellungen und sie laufen dadurch Gefahr, den Kontakt zu positiven Peers zu verlieren.

Körperliche Symptome

In meiner Studie zu Mobbing unter Kindern in Kindertagesstätten berichteten Eltern von Kindern, die von den Erzieherinnen als ausgegrenzt wahrgenommen wurden, dass ihre Kinder vermehrt einen gestressten Eindruck machten und auch häufiger unter Kopfweh oder Bauchweh litten (Alsaker, 1993). In der ersten Berner Kindergartenstudie wurden die Kindergartenlehrpersonen zu körperlichen Symptomen der Kinder befragt – auch sie berichteten von vermehrten Symptomen wie Kopf- und Bauchweh bei den passiven und aggressiven Opfern (Alsaker, 2003).

In der Studie zu Schulkindern in der Schweiz und Norwegen wurden die Schüler selber zu körperlichen Beschwerden befragt. Die aggressiven Opfer gaben dezidiert die höchste Anzahl von Beschwerden an, unter welchen sie mindestens «oft» litten. Dieser Befund entspricht einer früheren Studie aus den USA (Forero, McLellan, Rissel, Bauman, 1999). Wenn man Symptome wie Kopfweh, Schlafprobleme, Herzklopfen, Schwindelgefühl etc. unter die Lupe nahm, gaben passive und aggressive Opfer gleichviele Beschwerden an und dies signifikant häufiger als alle ihre Peers. Auch unter Lehrlingen (Ruggieri, 2009) berichteten beide Opfergruppen von mehr körperlichen Beschwerden als ihre Peers, wobei die aggressiven Opfer am stärksten betroffen waren.

Weitere Studien aus Europa und den USA zeigen ähnliche Befunde betreffend Opfer von Mobbing. Neben den bekannten Kopf- und Bauchsymptomen (kurze Übersicht in Sansone, Sansone, 2008) wird bei 6- bis 9-jährigen Opfern von Appetitverlust, häufigeren Erkältungen, Halsschmerzen berichtet (Wolke, Woods,

Bloomfield, Karstadt, 2001), oder auch von Bettnässen, Schlafproblemen und Müdigkeit bei 9- bis 12-Jährigen (Fekkes, Pijpers, Verloove-Vanhorick, 2004).

Körperliche Beschwerden kommen bei Opfern häufiger vor als bei ihren Peers. Oft sind diese Beschwerden die ersten beobachtbaren Anzeichen dafür, dass Kinder oder Jugendliche unter extremer Belastung stehen. Wenn ein Kind anfängt über körperliche Symptome zu klagen, ist es wichtig, dem Kind Aufmerksamkeit zu schenken und versuchen zu verstehen, was es gerade beschäftigt.

Es ist im Mobbing, wie bei sehr vielen anderen stressvollen Ereignissen in der Entwicklung, so, dass die negativen Konsequenzen etwas gemildert werden können, wenn ein Kind viel Unterstützung erlebt, sei es von Freunden oder Erwachsenen. Es ist für das Kind sehr wichtig, sich aus der stressvollen Situation herausnehmen zu können und Sicherheit und Akzeptanz an einem anderen Ort zu erleben.

Allgemein mildernde Bedingungen:

- Unterstützung im Umfeld: Peers, Lehrpersonen und Familie
- Wenn Kinder und Jugendliche wissen, dass ihre Eltern sie in schwierigen Situationen unterstützen, haben sie eine soziale Insel, auf welcher sie sich wertvoll und sicher fühlen können.

Tod – Selbstmord

Strabstein (2008) hat die Problematik des Todes in Verbindung mit Mobbing anhand englischsprachiger Zeitungsartikel der Jahre 1950 bis 2007 untersucht. Er nahm Artikel unter die Lupe, die über Todesfälle von 10- bis 25-Jährigen berichteten, die in Verbindung mit Mobbing oder Aufhetzung zu gefährlichen Handlungen durch eine Gruppe (engl. hazing) standen. Er fand 250 solche Todesfälle. Opfer von Aufhetzungen durch die Gruppe starben meistens in Unfällen. Die Berichte über Opfer von langjährigem Mobbing handelten hauptsächlich von Selbstmord. Lebensgefährliche Situationen können allerdings auch bei Mobbing entstehen, wenn ein Kind vor seinen Aggressoren flüchtet, sei es zu Fuß oder auf dem Fahrrad. Die Aufmerksamkeit reicht nicht gleichzeitig für das Entfliehen und den Straßenverkehr aus; gerade jüngere Kinder sind speziell gefährdet.

In der Schweiz-Norwegen-Studie beantworteten die Schüler eine Frage, die auf sehr düstere Gedanken zum Wert des eigenen Lebens fokussierte. Diese Frage lautete: «Ich habe schon gedacht, es wäre besser, es gäbe mich nicht.» Auch bei dieser Aussage erreichten alle Opfer einen signifikant höheren Wert als ihre Peers. Dieses Ergebnis muss sehr ernst genommen werden; es steht im Einklang mit Studien aus verschiedenen Ländern (z. B. Klomek, Marrocco, Kleinman, Schonfeld, Gould, 2007; Rigby, Slee, 1999; Rivers, Noret, 2010) und mit Berichten zu Selbstmord bei gemobbten Schülern in Norwegen und in Japan (Olweus, 1996).

Welche Opfer sind am meisten gefährdet? Aggressive Opfer scheinen auch in diesem Zusammenhang ein besonders erhöhtes Risiko zu haben. Weiter stellen Gefühle von Hoffnungslosigkeit und Ausweglosigkeit in sozialen Situationen und fehlende Unterstützung klare Risiken dar. Opfer, die das Gefühl haben, dass sie in sozialen Situationen keine Chance haben, sich durchzusetzen, haben häufiger Suizidgedanken. (Bonanno, Hymel, 2010).

Fehlende Unterstützung, Ausschluss und Ausnutzung sind Gift für jeden Menschen und können zu extremen selbstschädigenden Handlungen führen.

Folgen von Cyber-Mobbing

Erste Studien zu Cyber-Mobbing zeigen, dass es ähnliche Folgen hat wie traditionelles Mobbing in der Schule. Man findet auch hier, dass Opfer von Cyber-Mobbing sowohl körperliche als auch psychische Probleme haben (Perren, im Druck). Perren und Sticca (2009) fanden zum Beispiel, dass sowohl Opfer von traditionellem Mobbing als auch von Cyber-Mobbing über ein höheres Ausmaß an depressiven Verstimmungen berichteten als ihre Gleichaltrigen.

8.3 Typische Folgen für die aggressiven Opfer und die Mobber

Aggressives Verhalten gefährdet die Entwicklung von Kindern. Längsschnittstudien, denen Informationen zum Verhalten von Kindern vom Vorschulalter bis zur Adoleszenz zur Verfügung standen, sprechen eine deutliche Sprache: Aggressives Verhalten ist sehr stabil (Tremblay, Nagin, 2005). Die Folgen des frühen aggressiven Verhaltens sind häufig spätere Delinquenz und Gewalttaten. Die aggressiven Opfer sind ein klares Beispiel dafür, dass aggressives Verhalten auch weitere Folgen hat. Wie bereits im Kapitel 7 ausgeführt, ist heute klar, dass unkontrolliertes aggressives Verhalten in vielen Fällen dazu führt, dass Kinder gemobbt werden und dass negative Entwicklungszirkel entstehen (Leadbeater, Hoglund, 2009).

Mobber kommen in den meisten Untersuchungen relativ gut davon. Man findet häufig, dass sie einen ganz normalen Selbstwert und keinerlei psychische Symptome haben. Ihre Leistungen in der Grundschule sind der Norm entsprechend (Woods, Wolke, 2004) und wir haben bereits gezeigt, dass sie genauso beliebt sind wie ihre nicht involvierten Peers (dazu auch Stassen Berger, 2007). Trotzdem gibt es gewisse Anzeichen dafür, dass auch sie belastet sind. In der Schweiz-Norwegen-Studie (Alsaker, 2003) und in einer Studie zu Lehrlingen in der Schweiz (Ruggieri, 2009) gaben die Mobber mehr Beschwerden an als ihre nicht involvierten Peers. Dieser Befund entspricht anderen internationalen Studien (Forero et al., 1999; Kumpulainen et al., 1998). Eine plausible Erklärung dafür ist, dass sie in der Peer-Gruppe selber unter sehr hohem Druck stehen und ständig die Gefahr besteht, dass sie erwischt werden (Alsaker, 2003).

Weiterhin haben wir festgestellt (Kap. 7), dass Mobber ein weniger gut entwickeltes Einfühlungsvermögen haben, weniger prosoziale und kooperative Kompetenzen zeigen, und dass sie eindeutige Mängel bei der Moralentwicklung aufweisen. Diese Defizite haben sie mit den aggressiven Opfern gemeinsam. Problematisch an der Situation der Mobber ist vor allem, dass diese Defizite sie nicht selber beinträchtigen und dass sie relativ lange Zeit sogar Erfolgserlebnisse aufgrund ihres Verhaltens verbuchen.

Mit ein Grund, weshalb es Mobbern lange Zeit relativ gut geht, ist, dass sie sich meistens in einem selektiven Umfeld von Gleichgesinnten bewegen (siehe frühere Kapitel dazu). Sie sind meistens mit anderen Mobbern, ihren Assistenten und Mitschülern befreundet, die ihr Verhalten gutheißen (Mouttapa, Valente, Gallaher, Rohrbauch, Unger, 2004; Salmivalli, Huttunen, Lagerspetz, 1997). Die Mobber berichten ja auch selber, dass ihre Freunde delinquentes Verhalten mehr tolerieren und unterstützen als Freunde von Nicht-Mobbern es tun (Haynie et al., 2001).

Ein weiterer Faktor, der bei der Entwicklung von antisozialen Handlungen sehr wichtig ist, ist die Selbstverstärkung. Das Verhalten an sich führt beim Kind oder Jugendlichen zur Selbstzufriedenheit. Handlungen wie Mobbing erfordern viel Geschick, wenn man sich dabei nicht erwischen lassen will. Die Lehrpersonen werden überlistet, was der Sache noch einen besonderen Anreiz verleiht und von den Mobbern selber als Gefühl von Kompetenz und Macht empfunden wird (Alsaker, 2003).

Es gibt inzwischen viele Ergebnisse, die zeigen, dass Mobbing negative Folgen für Mobber hat (Übersichten in Cook et al., 2010; Stassen Berger, 2007). Normbrüche und delinquentes Verhalten wurden mehrfach in Verbindung mit Mobbing-Verhalten gebracht und die allermeisten Studien kommen zu ähnlichen Resultaten: Mobber und aggressive Opfer zeigen ein breites Repertoire an antisozialen Verhaltensweisen (Boulton, Smith, 1994; Lösel, Bliesener, Averbeck, 1999; Olweus, 1996; Zinnecker, 1999). Das Repertoire reicht von kleineren Normbrüchen (Lügen) bis hin zu Gesetzesverstößen (Stehlen).

Eine internationale Studie, an welcher Jugendliche aus 25 verschiedenen Ländern teilnahmen, berichtete von vermehrtem Alkoholkonsum und Schlägereien (Nansel, Overpeck, Saluja, Ruan, 2004). Auch die Ergebnisse der Schweiz-Norwegen-Studie entsprachen jenen der internationalen Studien: Sowohl die Mobber als auch die aggressiven Opfer gaben doppelt so viele normbrechende und delinquente Handlungen, wie beispielsweise Ladendiebstähle oder Diebstähle in der Schule, an. Sie gaben zudem an, Erwachsene geschlagen zu haben und eine Waffe (beispielweise Stellmesser, Schlagstock oder Schlagring) bei sich getragen zu haben und Vandalismus ausgeübt zu haben (z.B. Wände und Autos gesprayt) (Alsaker, 2003). Diese Ergebnisse sind äußerst ernst zu nehmen. Die Anwendung von Gewalt gegenüber Erwachsenen ist ein sicherer Indikator für grobe Gewalt im Allgemeinen. Diese Jugendlichen haben den üblichen Respekt vor Erwachsenen nicht und sind tatsächlich gefährdet, weitere schwerwiegende Gewalttaten zu begehen.

Weibliche Mobber scheinen auch in Gefahr zu sein, aggressive Partner zu wählen (Effekt der Selektion, die bereits früh wirksam war). Sie werden oftmals früher schwanger und haben Kinder, die selber aggressiv werden und sonst auch verschiedene Verhaltensstörungen aufweisen (Putallaz, Bierman, 2004).

Eine Metaanalyse, die aufgrund von 28 internationalen Studien durchgeführt wurde, die Mobber über eine Zeit verfolgt hatten, zeigte eindeutig, dass Mobbing die Entwicklung von Kriminalität über die Zeit voraussagt (Ttofi, Farrington, Lösel, Loeber, 2011). Je älter die Mobber bei der ersten Messung waren, desto stärker war der Effekt. Das heißt, wenn Jugendliche mobben, tragen sie ein sehr hohes Risiko, eine delinquente Karriere einzuschlagen.

In einer weiteren Studie, die sich über sehr lange Zeit in Großbritannien erstreckte, zeigten Farrington und Ttofi (2011), dass jugendliche (14-jährig) Mobber ein hohes Risiko hatten, 1) im Alter zwischen 15 und 20 verurteilt zu werden und gewaltsam zu sein, 2) in einem Alter von 30 Drogen zu konsumieren und 3) im Alter von 48 ein sehr «unbefriedigendes Leben» zu führen. Unbefriedigend bedeutete unter anderem: Beziehungsprobleme, schlechte Wohn- und Arbeitsverhältnisse, Alkoholprobleme, Kriminalität und Gewalt. Wichtig ist zu betonen, dass die Autoren sorgfältig alle Faktoren untersuchten und kontrollierten, die sonst auch eine solche negative Entwicklung vorhersagen könnten. Mobbing verblieb in allen Fällen der beste Indikator für eine spätere delinquente Laufbahn. Bender und Lösel (2011) berichten gleiche Ergebnisse aus Deutschland (für die Zeit zwischen Adoleszenz und jungem Erwachsenenalter – 15 bis 25 Jahre).

Die aggressiven Opfer tragen laut mehreren Studien das allerhöchste Risiko für eine Gewaltlaufbahn. Mehrere internationale Studien berichteten auch über das Tragen einer Waffe und grobe Gewalttaten bei aggressiven Opfern (Übersicht in Cook, 2010; Stassen Berger, 2007). Das Tragen einer Waffe ist besonders bei impulsiven Jugendlichen, die unkontrolliert aggressiv sind, ein sehr hohes Risiko (Alsaker, 2003).

«Es ist die Verantwortung aller Erwachsenen, aggressive Kinder, die gefährdet sind, auf eine schiefe Bahn zu gelangen, in einem frühen Stadium zu erkennen. Mobbern und aggressiven Opfern muss die Gelegenheit geboten werden, aus ihren verstrickten aggressiven Verhaltensmustern auszusteigen.» (Alsaker, 2003, 178)

Problematisch ist allerdings, dass viele Erwachsene nicht verstehen, dass das aggressive Verhalten das Kind gefährdet. Es herrscht auch eine große Unsicherheit betreffend der passenden Reaktionen auf dieses Verhalten. Zudem sprechen viele Eltern nicht gerne über Schwierigkeiten mit der Erziehung ihrer Kinder. Viele haben Angst, dass andere meinen könnten, dass sie als Eltern unfähig seien. Die meisten Eltern sind auf solche Probleme nicht vorbereitet, aber die allerwenigsten nehmen eine professionelle Beratung in Anspruch, bevor die Probleme für alle offensichtlich geworden sind.

Wenn die Kinder noch im Kindergartenalter sind, wird das aggressive Verhalten häufig noch verharmlost. Einige Eltern erzählen sogar stolz, dass ihr eigenes Kind ein richtiges «Alphatier» ist und sich nichts von anderen bieten lässt. Sehr oft wird Aggression mit Durchsetzungsvermögen und Führungskompetenzen verwechselt.

Wie bei vielen Störungen des Verhaltens sollte man aufhorchen, wenn man merkt, dass das unerwünschte Verhalten zur Gewohnheit wird, sich in verschiedenen Situationen manifestiert und dass es andere Peers und Erwachsene stört. Denn dann ist klar, dass es sich nicht mehr um normale Range-

leien in der Gruppe handelt. Mit dem Schuleintritt verbessert sich das Verhalten kaum.

Natürlich entwickeln sich nicht alle Kinder, die im Vorschulalter aggressiv waren, zu delinquenten Jugendlichen. Generell nimmt aggressives Verhalten im Verlauf der Kindheit ab. Diese Abnahme ist eine natürliche Folge des Sozialisationsprozesses. Kinder müssen lernen, dass man nach einem begehrten Objekt fragt und es dem anderen Kind nicht einfach aus den Händen reißen darf. Wenn es keine Gelegenheit bekommt, dies zu lernen, ist die Gefahr groß, dass es in diesen Verhaltensweisen verharrt (Alsaker, 2003).

Aggressive Kinder müssen frühzeitig lernen, dass die eigene Freiheit dort aufhört, wo das eigene Verhalten die Freiheit oder das Wohl anderer beeinträchtigt. Klare Grenzen, die ohne Gewalt durchgesetzt werden, helfen ihnen, ihr Verhalten zu ändern.

Wichtiges in Kürze

Mobbing ist kein Kinderspiel. Mobbing ist Teil eines antisozialen Verhaltensrepertoires und kann, wenn es nicht gestoppt wird, für die Entwicklung aller involvierten Kinder und Jugendlichen schwerwiegende Folgen haben.

Opfer von Mobbing entwickeln häufig psychische und körperliche Probleme, die nicht nur ihre sozial-emotionale Entwicklung, sondern auch ihre schulische Karriere beeinträchtigen können.

Kinder, welche sich gegenüber Gleichaltrigen unkontrolliert aggressiv verhalten, sind einem doppelten Entwicklungsrisiko ausgesetzt: Erstens laufen sie Gefahr, ihr aggressives Verhalten beizubehalten und delinquent zu werden, und zweitens ist die Wahrscheinlichkeit hoch, dass sie auf allen Altersstufen von den Peers ausgegrenzt und gemobbt werden.

Kinder mit Verhaltensproblemen sollten früh erfasst werden. Diese Kinder brauchen Spezialangebote, damit ihre Probleme durch Mobbingerfahrungen nicht weiter akzentuiert werden.

Mobber lernen, dass ihr Verhalten sich lohnt, und sie kommen kaum selber aus ihrer Rolle heraus. Somit haben sie ein erhöhtes Risiko, später Gewalt und andere Formen von Delinquenz zu zeigen.

Mobbing darf in keinem Fall als Bagatellhandlung hingenommen werden.

Anregungen zum Nachdenken

- Welche Folgen des Mobbings hätten Sie nicht erwartet?
- Was sind für Sie die drei wichtigsten Befunde in diesem Kapitel?
- Kennen Sie aus Ihrer eigenen Erfahrung weitere Folgen vom Mobbing, die hier nicht erwähnt wurden?
- Welche Bedeutung kann dieses Kapitel für Ihre praktische Arbeit oder Ihren Umgang mit eigenen und anderen Kindern haben?

Zweiter Teil

Mutig gegen Mobbing

Das Berner Präventionsprogramm gegen Mobbing: Be-Prox

Im ersten Teil des Buchs ist das heutige Wissen zu Mobbing zusammengefasst. Es wurde Wert darauf gelegt, Wissen zu vermitteln, das für die Praxis relevant ist. Die Ausführungen zeigten klar und deutlich: Es besteht Handlungsbedarf. Mobbing-Prävention oder Interventionen gegen Mobbing sollten so früh wie möglich einsetzen. In diesem zweiten Teil des Buchs geht es darum, diese Erkenntnisse umzusetzen. Zu diesem Zweck gehe ich auf die verschiedenen Schritte des Berner Programms zur Prävention von Mobbing im Kindergarten und in der Schule (Be-Prox) ein.

Das Programm Be-Prox entstand 1998 im Rahmen eines Forschungsprojekts im Kindergarten und wurde gleichzeitig evaluiert (Alsaker, 2003). Be-Prox ist ein typisches «evidenzbasiertes Programm», das heißt, die Grundlagen des Programms beruhen auf wissenschaftlicher Basis. Inhaltlich gibt es viele Überschneidungen zwischen Programmen zur Prävention von Mobbing, Be-Prox ist da keine Ausnahme. Trotzdem soll darauf hingewiesen werden, dass sich Be-Prox in einem Vergleich mit 43 anderen Programmen als eines der effizientesten erwies und bezüglich der Abnahme von Mobbing-Fällen sogar als das erfolgreichste (Farrington, Ttofi, 2009).

Bei der Erarbeitung von Be-Prox standen zwei Kriterien im Vordergrund: das Programm sollte so praxisnah wie möglich sein und sich im normalen Schulalltag durchführen lassen. Es wurde anschließend ein umfassendes Medienpaket für Lehrpersonen erarbeitet, das ein Video, Information für Eltern und genaue Anleitungen zum Selbststudium beinhaltet (Valkanover, Alsaker, Svrcek, Kauer, 2004).

Be-Prox wurde ursprünglich für den Kindergarten entwickelt. Es ist danach auf allen Schulstufen eingesetzt worden. Die Inhalte der Umsetzung ändern sich mit dem Alter der Kinder, die Prinzipien und die Präventionsschritte bleiben jedoch dieselben. Im Folgenden verzichte ich deshalb auf eine eindeutige Unterscheidung zwischen den verschiedenen Schulstufen. Die Anpassung der Umsetzung liegt am besten in der Hand der jeweiligen Lehrpersonen, die ich als Experten im Umgang mit ihren Schülern betrachte. Die Aufgaben werden von den Lehrpersonen in verschiedenen Klassen meistens ganz unterschiedlich umgesetzt.

Ein übergeordnetes Prinzip von Be-Prox ist, die Handlungsfähigkeit der Lehrpersonen zu stärken, um so Nachhaltigkeit zu gewährleisten. Mobbing kann in allen Gruppen von Kindern und Jugendlichen entstehen und auch immer wieder aufkommen. Daher ist es wichtig, Sicherheit im Umgang mit diesen Problemen zu gewinnen. Leser dieses Buchs sollen Einführungen in Handlungsmöglichkeiten erhalten, die sie in ihren Klassen oder mit ihren Kindern umsetzen können. Diese Umsetzung ist äußerst wichtig, um die eigenen Handlungskompetenzen erfahren zu können.

Ob man Mobbing vorbeugen oder stoppen will – der Vorgang ist in etwa gleich. Hat man sich für eine aktive Haltung gegen Mobbing entschieden, merkt man, dass Mobbing nicht ein Problem darstellt, dass nur Experten lösen können: Vielen Lehrpersonen fehlt es nicht an Ideen, sondern eher an der nötigen Entschiedenheit. Und gerade das merken mobbende Kinder und Jugendliche sofort.

Die Prävention von und die Interventionen gegen Mobbing, die von externen Fachpersonen durchgeführt werden, sollten meiner Meinung nach in Zusammenarbeit mit den Lehrpersonen geschehen, damit diese später ohne den Einsatz von Fachpersonen intervenieren können.

Es ist für die nachhaltige Prävention von Mobbing wichtig, dass die Lehrperson eine zentrale Rolle im Umgang mit allfälligen Mobbing-Problemen einnimmt.

Die Arbeit gegen Mobbing kann auf verschiedenen Ebenen geschehen. Man kann in einzelnen Fällen, besonders, wenn Mobbing erst am Entstehen ist, einzeln mit den Mobbern arbeiten. In den meisten Fällen arbeitet man sowohl bei den Interventionen gegen als auch bei der Prävention von Mobbing mit der Klasse, weil Mobbing am häufigsten innerhalb einer Klasse entsteht. Es ist sehr wichtig, mit den Eltern der jeweiligen involvierten Kinder Kontakt zu haben, und, wenn möglich, alle Eltern über die Mobbing-Prävention oder Intervention zu orientieren. Die besten Erfolgschancen hat man, wenn die ganze Schule am gleichen Strang zieht.

Das Buch – und speziell der zweite Teil – eignet sich als konkrete Unterlage für die Arbeit gegen Mobbing. Die Kapitel entsprechen inhaltlich und in ihrer Reihenfolge ungefähr den Sitzungen, wie wir sie in Weiterbildungskursen gestalten. In unseren Kursen lassen wir zwei bis drei Wochen zwischen den einzelnen Sitzungen vergehen, sodass die Inhalte umgesetzt werden können. Ich empfehle Ihnen deshalb, die Reihenfolge der Kapitel zu beachten und die Inhalte jeweils umzusetzen, bevor Sie zum nächsten Thema übergehen. Das Gleiche gilt, wenn Sie das Buch als Leiterin oder Leiter eines Weiterbildungskurses benutzen wollen.

Zur Gestaltung der Kapitel: Ich versuche, Lehrpersonen, andere Fachpersonen, Schulleiter und Eltern zu berücksichtigen. Dies formuliere ich nicht immer explizit. Die Umsetzungsüberlegungen sollen als Anregungen angesehen werden; auch wenn sie meistens auf die Arbeit in der Schule gerichtet sind, können sie leicht an andere Situationen angepasst werden. Die wenigen Praxisbeispiele sollen nur als Anregungen dienen.

9. Vorbereitende Schritte

Die Arbeit gegen Mobbing wird Sie mit positiven Erfahrungen bescheren. Sie wird aber auch einiges von Ihnen abverlangen. Man könnte die Arbeit gegen Mobbing, sei es als Mobbing-Prävention oder auch Intervention gegen Mobbing, mit einer besonderen Herausforderung, einer längeren Reise, einer Weiterbildung, der Wiederaufnahme einer bestimmten Tätigkeit etc. vergleichen. Es sind alles Unternehmungen, für die man sich entscheidet, die gleichzeitig Herausforderungen darstellen, und für welche man sich vorbereiten muss.

Anregungen zur Vorbereitung auf die Mobbingarbeit

- Versuchen Sie, einen passenden persönlichen konkreten Vergleich zu einer gelungenen Herausforderung aus Ihrer Erfahrung zu finden.
- Kommen Sie gelegentlich zu diesem Vergleich zurück und checken Sie, ob der Vergleich mit Ihren Erfahrungen im Umgang mit Mobbing stimmt. Es mag Ihnen helfen durchzuhalten, wenn Sie die Motivation verlieren sollten.

Die Prävention von Mobbing ist ein Prozess, der nie abgeschlossen ist; die Durchführung eines Präventionsprogramms ist keine definitive «Impfung» gegen Mobbing. Mobbing-Prävention kann nur nachhaltig sein, wenn sie zu einem Bestandteil der täglichen Arbeit wird. So erleben wir in Weiterbildungskursen häufig, dass Lehrpersonen nach den ersten deutlichen Erfolgen richtig enthusiastisch sind, dass sie jedoch in ihrer Wachsamkeit nachlassen, gerade weil alles besser läuft, und sehr enttäuscht sind, weil Probleme bald wieder auftreten. Die anfängliche Begeisterung verwandelt sich in eine gewisse Entmutigung. Wenn die Probleme erneut diskutiert und angepackt werden, verbessert sich die Situation in der Klasse wieder. Diese Erfahrung bringt den meisten Lehrpersonen eine neue Erkenntnis der eigenen Kompetenz gegenüber dem Mobbing. Es wird überdies klar, dass Mobbing-Prävention langfristiges und konsequentes Handeln erfordert (Alsaker, 2003).

Auch wenn es gelegentlich geschieht (wie es in einigen der vorgestellten Fallbeispielen der Fall war), dass eine Lehrperson nach einer einfachen Maßnahme eine schnelle Besserung des Mobbing-Problems erlebt, ist es meistens so, dass es eher viele kleine Schritte in Richtung von kleinen langfristigen Änderungen braucht, um Mobbing aus dem Alltag zu verbannen.

Be-Prox bietet kein schnelles und universelles Patentrezept gegen Mobbing an. Be-Prox fördert ein Umdenken und die Arbeit in kleinen Schritten, die den Alltag nachhaltig verändern können.

- **Mobbing-Prävention ist ein Prozess, der sich über lange Zeit erstreckt.**
- **Nachhaltige Mobbingprävention ist von Arbeit in kleinen Schritten geprägt.**
- **Nachhaltige Prävention erfordert einen konsequenten Umgang mit Mobbing.**

9.1 Sensibilisierung

Um Mobbing vorbeugen zu können oder dagegen zu intervenieren, sind Kenntnisse über dieses spezielle Phänomen vonnöten. Dies allein reicht aber nicht aus. Die persönliche Auseinandersetzung mit den eigenen Einstellungen ist unbedingt notwendig. Deshalb verwende ich anstelle von Wissensgrundlage lieber den Begriff Sensibilisierung.

Die Sensibilisierung ist immer der allererste Schritt in unseren Weiterbildungen. Sie als Leser haben diesen Schritt bereits zu einem großen Teil durch die Lektüre der ersten acht Kapitel vollzogen. In einem zweiten Schritt müssen Sie, um in der Arbeit gegen Mobbing etwas zu bewerkstelligen, zusätzlich die konkrete Entscheidung zur Umsetzung treffen. Das braucht allerdings oft Mut.

Be-Prox in der Praxis (1/6)

1. Sensibilisierung – Stellungnahme gegen Mobbing

Olweus (1996) empfiehlt, Mobbing-Prävention mit der Durchführung einer Umfrage unter den Schülerinnen und Schülern zu beginnen. Die Idee dahinter ist, dass Lehrpersonen, Schüler und Eltern konkrete Zahlen über die Situation in der Schule bekommen. Bevor eine Schulleitung sich für einen solchen Schritt entscheidet, muss meiner Meinung nach eine gewisse Sensibilisierungsarbeit geleistet werden, sodass alle wissen, wovon die Rede ist und weshalb man sich für diese Problematik interessiert. Dies erhöht die Chance, dass die Befragung von allen Seiten ernst genommen wird (siehe auch Kap. 10).

Einige Personen, ob Lehrpersonen, Kinder oder Eltern, sind dadurch sensibilisiert worden, dass sie eigene Erfahrungen mit Mobbing gemacht haben, sei es als Betroffene oder Zuschauer. Es ist aber von großer Wichtigkeit, auch die nicht direkt betroffenen Lehrpersonen, Eltern und Schüler für das Phänomen Mobbing zu sensibilisieren. Dadurch sollen sie motiviert werden, etwas gegen Mobbing zu unternehmen.

Anregungen zum Nachdenken über eigene Erfahrungen mit Mobbing

- Können Sie sich an Mobbing-Situationen im Laufe Ihrer Schulzeit erinnern?
- Welche Rolle hatten Sie?
- Wie haben Sie sich damals gefühlt?
- Was hätten Sie sich damals von den Erwachsenen (Eltern oder Lehrpersonen) gewünscht?

9.2 Persönliche Einstellungen zu Mobbing

Wenn Sie Mobbing vorbeugen wollen oder eine Mobbing-Situation stoppen müssen, ist es extrem wichtig, dass Sie davon überzeugt sind, dass Sie Mobbing nicht tolerieren. Natürlich meinen die allermeisten Erwachsenen nicht, dass Mobbing etwas «Gutes» ist. Trotzdem sind wir uns nicht immer im Klaren darüber, wie wir im Detail über Mobbing denken und wie unsere Einstellungen unser Handeln beeinflussen können.

Versuchen Sie die folgenden Aussagen spontan zu ergänzen.

Ihre spontanen Gedanken und Bilder zu Kindern und Jugendlichen, die in Mobbing involviert sind:

- Opfer von Mobbing sind/haben/sollten/können ...
- Mobbende Schüler sind/haben/sollten/können ...
- Peers, die den Mobbern helfen, sind/haben/sollten/können ...
- Zuschauer von Mobbing-Vorfällen sind/haben/sollten/können ...

Um noch konkreter zu werden, können Sie im Folgenden die Fragen beantworten, die wir in Projekten und in Weiterbildungen verwenden, um an wichtige Meinungen und Einstellungen der Erwachsenen zu kommen, die im Umgang mit Mobbing von Bedeutung sind. Was meinen Sie persönlich zu den folgenden Aussagen? Versuchen Sie, Ihre Meinung so spontan wie möglich hervorzurufen.

Fragen zu Mobbing und den involvierten Kindern und Jugendlichen (Alsaker, 2003)

Inwiefern meinen Sie, dass die Aussagen tatsächlich zutreffen (gar nicht, eher nicht, teils-teils, eher ja, genau)? Wenn Sie z.B. der Meinung sind, dass eine Aussage teilweise zutrifft, versuchen Sie zu differenzieren: wann trifft sie zu und wann nicht?

- Mobbing ist ein ernst zu nehmendes Problem.
- Mobbing wird immer im Versteckten ausgeübt.
- Es gibt Kinder, die von ihrem Verhalten und Charakter her zum Opfer bestimmt sind.
- Opfer sind Kinder, die daheim schwierige Verhältnisse haben.
- Das Opfer löst durch sein Verhalten das Mobbing aus.
- Gemobbte Kinder sollen sich selber wehren.
- Kinder müssen lernen, selber mit Mobbing-Situationen umzugehen.
- Es ist nötig, so früh wie möglich einzugreifen, damit Mobbing nicht entstehen kann.
- Man sollte nur ins Mobbing eingreifen, wenn man sieht, dass ein Kind leidet.
- Kinder werden zu Mobbern, weil sie selber Probleme haben.
- Mobber brauchen viel Aufmerksamkeit.
- Das Verhalten der anderen Kinder hat keinen Einfluss auf das Mobbing eines Kindes.

Gehen Sie jeweils zu den früheren Kapiteln zurück, um Ihre spontane Meinung mit den Forschungsergebnissen zu vergleichen. Wo waren Sie einig und wo nicht? Wenn Sie nicht einig waren: Aus welchem Grund sind Sie mit den Ergebnissen aus der Forschung uneinig? Worauf basieren Ihre Ansichten?

Dass sich die Meinung einer Lehrperson ändern kann, wenn sie lernt, konkret mit Mobbing umzugehen, haben wir in unserer Evaluation zeigen können (Alsaker, 2003). Während die Lehrpersonen vor der Weiterbildung größtenteils die Meinung vertraten, dass Mobbing immer im Versteckten ausgeübt wird (durchschnittlich sagten sie, dass es «teils» bis «eher» zutraf), meinten sie nach einem halben Jahr Beobachtung und konkreter Auseinandersetzung mit Mobbing, dass es «eher nicht» zutraf. Ich nenne dieses Ergebnis, weil es zeigt, dass wir häufig nur das sehen, was wir sehen wollen. Solange man das Gefühl hat, man könne gegen Mobbing wenig tun, sieht man es lieber nicht, und stellt sich vor, es käme fast *nur* im Versteckten vor. In Wirklichkeit ist es so, dass Mobbing *häufig* versteckt vorkommt, aber wenn man lernt genauer hinzuschauen, sieht man einiges, das man ohne Übung nicht gesehen hätte. Man geht auch an Orte, wo Mobber sich «sicher» fühlen, die man früher nicht speziell unter Aufsicht gehabt hat.

- **Um Mobbing stoppen zu können, muss man es wirklich stoppen wollen.**
- **Klare Meinungen sind eine notwendige Grundlage für klare Botschaften.**

9.3 Mobbing-Prävention – eine Wertfrage

Die Auseinandersetzung mit der Frage, ob und weshalb man sich überhaupt gegen Mobbing engagieren will und was man als grundsätzlich schlecht respektive gut für das Zusammenleben mit anderen Menschen und die Entwicklung von Kindern erachtet, ist hier grundlegend. Ist man unsicher, ob es wirklich wichtig ist, dass Menschen einander rücksichtsvoll behandeln, kann man kaum überzeugend wirken, wenn man rücksichtvolles Verhalten von den eigenen Kindern oder Schülern verlangt. Ich empfehle Ihnen deshalb, sich etwas Zeit zu nehmen und zu überlegen, was Sie dazu motiviert, gegen Mobbing zu handeln: Welches sind die zwischenmenschlichen Werte, die Ihnen wichtig sind und durch die Ausübung von Gewalt gefährdet werden?

Die grundlegenden Werte, die ich im Folgenden diskutiere, bilden die implizite ethische Grundlage der allermeisten Präventions-Programme, die sich gegen Mobbing richten.

Respekt

Praxisrelevantes Wissen

- Mobbing ist das genaue Gegenteil von Respekt.
- Mobbing ist ein Trampeln auf dem Selbstwertgefühl der anderen.
- Mobbing ist eine Überschreitung aller individuellen Grenzen.
- Mobbing ist eine Verweigerung der Wahrnehmung des Opfers.

Man könnte lange Zeit darüber diskutieren, was Respekt überhaupt ist und wie er sich äußert. Respekt hat meiner Meinung nach mit Achtung und Anerkennung von anderen Menschen zu tun. Der Gebrauch des Wortes «Respekt» vermittelt zudem eine gewisse Distanz, im Sinne von «Grenzen anerkennen». Respekt im alltäglichen zwischenmenschlichen Gebrauch kann verstanden werden als die Anerkennung anderer Menschen als Individuen, die als solche denselben Wert haben wie man selbst (Alsaker, 2003).

Das soziale Umfeld, der Kontakt mit anderen Menschen, ist für die Entwicklung des Selbstwerts grundlegend. Es beginnt bereits bei dem Gefühl, von anderen aktiv wahrgenommen zu werden. Mit einer Begrüßung zeige ich meinen Mitmenschen, dass ich sie als Menschen – und als solche auch als wertvoll – wahrnehme. Gehen wir zurück zum Fallbeispiel von Herrn F., dem Schulleiter aus Kapitel 6:

> ... Herr F. entscheidet sich an diesem Montagmorgen dafür, selber Respekt und Anstand zu zeigen, indem er auf Simon zugeht, ihn anschaut und freundlich begrüßt ...

Mit dieser sehr kleinen, anständigen und respektvollen Geste zeigte Herr F., dass er Simon als einen ganz normalen Menschen wahrnahm. Es hatte zur Folge, dass Simon sich anständig und freundlich benahm. Herr F. fühlte sich dementsprechend selber positiv wahrgenommen und gestärkt. Beide Parteien zogen einen großen Profit aus dieser sehr kurzen Interaktion.

Respekt zu zeigen heißt unter anderem, die Grenzen der anderen zu anerkennen. Fragen nach Nähe und Distanz sind in jeder Beziehung und jeder Interaktion ein Thema. Mit nahen Personen weiß man, «wie weit man gehen darf», bevor diese sich unwohl fühlen oder Stopp sagen. Pflegt man einen respektvollen Umgang miteinander, geht man nicht über diese Grenzen hinaus. Unter Kindern und Jugendlichen werden Grenzen immer wieder ausgetestet. Das gehört zur Entwicklung. Was im Umgang mit einem Mitschüler bereits eine Grenzüberschreitung ist, kann im Umgang mit einem anderen absolut in Ordnung und vielleicht sogar erwünscht sein. Kinder üben dies beispielsweise in Neckereien und spielerischem Kämpfen. Wichtig ist, dass sie lernen, die Grenzen der Peers zu erkennen und diese zu respektieren und gleichzeitig ihre eigenen Grenzen klar zu definieren (siehe dazu Kap. 12 und 14).

- **Erwachsene sollten ein gutes Vorbild für einen respektvollen Umgang mit anderen Menschen sein.**

- **Kinder und Jugendliche sollten in Erfahrung bringen, was es bedeutet, Respekt füreinander zu haben (positive Erfahrungen machen).**
- **Kinder und Jugendliche sollten lernen, die Grenzen ihrer Peers zu respektieren und ihre eigenen Grenzen klar zu kommunizieren.**

Der respektvolle Umgang miteinander und die Definition von Grenzen kann in den verschiedensten Zusammenhängen eingeübt oder diskutiert werden.

Umsetzungsüberlegungen

- In welchen alltäglichen Schul- oder Familiensituationen könnte ich den respektvollen Umgang mit meinen Kindern/meinen Schülern üben?
- Gibt es Spiele oder Aufgaben, die sich dafür eignen würden einzuüben, wie man Nähe, Distanz und Grenzen setzt und respektiert?
- Gibt es TV-Serien und anderes Material, die Kindern und Jugendlichen bekannt sind, die sich für Gespräche zum Thema eignen würden?

Praxisbeispiele

- In einer Schule in der Ostschweiz wurde ein Begrüßungsritual eingeführt. Alle Schüler sollten einander am Anfang des Schultages begrüßen.
- Gemeinsame Recherche: Wie begrüßen sich Leute in verschiedenen Kulturen?
- Einführung von Signalen für das eigene Bedürfnis nach Ruhe. Ruhe-Ecke, Ruhezeichen, Stoppzeichen.

Akzeptanz für individuelle Unterschiede – Bereicherung durch Vielfalt

Praxisrelevantes Wissen

- Passive Opfer haben Schwierigkeiten, sich durchzusetzen.
- Kinder und Jugendliche mit einem Migrationshintergrund haben ein höheres Risiko als ihre «einheimischen» Peers, Opfer von Mobbing zu werden.
- Es gibt keinen Hinweis darauf, dass die äußere Erscheinung Mobbing verursacht.
- Kinder, die Verhaltensprobleme, Aufmerksamkeitsprobleme oder ADHS haben, tragen ein höheres Risiko, gemobbt zu werden.

In Kapitel 7 wurden individuelle Verletzbarkeiten aufgegriffen. Im Kasten «Praxisrelevantes Wissen» sind nur einige der Ergebnisse zusammengetragen. Diskutiert wurden Faktoren, die für ein Kind das Risiko erhöhen, zum Opfer oder zum Täter von Mobbing zu werden. Dieses Wissen ist für die Prävention von Mobbing wichtig, weil es helfen kann, die Aufmerksamkeit auf gefährdete Kinder zu richten und somit anfängliche Mobbing-Situationen schneller zu erkennen.

Die Suche nach individuellen Merkmalen kann aber auch gefährlich sein, weil sie den Fokus zu sehr auf Defizite von Kindern leitet. So sind Einstellungen gegenüber den Opfern nicht immer frei von Defizit- und sogar Schuldzuweisung (siehe Kap. 9.2). Schuldzuweisungen geschehen besonders leicht gegenüber den aggressiven Opfern, die häufig eine geringe Selbstkontrolle aufweisen. Es wurde in vorherigen Kapiteln diskutiert, wie ihr Verhalten von Peers und Erwachsenen als störend empfunden werden kann. Dieses Verhalten gibt keinerlei Legitimation zu Mobbing.

Den nicht aggressiven Opfern wird oft vorgeworfen, dass sie sich nicht wehren. Viele von ihnen versuchen es, haben aber keine Chance. Hier gilt es wieder zu unterstreichen, dass auch Defizite in Selbstbehauptung und Abwehr niemandem erlauben, diese Kinder oder Jugendlichen zu mobben.

Wir alle haben schon einmal erlebt, wie es ist, von anderen Menschen rücksichtslos oder aggressiv behandelt zu werden. Nicht selten fehlt auch uns Erwachsenen in solchen Fällen die nötige Schlagfertigkeit. Wir reagieren etwas unbeholfen und ärgern uns danach stundenlang und überlegen, was wir hätten sagen sollen. Einige Menschen sind schlicht viel rascher und treffender in ihren Antworten als andere. So ist es auch bei Kindern.

Anregungen zum Nachdenken

- Wann wurde ich das letzte Mal rücksichtslos oder aggressiv behandelt?
- Habe ich mich wehren können?
- Was genau habe ich getan?
- Was hat die Situation in mir ausgelöst?
- Wie könnte ich mich in Zukunft in einer ähnlichen Situation verhalten?

In Kapitel 7 wurde das Aussehen thematisiert und es wurde klar, dass es keinen Hinweis darauf gibt, dass die äußere Erscheinung Mobbing durch andere Kinder provoziert. Es wurde aber anhand eines Fallbeispiels (Celia aus dem Film «Mobbing ist kein Kinderspiel») gezeigt, dass die Mobber die Aufmerksamkeit der Zuschauer auf das Körpergewicht des Mädchens lenken, und dass niemand dabei sieht, dass der Haupt-Mobber selber etwas mehr Gewicht hat als seine Peers. Auffälligkeiten sind nie die «Ursache» des Mobbings, aber Mobber machen aus individuellen Unterschieden Auffälligkeiten, die sie als Ursachen für ihre Handlungen definieren.

Es ist allerdings so, dass das Aussehen in westlichen Kulturen und inzwischen auch in anderen industrialisierten Ländern einen sehr hohen Stellenwert hat. Es wird in vielen Zusammenhängen vermittelt, dass Schönheit ein Erfolgskriterium ist (Calogero, Thompson, 2010; Sheldon, 2010). Die Toleranz für kleinere oder größere äußerliche Abweichungen ist laut Aussagen von Kindern und Lehrpersonen nicht sehr groß (Alsaker, 2003). Dazu kommt, dass sich der Mode- und Markendruck heute bei immer jüngeren Kindern bemerkbar macht und dass dies bereits von Mobbern ausgenutzt wird.

Nebst allen äußeren Merkmalen sind Menschen in ihren Persönlichkeitszügen und ihren Kompetenzen sehr unterschiedlich. Nicht alle sind gleich sensibel, aufmerksam, offen, selbstsicher, praktisch, sportlich, schlagfertig etc. Diese Unterschiede werden nicht selten von weniger einfühlsamen Personen benutzt, um sich selber ins Licht zu rücken. Wie oft werden Leute in ganz gewöhnlichen sozialen Situationen «überfahren», nur weil sie leiser reden, sich selber weniger behaupten können oder wollen?

Es ist daher sehr wichtig, sich selber und den Kindern immer wieder bewusst zu machen, wie unterschiedlich Menschen sein können. Durch die wertfreie Thematisierung von individuellen Kompetenzen, Bedürfnissen, Hobbys oder Interessen können Kinder und Jugendliche sich ihrer Einzigartigkeit bewusst werden. Gleichzeitig können Verständnis, Respekt und Freude für Vielfalt gefördert werden. Rücksicht auf individuelle Unterschiede zu nehmen sowie Akzeptanz für Peers, die sich weniger gut behaupten können, sind wesentliche Bausteine für eine nachhaltige Prävention von Mobbing.

- **Mobbing liegt in der Verantwortung der Mobber, nicht der Opfer.**
- **Vielfalt ist eine Bereicherung.**
- **Individuelle Unterschiede sollen akzeptiert werden.**

Umsetzungsüberlegungen

- Wie könnte ich das Positive an (menschlicher) Vielfalt mit Kindern und Jugendlichen thematisieren?

- Gibt es Schulfächer, die sich besonders eignen?
- Gibt es TV-Serien und -Sendungen, Bücher etc., in denen Vielfalt und individuelle Unterschiede positiv vorgelebt werden?

Praxisbeispiele

- Die Schüler sitzen in einem Kreis. Sie stellen sich einander vor: in der ersten Runde mit Namen, in der zweiten Runde mimisch, dann stimmlich, dann mit einer Bewegung.
- Die Schülerinnen teilen sich in Gruppen auf : zuerst nach Augenfarbe, dann nach Kleiderfarben, Haarfarben etc.

Menschen- und Kinderrechte

Defizite und Schwächen machen Kinder verletzbar für Mobbing. Diese Kinder haben die gleichen Rechte wie andere, von ihren Peers und Erwachsenen anständig behandelt zu werden.

Es handelt sich dabei um grundsätzliche Menschen- und Kinderrechte. Ich habe in einem früher erschienen Buch (Alsaker, 2003) bereits auf die UNO-Charta zu den Kinderrechten hingewiesen. Ich will mich im Folgenden kurz wiederholen, der vollständige Text ist zum Beispiel auf der Webseite von UNICEF zu finden (www.unicef.ch). Ich greife hier nur die Punkte heraus, die bei Mobbing eindeutig verletzt werden.

Kinderrechte, die bei Mobbing verletzt werden:

- das Recht auf eine gesunde Entwicklung
- das Recht auf Schutz gegen alle Formen von physischer und psychischer Gewalt oder Vernachlässigung
- das Recht auf Ausbildung, Spiel und Freizeit
- das Recht auf eine Erziehung/Ausbildung, welche die Entwicklung der Persönlichkeit des Kindes fördert, den Respekt für Menschenrechte in den Vordergrund setzt, das Kind auf ein verantwortliches Leben in einer freien Gesellschaft, in einem Klima von Toleranz, Frieden und Geschwisterlichkeit vorbereitet.

Aufgrund unseres Wissens über die Folgen von Mobbing für die Opfer wird klar, dass Mobbing die Opfer ihres Rechts auf eine gesunde Entwicklung beraubt.

Aber auch die fehlende Hilfe gegenüber den aggressiven Kindern kann als Verstoß gegen die Kinderrechte betrachtet werden, da diese Kinder mit hoher Wahrscheinlichkeit eine problematische Laufbahn vor sich haben.

Das Zulassen von Mobbing nimmt den Opfern ihr Recht auf Schutz gegen alle Formen von Gewalt. Auch das Recht auf freie Ausbildung ist bei Mobbing gefährdet, da wir inzwischen wissen, dass Opfer häufig Angst vor der Schule haben und sich oft wünschen, die Schule verlassen zu können und eventuell auf den Besuch einer weiterführenden Schule verzichten. Wir wissen außerdem, dass Lehrlinge nicht selten ihre Ausbildung aufgrund von Mobbing abbrechen.

In den meisten Fällen verlieren Opfer zudem ihr Recht auf Spiel, da die Pausen in der Schule von Mobbing-Vorfällen oder von der Angst davor verdorben werden. Kinder und Jugendliche, welche vermehrt Opfer von Mobbing sind und dadurch nur selten positive soziale Interaktionen mit Peers erleben, verlieren einen sehr wichtigen Kontext für eine gesunde Entwicklung (Alsaker, 2003). Das Zulassen von Mobbing verstößt darüber hinaus gegen das Recht aller Kinder, in einem Klima von «Toleranz, Frieden und Geschwisterlichkeit» aufzuwachsen.

Umsetzungsüberlegungen

- Wie könnte ich die UNO-Charta zu den Kinderrechten in der Arbeit mit Kindern und Jugendlichen verwenden?
- Könnte ich sie auch in anderen Zusammenhängen benutzen?

9.4 Kontakt zwischen Schule und Eltern

Praxisrelevantes Wissen

- Eltern und Lehrpersonen haben sehr unterschiedliche Informationen zum Verhalten der Kinder in der Peer-Gruppe.
- Eltern wissen wenig über das aggressive Verhalten ihrer Kinder in der Peer-Gruppe.
- Eltern und Lehrpersonen haben kaum überlappende Wahrnehmungen, was Opfer von Mobbing betrifft.

Mobbing-Prävention, Früherkennung von Mobbing und auch Interventionen gegen Mobbing gelingen am besten, wenn alle am gleichen Seil ziehen. Das heißt, dass es sehr wichtig ist, dass Eltern und Verantwortliche in der Schule miteinander kommunizieren. Allzu oft wird erst miteinander über Mobbing gesprochen, wenn die Situation eskaliert. Entweder haben die Eltern entdeckt, dass ihr Kind gemobbt wird, oder sie vermuten es und nehmen mit der zuständigen Lehrperson oder direkt mit der Schulleitung Kontakt auf. Das große Problem ist, dass die Lehrperson häufig nicht auf das Problem aufmerksam geworden ist. Nicht selten fühlt sich die angesprochene Lehrperson angeschuldigt und wehrt sich. Vielleicht wird sie tatsächlich von den Eltern beschuldigt, nichts sehen zu wollen. Ob so oder so, dies ist für die weitere Lösung des Problems sehr kontraproduktiv. Ich komme im Kapitel 11 auf diese Situation zurück.

In anderen Fällen nimmt die Lehrperson Kontakt mit einer Familie auf, weil sich das Kind gegenüber den Peers aggressiv verhält. In diesem Fall ist es häufig so, dass die Eltern mit Staunen reagieren und sich dagegen wehren, dass ihr Kind ein Mobber sein könnte.

Dass Eltern und Lehrpersonen sehr unterschiedliche Wahrnehmungen über die Kinder in der Peer-Gruppe haben, liegt auf der Hand. Die Lehrpersonen sehen die Kinder täglich in der Peer-Gruppe; die Eltern wissen nur das, was ihre Kinder ihnen erzählen. Trotzdem kann die Wahrnehmung der Lehrperson in Sachen Mobbing mangelhaft sein. Die Eltern dagegen sind oft motiviert, die Ressourcen ihrer Kinder ans Licht zu bringen, da sie häufig zu hören bekommen, dass sie «verantwortlich» für das Verhalten ihrer Kinder sind. Diese problematische Situation könnte aber auch als Chance genutzt werden, wenn Schule und Eltern willig sind, die Unterschiedlichkeit der beiden Ausgangslagen anzuerkennen und zu sehen, dass sie einander mit komplementärer Information helfen können.

Wichtig wäre deshalb, dass Schule und Eltern Kommunikationsmöglichkeiten hätten, die unabhängig von Problemen der Kinder funktionieren. Wie dies zu gestalten ist, bleibt jeder Schule überlassen. Der Kontakt zwischen Elternvereinigungen und der Schule kann in diesem Zusammenhang nützlich sein.

- **Schule und Elternhaus sollten in der Mobbing-Prävention oder bei Interventionen am gleichen Seil ziehen.**
- **Niederschwellige Kommunikationsmöglichkeiten sollten gegeben und gepflegt werden, sodass sich Eltern und Lehrpersonen untereinander, unabhängig vom Auftreten von Problemen, über die Entwicklung und das Befinden der Kinder austauschen können.**

Ein weiteres wichtiges Thema ist der Kontakt zwischen den Eltern. Es kommt hier allzu oft zu gleichen unproduktiven Situationen, wie ich oben beschrieben habe.

Umsetzungsüberlegungen

- Welche Möglichkeiten haben Eltern, Kontakt mit den zuständigen Lehrpersonen zu haben, wenn sie nur über das Befinden ihres Kindes in der Schule reden möchten?
- Welche Möglichkeiten zu informellem Austausch könnte man schaffen?
- Wie steht es mit dem Kontakt zwischen Eltern?

Praxisbeispiele

- Schüler laden die Eltern zu einem «Tee» oder «Kaffee» mit Kuchen (Schweiz: Zvieri) nach der Schule ein. Arbeiten und Themen, die aktuell sind, werden an den Wänden präsentiert.
- Sprechstunde für Eltern. Lehrpersonen geben Zeiten an, zu welchen Eltern vorbeikommen können – mit oder ohne Voranmeldung.

10. Mobbing erkennen – genau Hinschauen

Da wir kaum das Ziel einer hundertprozentigen Mobbing-Prävention erreichen können, d. h. dass Mobbing gar nicht erst entstehen würde, ist es sehr wichtig, Mobbing in seinen Anfängen zu erkennen und vorzubeugen, dass es sich zu einem folgenschweren Mobbing-Fall entwickelt. Einige Merkmale von Mobbing erschweren diese Aufgabe (siehe Kasten «Praxisrelevantes Wissen»).

Praxisrelevantes Wissen

- Die einzelnen Mobbing-Handlungen sehen meistens nicht dramatisch aus.
- Mobbing geschieht häufig in indirekter Form.
- Mobbing ist ein komplexes Muster, das die Zuschauer unsicher macht.

10.1 Mobbing-Muster erkennen

Es sind nicht die einzelnen Handlungen oder Vorfälle an sich, die Mobbing ausmachen, sondern die Gesamtheit aller Einzelepisoden zusammen (Alsaker, 2003). Viele der einzelnen Mobbing-Handlungen können sehr harmlos erscheinen und wären auch harmlos oder ganz normal, wenn sie nicht Teil eines systematischen Musters wären. Deshalb stellen Lehrpersonen oder Eltern ab und zu die berechtigte Frage: Laufen wir nicht Gefahr, ganz normale Rangeleien und Konflikte als Probleme wahrzunehmen und auch zu früh zu stoppen? Zu früh bedeutet hier: bevor die Kinder selber Lösungen finden und dabei etwas gelernt haben könnten. Ja, sicher lauert diese Gefahr, und wir müssen die richtige Balance finden zwischen zu viel und zu wenig zu erkennen. Das bedeutet, dass man über die einzelnen Handlungen hinaus schauen muss, um Mobbing sicher zu erkennen. Sicherheit in der Erkennung von Mobbing zu gewinnen, ist der zweite Schritt von Be-Prox und gleichzeitig auch der Inhalt der zweiten Weiterbildungssitzung in Be-Prox-Kursen.

Be-Prox in der Praxis (2/6)

2. Hinschauen lernen und früh erkennen

Normale Streitigkeiten, kämpferische Spiele und Mobbing

Die «Harmlosigkeit» von einzelnen Vorfällen verunsichert die meisten Erzieher, gerade weil sie nicht zu früh intervenieren möchten. Wie kann man erkennen, ob eine Handlung harmlos und spielerisch ist oder doch Teil eines aggressiven und systematischen Musters? Aus der Forschung zu Raufspielen (engl. rough and tumble play) hat man einige Erkenntnisse gewonnen, die hierbei hilfreich sind. In dieser Art von Spiel geht es nicht um Aggression, sondern um Kräftemessen, Grenzen ausprobieren und Spaß haben. Es wird zwar gekämpft, aber es ist eher ein Verfolgen, Balgen, leichtes Schlagen (mit offener Hand) und fast nie kommen Schläge mit geschlossener Hand oder Stoßen und Treten vor. Die verschiedenen Kinder sind ziemlich ausgeglichen daran beteiligt. Die Rollen wechseln, einmal verfolgt ein Kind das andere, dann wird die Rolle getauscht. Die Stärkeren lassen sich «fangen» und alle Beteiligten haben einen «spielerischen» Gesichtsausdruck und lachen viel. Man sieht normalerweise kein weinendes oder trauriges Kind. Die Blicke sind freundlich. Diese Art von Spielen, die sich inhaltlich mit dem Alter der Kinder und Jugendlichen ändern, bleibt in der Form in etwa gleich. Diese Spiele stärken viele Kompetenzen, wie beispielsweise die Fähigkeit, zwischen Spiel und Ernst zu unterscheiden und die eigenen Grenzen und die Grenzen der Peers kennenzulernen (Pellegrini, 2004). Nach einer spielerischen Kampfepisode bleiben die Kinder oder Jugendlichen zusammen und beginnen eine neue Aktivität. Im Gegensatz dazu versucht nach ernsthaften aggressiven Handlungen mindestens eine Person, sich von den anderen zu entfernen.

Solche Raufspiele und normale Konflikte können allerdings ausarten. Dies geschieht zum Beispiel, wenn eines der Kinder unbeabsichtigt «zu weit» geht oder wenn eines der Kinder eine wenig entwickelte Selbstkontrolle hat und seine Emotionen nicht genügend regulieren kann. In solchen Fällen entstehen schnell Missverständnisse: Diese Spiele oder Konflikte sollten gestoppt werden, da sie ihre Entwicklungsfunktion verlieren. In anderen Fällen nutzen Mobber solche Spiele, um ihr Opfer zu bedrängen. Es handelt sich dann keineswegs mehr um ein Raufspiel, sondern um ein Pseudo-Raufspiel. In Realität ist es Aggression. Da die Mobber es lustig finden, übersieht man vielleicht, dass das Opfer einen ganz anderen Gesichtsausdruck hat.

Auch eine Handlung, die von Seiten eines Kindes nicht unbedingt als aggressiv betrachtet wird, kann für ein anderes Kind eine Verletzung darstellen. Kinder haben unterschiedliche Stile und Sensibilitäten. In einer normalen Interaktion würde der «verletzende» Part um Entschuldigung bitten oder das «verletzte» Kind trösten. Wir haben es früher besprochen: Die meisten Kinder und Jugendlichen haben ein wohl entwickeltes Einfühlungsvermögen und würden schnell merken, dass sie unbeabsichtigt zu weit gingen. Aggressive Kinder und Jugendliche nutzen eine solche Situation zu ihren eigenen Gunsten. Erinnern Sie sich an das Fallbeispiel von Patrick in Kapitel 8:

> Patrick war ein ruhiger Junge, der raufende Spiele nicht mochte. Das merkten zwei Jungen in der Klasse sehr schnell und hatten bald ihren Spaß daran, ihn immer wieder zu schubsen oder ihn in eine Ecke zu drängen ...

Anregungen zum Nachdenken über Einzelepisoden, die schwer einzuordnen sind

- Was kann ich der Darstellung zu Raufspielen entnehmen, das mir bei der Unterscheidung zwischen normalen Konflikten und Aggression oder Mobbing helfen könnte?
- Denken Sie an eine konkrete Situation: Wer war aktiv?
- Wie sahen die Antagonisten aus?
- Was geschah nach der Episode?
- Hat sich die Situation wiederholt?
- Wie hätte man im Fall von Patrick merken können, dass es sich nicht um ein Raufspiel im wahren Sinne des Begriffs handelte?

Wie Sie sehen, helfen uns die einzelnen Handlungen an sich relativ wenig für die Erkennung von Mobbing. Es ist vielmehr der Kontext der Handlungen oder die Art und Weise, wie sie ausgeführt werden, die uns wichtige Information liefern. Das heißt, wir müssen lernen, uns von der oft subtilen Art, wie Mobbing-Handlungen ausgeübt und vertuscht werden, nicht verwirren zu lassen (Kap. 2). Dass eine Handlung uns verunsichert oder das Gefühl verleiht, wie hätten sie kommen sehen sollen, kann ein wichtiger Hinweis darauf sein, dass etwas in einer Interaktion nicht stimmt.

Da man nicht damit rechnen kann, dass alle Mobbing-Vorfälle beobachtbar sind und man die Schüler jeden Tag systematisch beobachten kann, eignet sich die folgende Faustregel als Orientierungshilfe: Beobachtet man mindestens einmal pro Woche, dass ein Kind von anderen Kindern negativ behandelt wird, ist es als potentielles Mobbing-Opfer zu betrachten. Auch ein Kind, das sehr viel allein steht, könnte Opfer von Mobbing sein. Beobachtet man, dass ein Kind regelmäßig ein bestimmtes Kind hänselt, beschimpft, schubst oder auf irgendeine Art und Weise schikaniert, so könnte es sich um einen Mobber handeln. Um Sicherheit zu gewinnen, dass es sich in diesen Fällen um Mobbing handelt, eignen sich weitere gezielte Beobachtungen.

- **Beobachten Sie einzelne Vorfälle genauer in ihrem Kontext.**
- **Je subtiler eine negative Handlung sich gestaltet, desto suspekter ist sie.**
- **«Harmlose» Handlungen, die bei einem Kind oder Jugendlichen Wut, Traurigkeit oder Angst erzeugen, sollten hinterfragt werden.**
- **Werden mindestens einmal in der Woche negative Handlungen gegen bestimmte Schüler beobachtet, handelt es sich vermutlich um ein Mobbing-Problem.**

Konflikte – Übergang zu Mobbing-Situationen

Konflikte gehören zum Alltag und sind bis zu einem gewissen Ausmaß für die soziale Entwicklung gesund. Aber sie können hartnäckig werden, ausarten und zu Mobbing-Situationen führen. In solchen Fällen ist ein Einschreiten von Außenpersonen nötig.

Luis sucht nach einer Turnstunde das Gespräch mit Herrn K. und erklärt ihm, dass er sich von Julian schikaniert fühle; er mache ihn ständig fertig. Herr K. bietet ihm an, das Gespräch mit Julian zu suchen, was Luis aber nicht möchte.
In der darauf folgenden Turnstunde hört Herr K., wie sich Schüler negativ über Julian äußern, weil er Luis ständig runtermache. Herr K. fragt nach und stellt die beiden Schüler am Schluss der Stunde gegenüber. Jeder muss seine Version des Streites schildern. Julian erzählt völlig erregt, dass er es sich nicht bieten lasse, von Luis als «Missgeburt» bezeichnet zu werden, worauf Luis in Tränen ausbricht und in Abrede stellt, dass er je so etwas über ihn erzählt habe. Es kommen zum Teil uralte Geschichten an die Oberfläche (zum Beispiel von Geheimnisverrat in der 2. Primarklasse). Herr K. ermuntert die beiden, nach vorne zu schauen und die alten Streitigkeiten zu begraben. In der Folge stehen sie auf, reichen sich die Hand, schließen Frieden und gehen gemeinsam duschen.

Fazit von Herrn K.: Ein möglicher Teufelskreis konnte durch frühzeitige Intervention durchbrochen werden. Mit der Außensicht der Lehrperson gelang es den beiden, ihr Verhalten zu reflektieren und relativieren sowie einzusehen, dass es auch noch bessere Wege gibt.

Anregungen zum Nachdenken über meine Beobachtungen in der Klasse

- Habe ich Episoden in meiner Klasse beobachtet, die eventuell Teil von einem Mobbing-Muster sein könnten? Falls ja: Welche Art von Episoden waren es?
- Was habe ich über diese Episoden gedacht?
- Wie habe ich mich gefühlt?
- War ich verunsichert? Falls ja: Was hat mich verunsichert?

Das ungute Gefühl

In diesem und in Kapitel 2 habe ich bereits erwähnt, dass man häufig in Situationen, welche wir nicht richtig einordnen können, gemischte Gefühle bekommt, die eine Art Unsicherheit und Unwohlsein widerspiegeln. Wir alle haben bereits solche Situationen erlebt. Man trifft in einem Raum auf Freunde oder Kollegen und merkt, dass die Stimmung irgendwie anders oder vielleicht besonders angespannt ist. Etwas hält einen jedoch davon ab, zu fragen, was los ist. Man fühlt sich beklemmt. Ich schrieb auch, dass dies häufig bei Mobbing-Situationen entsteht, bevor man sich im Klaren ist, wie man die Situation verstehen soll.

Wir haben in solchen Situationen ein ganzheitliches Muster erkannt, das wir noch nicht richtig benennen können. Der Mensch ist an sich sehr gut für die Erkennung von Mustern ausgerüstet; Mustererkennung ist eine sehr schnelle Verarbeitung von Information und somit lebenswichtig für uns.

Ich möchte deshalb wieder betonen, dass Sie Ihren Gefühlen Aufmerksamkeit schenken sollten. Sie entstehen aufgrund Ihrer langen Erfahrung mit guten und unguten zwischenmenschlichen Situationen und bieten Ihnen die Möglichkeit, gefährliche Situationen zu erkennen, bevor Sie das detaillierte «Beweismaterial» dafür haben.

- **Sind Sie Zeuge einer Interaktion zwischen Schülern, die ein ungutes Gefühl in Ihnen auslöst, lassen Sie sich dazu animieren, genauer hinzuschauen.**

Orte von Mobbing-Vorfällen

Mobbing-Vorfälle ereignen sich sehr häufig an unbeaufsichtigten oder unübersichtlichen Orten. Die gröbsten Angriffe – meistens körperlicher Art – geschehen im Versteckten. Das heißt beispielsweise, am liebsten in Ecken des Pausenplatzes, die wenig von Lehrpersonen betreten werden. Vieles geschieht auf dem Schulweg. Mobbing geschieht aber auch im Klassenzimmer, wenn die Lehrperson das Geschehen nicht bemerkt. Darunter sind beispielsweise Situationen, in welchen die Lehrperson mit einem Schüler beschäftigt ist oder dem Vorfall gerade den Rücken zudreht. Typisch für den Kindergarten ist, dass sich Mobbing häufiger in Kindergartenklassen ereignet, die weniger strukturiert geführt werden (Alsaker, 2003). Diese Befunde sind wichtig. Sie dürfen jedoch nicht dahin interpretiert werden, dass Kinder und Jugendliche keine Minute ihrer Schulzeit unbeaufsichtigt verbringen sollten. Allerdings ist die Schule ein öffentlicher Ort und sie soll für die Sicherheit der Schüler sorgen. Diese sollten wissen, dass die Erwachsenen das Recht haben, alle Ecken der Schule zu beaufsichtigen. Die Pausenplatzaufsicht ist nicht gerade die beliebteste Aufgabe von Lehrpersonen. Jedoch wird seit den Anfängen der Mobbing-Prävention darauf hingewiesen, dass man durch gute Pausenplatzaufsicht sehr viel für die Sicherheit der Schüler tun kann (Olweus, 1996).

Anregungen zum Nachdenken über Orte des Mobbings

- Wie ist die Pausenaufsicht in unserer Schule organisiert?
- Genügt die Pausenaufsicht im Hinblick auf eventuelle Mobbing-Situationen?
- Wie steht die Schule zu Fragen betreffend Schulweg? Betrachten die Schulleitung und die Lehrerschaft den Schulweg als Verantwortung der Schule oder der Eltern?
- Wird gelegentlich mit Schülern oder Eltern über Vorfälle auf dem Schulweg gesprochen?
- Was könnte die Schule unternehmen, um den Schulweg mobbingsicherer zu gestalten?

Ich habe bereits angesprochen, dass Mobbing lebensgefährlich werden kann. Dies kann zum Beispiel der Fall sein, wenn ein Opfer auf die Straße geschubst wird oder wenn es versucht, seinen Verfolgern zu entkommen und dabei rennend oder auf dem Rad auf eine Straße mit viel Verkehr flieht.

- **Pausenplätze sollten durch angemessene Aufsicht mobbingsicher gemacht werden.**
- **Wenn Schulen und Kindergärten an Straßen mit Autoverkehr liegen, sollte ein besonderes Augenmerk auf den Ausgang gelegt werden.**

10.2 Beobachtungen in der eigenen Klasse

Um genau zu beobachten, was in der Klasse abläuft, kann man sehr verschiedene Methoden verwenden. Sogenannte soziometrische Methoden haben eine lange Tradition und werden verwendet, um Informationen über die Beziehungen in einer Gruppe zu gewinnen. Man kann diese Methoden beliebig gestalten, wenn es um die Gewinnung von Information in der Schule und nicht um die genaue Messung des Beziehungsmusters für wissenschaftliche Zwecke geht. Im Folgenden präsentiere ich einige Beispiele, die sich für den Schulalltag eignen können, ohne den Anspruch zu erheben, dass sie ein hundertprozentig genaues Bild der Situation wiedergeben. Es geht lediglich darum, dass Lehrpersonen einen besseren Zugang zur Beobachtung von Mobbing-Situation bekommen.

Namenkarussell

Im Laufe einer Weiterbildung erzählten zwei Lehrpersonen ein Beispiel, das viele Teilnehmer als sehr hilfreich einschätzten und wir weiterempfehlen.

> Frau B. und Herr M. sind in derselben ersten Klasse tätig. Sie meinten, auf Anhieb kein Mobbing beobachtet zu haben. Sie mussten jedoch im Rahmen einer Be-Prox-Weiterbildung eine systematische Beobachtung durchführen und wählten dafür den Schulhausplatz. Es war ihnen überlassen, selber zu entscheiden, wie sie beobachten wollten.
> Sie schrieben alle Namen der Kinder auf ein Blatt (bildeten einen Zirkel mit allen Namen) und zogen Linien verschiedener Farben für Handlungen zwischen den Kindern und notierten, was sich ereignete. Nach einer Woche verglichen sie ihre Aufzeichnungen und stellten fest, dass Adrian meistens allein war und sogar vier Mal Opfer von negativen Handlungen wurde. Sie fokussierten demnach auf ihn – auch in der Klasse – und stellten fest, dass er regelrecht gemobbt wurde.

In **Abbildung 10-1** ist ein Beispiel für die Aufzeichnung von Interaktionen zwischen Schülern wiedergegeben. Das Beispiel ist die Zusammenfassung von vier Beobachtungen. Es empfiehlt sich, ein neues Blatt für jede Beobachtung zu verwenden, sodass die einzelnen Beobachtungen einander nicht beeinflussen. Dieses System kann von jedem angepasst werden, um sowohl positive als auch negative Interaktionen aufzuzeichnen. Es kann, wie im Beispiel, von mehreren Lehrpersonen gleichzeitig verwendet werden.

Interessant im Fall von Frau B. und Herrn M. ist, dass sie mehrfach beobachtet hatten, dass Adrian von seinen Peers schlecht behandelt wurde, dies aber nicht im Zusammenhang sahen. Einmal wurde er geschubst, ein anderes Mal wurde

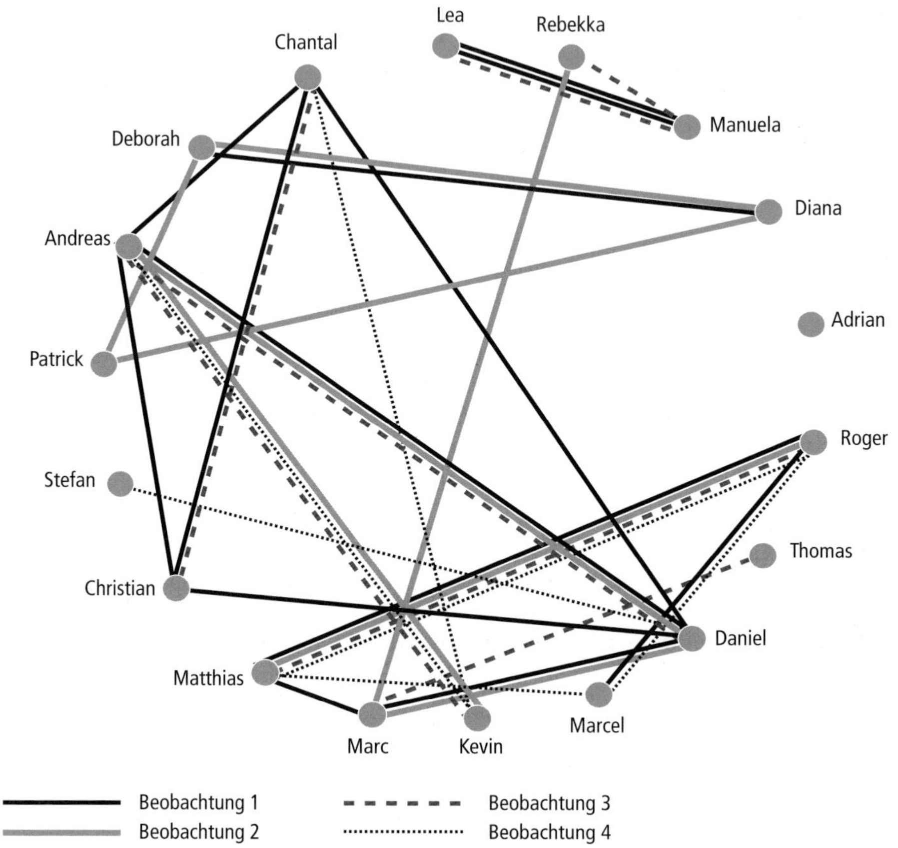

Abbildung 10-1: Beispiel einer Aufzeichnung von Interaktionen zwischen Schülern (Alsaker, 2003)

ihm ein Buch aus den Händen gerissen. Insgesamt viermal wurde er von Peers negativ behandelt. Dann vermisste er seine Turnschuhe. Und als Herr M. die Klasse fragte, wer die Schuhe eventuell gesehen hätte, kam Andreas mit den Schuhen. Dies wurde von Herrn M. als eine positive Handlung seitens Andreas aufgezeichnet. Die Zusammenfassung der Beobachtungen ergab allerdings, dass es gerade Andreas und seine Freunde (Kevin und Daniel) gewesen waren, die Adrian bei allen vier negativen Vorfällen aggressiv behandelt hatten. Ohne diese systematische und gemeinsame Beobachtung durch die zwei Lehrpersonen hätte es noch sehr lange Zeit gebraucht, bis klar gewesen wäre, dass Adrian ein Opfer von Mobbing war.

Aufzeichnung von kleinen Gruppierungen

Eine Methode, die in der Forschung verwendet wird um herauszufinden, welche Schüler gut beziehungsweise schlecht integriert sind, nennt man auf Englisch «Social Cluster Mapping» (Cairns et al., 1988; Perren, Alsaker, 2006). Diese leicht anwendbare Methode hat sich in vielen Forschungszusammenhängen bewährt. Normalerweise werden die Schüler gebeten, Angaben zu den Gruppierungen in ihrer Klasse zu machen.

Wir verwenden diese Methode sowohl mit den Lehrpersonen wie auch mit den Schülern.

Beobachtung durch die Lehrperson

Zeichnen Sie für sich auf, welche Schüler häufig miteinander interagieren. Um sicher zu sein, dass Sie niemanden vergessen, empfehlen wir folgende Vorgehensweise:

Denken Sie jeweils an einen Schüler.

Nehmen Sie für jedes Kind in der Klasse ein kleines Blatt.

(Sie können die nächste Seite als Vorlage verwenden)

Name des jeweiligen Kindes:

Zeichnen Sie jeweils auf, mit welchen anderen Schülern das Kind oft zusammen ist:

Kind 1: ____

____

Kind 2: ____

____

Kind 3: ____

____

Kind 4: ____

____

Kind 5: ____

____

Kind 6: ____

____

das Kind ist mit niemandem oft zusammen ☐

Andere Beobachtungen: ____

____

Nehmen Sie sich vor, die Kinder während einiger Zeit (an mindestens drei Tagen, die nicht aufeinander folgen) zu beobachten. Da es sich um die spontane Bildung von Gruppierungen handelt, eignen sich Situationen, in welchen die Schüler selber ihre Peers wählen.

Anhand Ihres Beobachtungsmaterials können Sie nachher typische Gruppierungen aufzeichnen. Sie werden schnell sehen können, wer in der Klasse zentral, gut integriert (mit wem) und wer eher am Rande steht. Einige Schüler sind Teil von mehreren solchen Gruppierungen und einige nehmen an keiner klaren Gruppierung Teil. Sie können danach ihre Aufzeichnung mit Kommentaren ergänzen: Wie sind die Interaktionen der Kinder oder Jugendlichen? Wie fest sind diese Gruppierungen etc.?

Aufzeichnung von Gruppierungen durch die Schüler.
Die Schüler werden gebeten, für sich allein zu arbeiten und anzugeben, wer in der Klasse häufig mit wem zusammen ist. Bei der Verwendung der Information der Schüler stellt sich die Frage, wie man dies begründet und was man anschließend mit der Information tut. Wenn Sie es für sich als Lehrperson verwenden wollen, weil Sie einen besseren Überblick über die Klasse haben möchten, ist es unproblematisch, das so zu begründen. Das Verfahren kann natürlich auch von einer anderen Fachperson verwendet werden, die sich mit der sozialen Situation in der Klasse befasst. Im Anhang C finden Sie ein Blatt, das Sie kopieren und jedem Schüler geben können.

Egal, ob Sie die Beobachtung selber durchführen oder eine Schülerbefragung machen, Sie sollten mit der Vermittlung der «Ergebnisse» sehr sorgfältig umgehen. Schüler, die alleine stehen, wissen dies bereits. Es namentlich vor der ganzen Klasse zu veröffentlichen ist nur verletzend und bringt nichts Positives. Andererseits kann es wichtig sein, diese Information in einer ersten Phase in anonymisierter Form zu vermitteln, wenn Sie es als Grundlage für weitere Gespräche über die soziale Situation in der Klasse verwenden. Sie können beispielsweise sagen, was Sie überrascht, gefreut oder auch etwas nachdenklich gemacht hat. Passen Sie immer auf, kein Kind dabei namentlich positiv oder negativ zu bewerten. Denken Sie daran, dass enge Gruppierungen nicht unbedingt positiv orientierte Gruppen sind.

Die Ergebnisse liefern Ihnen noch keine direkte Information zu Mobbing. Sie können aber Muster aufdecken, die für die weitere Beobachtung sehr wichtig sind. Halten Sie ein Auge auf Schüler, die schlecht integriert sind, und vielleicht auch auf diejenigen, die als zentral erscheinen. Schauen Sie zudem genauer hin, was die verschiedenen Gruppierungen kennzeichnet.

Das Beispiel in **Abbildung 10-2** zeigt, dass die Gruppierungen in dieser Klasse wenig überlappen. Nur ein Kind (Nr. 17) ist in zwei Gruppierungen. Es ist ein

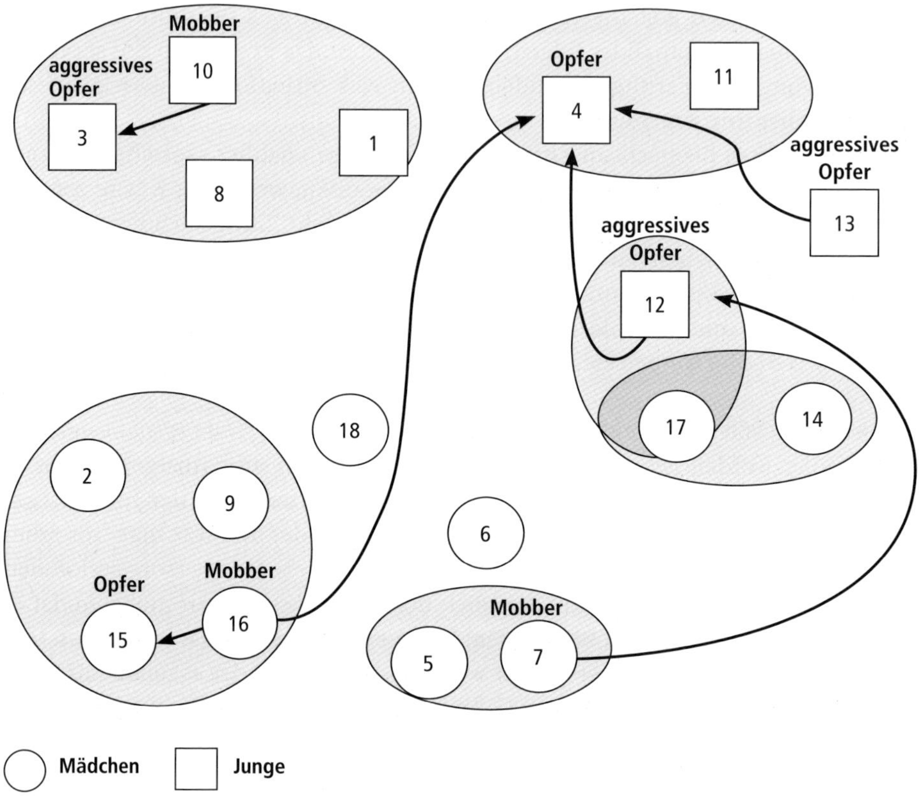

Abbildung 10-2: Beispiel einer Aufzeichnung von Gruppierungen in einer Kindergartenklasse (Alsaker, Perren, unveröffentlichte Aufzeichnung)

nicht involviertes Mädchen. Es ist viel mit einem anderen nicht involvierten Mädchen zusammen und gleichzeitig auch viel mit einem Jungen, der als aggressives Opfer in unserer Studie kategorisiert wurde. In zwei Fällen waren Mobber und Opfer Teil einer selben Gruppierung. Drei Kinder scheinen in dieser Gruppe keine klare Zugehörigkeit zu haben: zwei nicht involvierte Mädchen und ein Junge, der auch als aggressives Opfer gekennzeichnet wurde. Die Pfeile zeigen häufige aggressive Handlungen. Ich habe diese Klasse gewählt, weil es sich hier um eine eher unruhige Klasse mit viel aggressivem Verhalten handelte. Deshalb waren auch relativ viele Kinder als Mobber und Opfer kategorisiert worden.

Aufzeichnung von Verhalten und Interaktionen

Für die systematische Beobachtung von möglichen Mobbing-Interaktionen können viele weitere Hilfsmittel eingesetzt werden. Es ist allerdings wichtig, in dieser Beobachtungszeit die Informationen so detailliert wie möglich niederzuschreiben. Der Alltag ist schnell und einzelne Beobachtungen gehen in der großen Informationsmenge verloren.

Es empfiehlt sich, diese Beobachtungen über eine gewisse Zeit durchzuführen; Muster lassen sich nur über längere Zeit erkennen. Die Beobachtung sollte systematisch durchgeführt werden, d.h. nicht zufällig, wenn man gerade daran denkt, oder nur durch ein besonderes Vorkommnis motiviert. Man nimmt erwiesenermaßen eher das wahr, was man erwartet. Wenn man sich selber zu systematischen Beobachtungen zwingt, wird man nicht selten auf Sachverhalte aufmerksam, auf die man sonst nicht gestoßen wäre (Alsaker, 2003). Diese Tatsache zeigte die Erfahrung von Frau B. und Herrn M. mit dem Namenkarussell eindrucksvoll.

Eine Möglichkeit der systematischen Beobachtung in der eigenen Klasse besteht darin, jeden Schüler nacheinander 30 Sekunden lang zu beobachten und zu notieren, was er in dieser Zeit tut. Diese Beobachtungszeiträume stellen eine zufällige Auswahl des Verhaltens eines Kindes dar. Wenn man solche Beobachtungen genügend oft wiederholt, kann man davon ausgehen, dass sie ein gutes Bild des Verhaltens eines Kindes darstellen. Sie müssen allerdings in Kontexten geschehen, in welchen die Schüler und Schülerinnen verschiedene Verhaltensweisen zeigen können.

Man kann sich für eine gewisse Zeit auch auf kleine Gruppen von Schülern konzentrieren. Man sollte im Voraus entscheiden, wen, wann und wo man beobachten will.

Eine weitere Möglichkeit ist die fokussierte Beobachtung von Geschehnissen um bestimmte Kinder herum; Kinder, bei denen man bereits gemerkt hat, dass sie zurückgezogen, ängstlich, traurig, aggressiv etc. sind.

Es ist bei jeder Form von Beobachtung hilfreich, sich im Voraus gewisse Verhaltensweisen zu merken, die im Zusammenhang mit Mobbing wichtig sind. Diese kann man in einer Tabelle notieren, sodass man (je nach Verfahren, das man wählt) schnell gewisse Verhaltensweisen ankreuzen kann. Diese Methode ist angemessen, wenn man die Häufigkeit von gewissen Verhaltensweisen in der Klasse systematisch festhalten will. Eine Möglichkeit wäre auch, sich für eine gewisse Zeit auf bestimmte Formen von Verhaltensweisen, ob positive oder negative, zu konzentrieren. Am besten gehen Sie zum Kapitel 2 zurück und vergleichen Ihre eigenen früheren Beobachtungen mit den Beispielen zu Mobbing-Formen. Anschließend können Sie eine Liste von Verhaltensformen herstellen, die

Sie als Grundlage für Ihre Beobachtung benutzen können. Im folgenden Kasten finden Sie einige Beispiel als Anregung.

Beispiele von Verhaltensweisen, die in der Früherkennung von Mobbing wichtig sind:

- subtile Formen: Welche subtilen Verhaltensweisen kann ich beobachten?
- nonverbale Ausdrücke: Wie steht es mit Augenrollen, Kopfdrehungen, Wegschauen etc.?
- Gesten und Grimassen: Werden bestimmte Gesten verwendet? Was bedeuten Sie?
- Ausschluss: Beispielsweise wird eine Schülerin nicht zu einer Arbeitsgruppe zugelassen/ein Schüler wird im Sport zur Seite gelassen.
- körperliche Angriffe und vermutliche Unfälle
- Beschimpfungen und Auslachen
- Drohungen: Mit Gesten oder mit Worten
- Gerüchte: Kann man beobachten, dass Schüler Gerüchte über Andere verbreiten?
- Ungleichgewicht: Können sich die betroffenen Schüler wehren?
- Reaktionen: Welche Reaktionen kann ich bei den betroffenen und den anderen Schülern beobachten?
- ______________________________
- ______________________________

Sehr nützlich ist es natürlich, wenn man einen Kollegen hat, welcher die Klasse mindestens einmal beobachten könnte. Eine «außenstehende» Person kann vieles entdecken, was einem selbst in der eigenen Klasse nicht mehr auffällt. Diese Methode ist besonders empfehlenswert und auch leichter realisierbar, wenn man in einer Intervisionsgruppe gegen Mobbing arbeitet. So können die unterschiedlichen Beobachtungen nachher in der Gruppe diskutiert werden (Alsaker, 2003).

Freie Beobachtung

Sollte der Einsatz solcher systematischen Beobachtungen nicht möglich sein, kann man auch frei und weniger systematisch ein Auge auf die eigene Klasse halten und mithilfe eines Protokollbogens mögliche Mobbing-Vorfälle oder negative Interaktionen festhalten. Zwei Beispiele aus einem früheren Projekt

(Alsaker, 2003) und aus dem Lehrmittel «Mobbing ist kein Kinderspiel» (Valkanover et al., 2004) befinden sich im Anhang D. Der erste Protokollbogen bietet sehr viele Möglichkeiten einer differenzierten Beobachtung und kann sich für die ersten Beobachtungen sehr gut eignen. Der zweite kann danach als Kurzversion verwendet werden.

Ausfüllen eines Fragebogens

In Kapitel 4 habe ich verschiedene Messinstrumente präsentiert und dabei betont, dass sie sich alle für die Praxis eignen. In Tabelle 4-2 wurden die Fragen präsentiert, die wir in der Schweiz im Kindergarten und auf den ersten Schulstufen verwendet haben. Beispiele von Fragen, die wir Lehrpersonen auf höheren Schulstufen gestellt haben, finden Sie im Anhang A-2. Füllen Sie, ähnlich wie bei den Beobachtungen, diese Fragen für jeden Schüler aus.

Fokus auf Ressourcen

Bereits in dieser ersten Phase der Präventionsarbeit sollte man den Fokus auf die Ressourcen der Schüler richten. Versuchen Sie sich ein Bild davon zu machen, wer in der Klasse gut integriert ist und im positiven Sinne etwas zu sagen hat. Mit welchen Schülern kann man rechnen, wenn es darum geht, einen isolierten Mitschüler besser zu integrieren? Wer ist stark genug, sich wenig um die Sprüche der aktiven Mobber zu kümmern?

Die meisten Studien über das Plagen in der Schule und im Kindergarten (siehe Kap. 4; Alsaker, 2003; Olweus 1996) weisen darauf hin, dass ungefähr die Hälfte der Schüler nicht direkt in Mobbing involviert sind. Diese Kinder und Jugendlichen zeichnen sich durch ein positives Sozialverhalten aus. Sie gehören zudem häufiger zu denen, die bereit sind, Opfern Unterstützung zu geben (Kap. 5).

Entdeckt man Opfer von Mobbing, sollte man versuchen herausfinden, mit wem dieses Kind bereits Kontakt pflegt und wer ihm in irgendeiner Form Unterstützung bieten könnte.

Versuchen Sie außerdem, mehr über die individuellen Interessen und Fertigkeiten Ihrer Schüler zu erfahren (siehe dazu auch Kap. 9 zum Thema Vielfalt). Dieses Wissen kann eventuell, in Verbindung mit der Gestaltung von positiven gemeinsamen Aktivitäten, genutzt werden.

Diese Suche nach Ressourcen in der Klasse kann sehr positiv sein. Man kann sie zu einer Runde gestalten, in der Schüler sich gegenseitig von ihren außerschulischen Interessen erzählen und je nach Klassenstufe Anschauungsmaterial in die Schule mitbringen, kurze Referate halten oder dazu etwas zeichnen. Es muss dabei unbedingt betont und vorgelebt werden, dass alle Interessen ihren Wert haben. Eventuell braucht es eine Vorbesprechung mit den einzelnen Schülern. Respekt und Akzeptanz spielen hier erneut eine zentrale Rolle (Kap. 9). Jede Lehrperson weiß am besten, wie solche Austauschrunden in ihrer Klasse zu gestalten sind, sodass sie Mobbern keine Gelegenheit zu demütigenden Bemerkungen geben.

Zum Schluss ist noch zu betonen, dass Sie selber als Lehrperson herausfinden sollten, wo Sie Unterstützung in schwierigen Situationen erwarten können: Mit welchen Kollegen können Sie über schwierige Situationen sprechen? Bietet Ihnen die Schulleitung solche Unterstützung?

Beispiele für Aussagen bzw. Beobachtungen zur Wahrnehmung von Ressourcen:

- Die Kinder meiner Klasse helfen einander gerne.
- In meiner Klasse herrscht eine freundliche Stimmung.
- Wenn ein Mobbingvorfall entsteht, versuchen bestimmte Kinder das Mobbing zu stoppen.
- Schüler holen sich bei mir Hilfe, wenn sie mit schwierigen sozialen Situationen nicht mehr zurechtkommen.
- Einige Schüler setzen sich für die Rechte anderer Kinder ein.
- Einige Schüler vermitteln bei Konflikten zwischen ihren Peers.
- Einige Schüler trösten ihre Peers, wenn nötig.
- ______________________________
- ______________________________

10.3 Schüler als Informanten

Bereits im Vorschulalter sind Kinder in der Lage, Mobbing zu erkennen. Sie nennen es nicht Mobbing, aber sie sind bereits gute Informanten. Sie nehmen sogar indirekte und subtile Formen von Mobbing wahr. Außerdem zeigen ihre Aussagen zu den Gefühlen der gemobbten Kinder deutlich, dass sie Mobbing als ungerecht und gemein empfinden. Auch in der Schule sagen viele Mädchen und Jungen, dass ihnen das Mobbing sehr unangenehm sei, auch wenn sie selber nicht davon betroffen sind (Alsaker, 2003).

Auch wenn es selten vorkommt, versuchen Schüler die Lehrperson auf ungerechte Behandlung und aggressive Vorgehensweisen (darunter Mobbing) aufmerksam zu machen. Weil die Schüler im Feld stehen, in welchem Mobbing geschieht, geht man in der Forschung davon aus, dass sie die besten Informanten sind. Deshalb empfiehlt Olweus (1996) die Durchführung einer Umfrage unter den Schülern zu Beginn der Prävention. Der Sinn einer solchen Umfrage besteht darin, umfassende Informationen zur aktuellen Lage zu bekommen.

Dazu können Sie den Fragebogen benutzen, den Sie im Anhang A-1 finden. Die Umfrage kann in einem nächsten Schritt als Grundlage zur vertieften Besprechung von Mobbing (siehe Kap. 11) benutzt werden. Wichtig ist auch hier, dass den Kindern und Lehrpersonen Anonymität und Vertraulichkeit versichert werden. Ergebnisse sollen niemanden bloßstellen.

- **Schenken Sie den Schülern Gehör. Sie sehen vieles, was Erwachsene nicht sehen können.**

Anregungen zum Nachdenken für Lehrpersonen

- Habe ich Mobbing in meiner Klasse bis jetzt als ein Problem empfunden?
- Habe ich im Laufe der Umsetzung dieses Kapitels negative oder positive Muster entdeckt, die mir vorher nicht aufgefallen sind?
- Welches waren für mich erwartete und welches eher unerwartete Beobachtungsergebnisse?
- Welche Ressourcen nehme ich in meiner Klasse wahr?
- Was hat mir die systematische Beobachtung persönlich gebracht?
- Welche Instrumente könnte ich mir denken zu verwenden?

10.4 Elternsicht und Warnsignale

Kindern zuhören

Als Eltern erhält man bekanntlich Information primär durch die eigenen Kinder. Es wurde bereits besprochen, dass diese Information sehr einseitig ist; oft ist sie von den Mutmaßungen der Kinder geprägt, was ihre Eltern gerne und weniger gerne hören. Das Fazit auf dieser Seite gilt auch für Eltern: den Kindern zuerst einmal Gehör schenken und ihre Erzähllust nicht sofort mit der eigenen Meinung stoppen.

Seien Sie sich als Eltern bewusst, dass Ihre Kinder Ihnen kaum über ihre eigenen aggressiven Handlungen erzählen werden. Wenn sie überhaupt etwas erzählen, pflegen Mobber die Situation zu beschönigen und so zu schildern, dass sie zu ihren Taten provoziert wurden und sozusagen nur richtig gehandelt haben. Viele Eltern sind nach diesen Erzählungen von der klaren Selbstbehauptung ihrer Kinder beeindruckt. Bis vielleicht ein Bericht anderer Eltern oder einer Lehrperson kommt.

Es ist deshalb wichtig, sich einige Fragen zum sozialen Verhalten der eigenen Kinder zu stellen. Dadurch erleichtert sich die Kommunikation mit anderen, wenn es einmal nötig sein sollte. In folgendem Kasten finden Sie Fragen, die wir in Elternkursen verwenden.

Fragen für Eltern: «Mein Kind in Kontakt mit anderen»

- Wie verhält sich mein Kind mir und den anderen Familienmitglieder gegenüber?
- Was läuft besonders gut? Wie erlebe ich den erzieherischen Alltag? Gibt es häufig Auseinandersetzungen? Falls ja, welches sind die schwierigen Punkte?
- Wie verhält sich mein Kind in Kontakt mit Gleichaltrigen?
- Hat das Kind Spielkameraden mit denen es außerhalb des Kindergartens/der Schule häufig zusammen ist? Wie spielen diese zusammen?
- Was weiß ich über die Kontakte meines Kindes mit Gleichaltrigen in der Schule?
- Erzählt mein Kind über Erlebnisse in der Schule? Hat es Freunde dort?
- Inwiefern stimmen meine Beobachtungen überein mit Informationen, die ich von anderen erhalte (z. B. Lehrperson)?

Warnsignale beachten

Wenn ein Kind gemobbt wird, zeigen sich innert kürzerer Zeit ungünstige Folgen. Beachten Sie deshalb mögliche Warnsignale. Was bei dem einzelnen Kind ein Warnsignal ist, ist es nicht bei allen. Deshalb drücken wir uns eher allgemein: Wenn Sie bei Ihrem Kind etwas beobachten, das ungewohnt ist, kann es bedeuten, dass es ihm gerade nicht gut geht. Was die Ursache dafür ist, ist dann eine weitere Frage. Dafür müssen sie mögliche Situationen unter die Lupe nehmen, die für das Kind zum gegebenen Zeitpunkt Schwierigkeiten bereiten können.

Im folgenden Kasten finden Sie eine Liste von Verhaltensweisen oder Symptomen, die man häufig bei Mobbing findet (siehe außerdem Kap. 2 und 8).

Warnsignale auf welche Eltern achten sollten

- Das Kind möchte nicht mehr in die Schule/in den Kindergarten gehen
- Die schulischen Leistungen des Kindes verschlechtern sich deutlich
- Das Kind hat oft Kopfweh, Bauchweh oder andere körperliche Beschwerden
- Das Kind hat keine oder nur sehr wenige Kameraden in der Schule
- Das Kind ist sehr ängstlich geworden
- Das Kind wirkt in sich gekehrt
- Das Kind wirkt plötzlich zerstreut und unkonzentriert
- Das Kind spricht abwertend über sich
- Das Kind leidet an Appetitlosigkeit
- Das Kind hat Schlafstörungen oder schlechte Träume
- Das Kind hat Verletzungen oder blaue Flecken
- Das Kind verliert seine Sachen oder bringt sie beschädigt nach Hause.

Wenn Sie eine oder mehrere dieser Verhaltensweisen bei ihrem Kind beobachten, bedeutet das natürlich nicht automatisch, dass sich dahinter ein Fall von Mobbing verbirgt. Alle aufgezählten Verhaltensweisen können auch andere Ursachen haben. Solche Alarmsignale müssen aber ernst genommen werden. Versuchen Sie in diesem Fall sehr vorsichtig, etwas mehr über den Schul- oder Kindergartenalltag zu erfahren.

Anregungen zum Nachdenken

- Was habe ich jetzt an Wissen, das mir helfen kann, Mobbing besser zu erkennen?
- Wo erlebe ich noch Schwierigkeiten?
- Was kann ich tun, um sie zu überwinden?

11. Die Macht des Schweigens – die Kraft des Redens

Bei Mobbing geht es in erster Linie um Macht. Dabei spielt die Macht des Schweigens eine große Rolle. Über Mobbing wird geschwiegen. Dem Opfer wird gedroht, dass alles noch viel schlimmer kommt, wenn jemand von den Mobbing-Vorfällen erfährt. Das Opfer schweigt. Die anderen Kinder schweigen. Sie stehen selber unter Druck und haben Angst vor den Mobbern. Das Opfer schweigt nicht nur aus Angst, sondern auch aus Scham und Unsicherheit.

Praxisrelevantes Wissen

- Das «Schweigen» ist ein wichtiger Bestandteil von Mobbing.
- Opfer schweigen aus Angst und Scham.
- Andere Schüler schweigen aus Angst oder Desinteresse.
- Erwachsene schweigen aus Unsicherheit.
- Das Schweigen aller dient nur den Mobbern.

Durch (Ver-)Schweigen sorgen alle dafür, dass Mobbing-Muster aufrechterhalten werden. Man könnte beinahe sagen, dass Mobbing zu einem großen Teil vom Schweigen lebt. Die einzige logische Gegenmaßnahme ist deshalb, das Schweigen zu brechen. Es stellt ein zentrales Mittel der Prävention von Mobbing dar, dass die Lehrpersonen in ihren Klassen das Thema Mobbing ansprechen.

Nach der Beobachtungsphase folgt nun der erste Handlungsschritt: Mit den Schülern wird über den Umgang miteinander und folglich über Mobbing geredet.

Be-Prox in der Praxis (3/6)

3. Mobbing wird verschwiegen => Darüber sprechen und Stellung beziehen

11.1 Offene und direkte Kommunikation

Mobber haben Angst davor, entdeckt zu werden, weil sie sehr wohl wissen, dass ihr Verhalten nicht in Ordnung ist. Deshalb drohen sie mit weiteren Maßnahmen, falls Opfer oder Mitschüler den Erwachsenen Bescheid geben würden. Aber auch alle anderen direkt und nicht direkt Beteiligten fühlen sich sehr unsicher, obwohl sie gerne einmal mit jemandem darüber reden möchten. Erinnern Sie sich an Ramona (Kap. 3), die mit ihrer Katze sprach, weil sie sicher war, dass diese niemandem etwas weiter erzählen würde?

Anregungen zum Nachdenken über das Brechen des Schweigens

- Was verlieren Mobber, wenn das Schweigen gebrochen wird?
- Was gewinnen oder verlieren indirekt Beteiligte?
- Welche sind die Ängste der Opfer?
- Welche sind die Gewinne der Opfer?
- Welche sind Ihre eigenen Ängste und Unsicherheiten?

Vor dem Ansprechen von Problemen fühlen sich die meisten Menschen unsicher und befürchten oft das Schlimmste. Wir sprechen allgemein nicht gerne schwierige Situationen an. Dies gilt ganz besonders, wenn es mit Konflikten und Aggressionen verbunden ist. Trotzdem ist das offene Aussprechen häufig unabdingbar, um genau solche Probleme lösen zu können. Wichtig ist dabei, wie wir es tun.

Keine Schuldzuweisungen

Auch wenn Mobbing in der Klasse ein aktuelles Problem ist, sollte die Suche nach Schuldigen vermieden werden. Mobbing ist gemein. Mobbing soll beim Namen genannt werden. Aber es ist kontraproduktiv, sich auf die Suche nach Schuldigen zu machen. In zwischenmenschlichen Beziehungen führen Schuldzuweisungen meistens nur zu weiteren aggressiven Reaktionen, Abwehr, Verneinungen und Gegenangriffen. Oder sie führen zu Schuldgefühlen – aber selten bei Mobbern (siehe Kap. 7 zu moralischen Werten).

Ich habe bereits in Kapitel 6 dargelegt, dass wir gerne nach klaren und einfachen Ursachen für schlimme Ereignisse suchen. Die Suche nach Schuldigen ist häufig vom selben Drang zur Ursachenfindung motiviert. Dabei geht man davon aus, dass die oder der Schuldige ganz am Anfang einer Kette von Ereignissen steht, die zur Mobbing-Situation geführt haben. Im selben Kapitel 6 habe ich aber viele Bedingungen im Umfeld diskutiert, welche die Entstehung von Mobbing begünstigen und Mobbing aufrechterhalten. Deshalb ist es sehr wichtig einzusehen, dass Mobbing oft das Ergebnis vieler gleichzeitiger verketteter Bedingungen ist. Nach einem eindeutigen Anfang dieser Kette von Ereignissen zu suchen, ist meist sinnlos. In diesem Zusammenhang schreibt Flammer, dass es «eine willkürliche oder konventionelle Entscheidung» (Flammer, 1997: 156) ist, welches Ereignis wir als Ursache bezeichnen.

Aggressive Kinder und Jugendliche (und natürlich auch Erwachsene) tendieren dazu, ambivalente Situationen als Bedrohungen zu verstehen. Dies kommt bei den unkontrolliert aggressiven Kindern, die selber Opfer von Mobbing werden, häufig vor. Sie sehen ihre eigene Rolle bei aggressiven Interaktionen in einem so verzerrten Licht, dass es schwierig sein kann, sie von etwas anderem zu überzeugen.

Mobber hingegen sind nicht unkontrolliert aggressiv. Aber auch sie sind meistens nicht bereit, irgendeine Schuld zu gestehen. Auch wenn sie wissen, dass ihr Verhalten von Erwachsenen nicht gutgeheißen wird und nicht allgemeinen moralischen Regeln entspricht, sehen sie nicht unbedingt ein, dass sie eine Schuld tragen. Sie zu einem Geständnis und einer Schuldbekenntnis bringen zu wollen, bleibt deshalb meistens erfolglos. Die Schuldsuchenden sind frustriert, weil sie nicht ans Ziel kamen, und die Angeklagten haben eigentlich einen Erfolg verbucht. Sie haben es noch einmal geschafft, alle zu verwirren und zu verunsichern. Die Opfer sind diejenigen, die am meisten unter der misslungenen Intervention leiden. Sie fühlen wohl mit Recht, dass weitere Interventionen gegen die Mobber kaum stattfinden werden. Schauen Sie hier zurück zum Fall von Linda (Kap. 3), die zum Schluss des Interviews sagt:

> Nichts half, also beschloss ich, die Mobber zu ignorieren. Ich ließ die Schikanen über mich ergehen und wartete resigniert das Ende der Schulzeit ab.

In Weiterbildungen brauchen wir immer etwas Zeit, um über den Umgang mit Ursachen und Wahrheit zu sprechen. Ich habe bereits (Kap. 3) vom großen Bedürfnis vieler Erziehenden, alle gerecht zu behandeln, geschrieben. Ich schrieb auch, dass in Mobbing-Fällen die Version der Mobber und ihrer «Zeugen» (Assistenten) sehr plausibel tönt. Opfer sind oft etwas vager in ihren Ausführungen. So oder so, man drängt nur äußerst selten bis zur wahren Geschichte durch. Möglicherweise gibt es auch gar keine für alle gültige Wahrheit, sondern lediglich verschiedene subjektiv erlebte Sichtweisen. Die Mobber behaupten immer noch, die Bemerkungen, die fielen, wären nicht kränkend gewesen. Das Opfer ist aber sehr verletzt und weiß, wie es gemeint war. Und dazwischen steht eine erwachsene Person und weiß nicht, wem sie glauben soll. Meine Empfehlung ist deshalb ganz klar: Suchen Sie nicht nach «der» Wahrheit.

- **Nach Ursachen und Schuldigen zu suchen, bringt oft nur Kränkungen, Gegenangriffe, Enttäuschung und Frustration mit sich.**
- **Mobbing ansprechen ja, aber ohne Schuldzuweisungen.**
- **Die «Wahrheit» über Mobbing erfahren wir sozusagen nie.**
- **Wie brauchen nicht zu wissen, was genau passiert ist, um uns über das aktuelle Geschehen zu äußern.**

Aktuelle Vorfälle ansprechen und Stellung beziehen

Wie soll man vorgehen? Keine Schuldigen suchen. Keine Wahrheit suchen. Was bleibt uns noch übrig? Da es mehr oder weniger willkürlich ist, welche Handlung, welches Ereignis wir als «Anfang der Verursachungskette» wählen, steht es uns frei, das, was wir gerade sehen, als Anfang einer neuen Handlungskette zu betrachten. Wir müssen nicht immer wissen, weshalb etwas geschieht. Wir können uns zu dem äußern, was wir gerade beobachten. Seien Sie sicher, die Beteiligten wissen sehr wohl, worum es geht. Hierzu das Beispiel von Herrn P. im Umgang mit einer subtilen Handlung. Herr P. schreibt:

> Tim hat einen schweren Stand in seiner Klasse, er bietet Angriffsfläche für Hänseleien und ist schlecht integriert. Während des Unterrichts kommentierte Julia mit abschätzigem Augenrollen eine Antwort von ihm. Herr P. reagierte postwendend auf diese nonverbale Beleidigung, indem er Julia vor die Türe stellte – die Klasse konnte die Maßnahme nicht nachvollziehen. Nach der Stunde diskutierte er mit Julia über seine Reaktion. Für sie war völlig klar, weshalb Herr P. so reagiert hatte und sie versprach, solche «Äußerungen» in Zukunft zu unterlassen (was sie auch problemlos einhalten konnte). In der darauffolgenden Stunde nahm Herr P. den Vorfall in der Klasse nochmals auf und erklärte den Schülern, dass auch nonverbale Äußerungen beleidigend sein können und von ihm nicht toleriert würden. Jetzt konnten sie seine Reaktion verstehen und (vielleicht!) auch einordnen.
> Herr P. war im Grunde genommen selbst überrascht von seiner heftigen Reaktion, aber es erwies sich als richtig, auf solche Äußerungen sofort zu reagieren.

Indem man den aktuellen Anlass als Ausgangspunkt nimmt, steht nicht der Rückblick auf das Geschehene, sondern die Auflösung des gerade entdeckten Mobbing-Problems im Zentrum. So kann die Lehrperson sehr klar Stellung beziehen und Mobbing als inakzeptable Form des Umgangs miteinander darstellen. Dies gilt sowohl in Fällen wie bei Tim und Julia als auch wenn eine Lehrperson auf ein ganzes Mobbing-Muster aufmerksam geworden ist. Gehen Sie zurück zum Fallbeispiel von Herrn R., der drei Monate Urlaub gehabt hatte (Kap. 6):

> Als er zurück an die Schule kommt, erfährt er von seinem Stellvertreter, dass sich eine «schlimme Mobbing-Geschichte» entwickelt hat ...

Der Lehrer nannte keine Namen. Alle wussten, wer welche Rolle innehatte und worum es ging. Dadurch, dass er keine Schuldigen und Opfer nannte, konnte sich auch kein Mobber verteidigen und das Opfer wurde nicht bloß gestellt. Er wollte aber, dass alle ihre Verantwortung wahrnahmen. Diese Verantwortung betraf nicht die Vergangenheit, sondern die ganz nahe Zukunft.

Wichtig ist, wie in diesem Fallbeispiel, dass Erwachsene nicht im Namen von bestimmten Schülern reden, sondern in ihrem eigenen Namen. Man spricht ein Problem an, weil es für einen selber ein Problem ist. Die Lehrer in den beiden Fallbeispielen sagen deutlich, sie würden Mobbing-Verhalten nicht tolerieren. Sie sprechen im eigenen Namen und verwenden Ich-Botschaften. Es ist ihr eigenes Anliegen, etwas zu unternehmen.

Wenn Sie Ich-Botschaften verwenden, können Sie auch Situationen ansprechen, bevor Ihr Mobbing-Verdacht bestätigt ist. Sie können offen zugeben, dass Sie ein ungutes Gefühl oder den klaren Eindruck haben, dass etwas nicht stimmt. Sie können auch Bescheid geben, dass Sie ein Auge auf die Klasse haben oder was Sie zu tun beabsichtigen. Sie können auch aufgrund dieser Botschaft eine Gesprächsrunde eröffnen. Solange Sie eine Ich-Botschaft verwenden, kann kein Mobber Ihnen beibringen, dass Sie sich irren. Ihre Gefühle bleiben Ihre Gefühle. Ihre Beobachtungen sind Ihre Sichtweise und Sie stellen sie auch nicht zur Diskussion.

- **Probleme ansprechen**
- **nach vorne schauen**
- **nach Lösungen suchen**
- **Ich-Botschaften verwenden.**

So wie Schweigen Macht verleiht, liegt in der klaren, offenen Kommunikation sehr viel positive Kraft. Die Mobber wissen, dass man ihr Verhalten sieht, die Mitläufer wissen, was die Erwachsenen davon halten, und die Opfer wissen, dass jemand sie ernst nimmt, ohne sie bloßzustellen.

11.2 Mobbing thematisieren

Ich habe Fälle angesprochen, bei welchen Mobbing-Handlungen vorlagen, um zu demonstrieren, wie direkte Botschaften am besten verwendet werden können, wenn man Mobbing in seinen Anfängen stoppen will. Mit Be-Prox wollten wir einen Beitrag zur Prävention von Mobbing leisten. Das heißt, dass wir in Weiterbildungen mit den Lehrpersonen vor allem diskutieren, wie man die Klasse führen kann, und wie man mit den Schülern über Mobbing reden kann, sodass Mobbing gar nicht erst entsteht. Ich habe allerdings früher betont, dass Methoden zu Prävention und Intervention sehr ähnlich sind und man alles, was wir unter dem Namen Prävention anbieten, auch im Laufe einer Intervention gegen Mobbing verwenden kann.

Weil Mobbing ein Muster ist, ist die Kommunikation diesbezüglich schwierig. Besonders für jüngere Kinder ist es nicht einfach, sich von den einzelnen Handlungen zu lösen. Auch wenn Schüler das Wort Mobbing heute häufig kennen, kann man nicht davon ausgehen, dass sie den Begriff auch angemessen verwenden und sich im Klaren darüber sind, was er wirklich impliziert. Deshalb ist es in der Arbeit gegen Mobbing zentral, dass die Schüler für das Thema sensibilisiert werden und lernen, mit dem Begriff Mobbing umzugehen.

Schulebene

Es ist sehr zu empfehlen, dass sich Schulen als Institutionen gegen Mobbing einsetzen. Wie bereits erwähnt, empfiehlt Olweus (1996) eine Befragung aller Schüler mit Fragebögen. Dies ist eine sehr gute Methode, um die Situation an der jeweiligen Schule klarzulegen. Die Fragebögen müssen allerdings statistisch verarbeitet werden. Das heißt, dass diese Vorgehensweise sich am besten eignet, wenn einige Lehrpersonen an einer Schule das Wissen und die Kapazität haben, das Projekt durchzuführen. Es kann eventuell auf höheren Stufen zu einem gemeinsamen Projekt mit den Schülern werden (Alsaker, 2003). Wenn dies nicht möglich ist, kann die Zusammenarbeit mit einer Hochschule aktuell sein. Ein solches Projekt kam vor einigen Jahren zustande, als einige Schulen mit uns Kontakt aufnahmen. Solche Projekte brauchen eine klare Finanzierung, was wiederum der Schule Zeit und einen zusätzlichen Einsatz abverlangt.

Da es nur in seltenen Fällen zu solchen gemeinsamen Projekten zwischen Schulen und Hochschulen kommen kann, muss der Einsatz auf Schulebene meist etwas «bescheidener» gestaltet werden.

Einige Schulen organisieren thematische oder pädagogische Tage, die teilweise dem Mobbing gewidmet werden. Dabei erarbeiten Klassen bestimmte Themen und alle Einzelprojekte werden schließlich bei einem größeren Anlass präsentiert.

Andere Schulen thematisieren Mobbing auf der Ebene der Lehrpersonen, indem Weiterbildungstage zu dem Thema organisiert werden. Häufig werden gleichzeitig Elternveranstaltungen organisiert, sodass alle die gleiche Information erhalten.

In Verbindung mit solchen Anlässen und Weiterbildungen formulieren einige Schulen auch Anti-Mobbing-Parolen, die an prominenten Stellen im Schulgebäude ausgehängt werden.

Was das Thematisieren mit den Schülern betrifft, haben einzelne Schulen es sich zur Gewohnheit werden lassen, die gesamte Schüler- und Lehrerschaft am ersten Schultag in einer Aula zu versammeln, sodass wichtige Punkte zur Schulordnung vermittelt werden und gleichzeitig darauf hingewiesen wird, dass die Schule eine klare Anti-Mobbing-Haltung vertritt und kein Mobbing duldet.

Der Schulleiter einer Gesamtschule (Kindergarten bis zur 9. Klasse) berichtete:

> Die Schüler wurden darauf hingewiesen, dass sie bei Mobbing-Situationen reagieren sollen und wir gemeldete Situationen mit Diskretion behandeln würden.

Diese Art von Information an alle Schüler ist wichtig für die Arbeit der einzelnen Lehrpersonen. Sie stärkt ihnen den Rücken, wenn sie mit Kollegen über Mobbing-Vorfälle in ihren Klassen reden, sie hilft ihnen, wenn sie konkret an Anti-Mobbing mit ihren Klassen arbeiten und auch im Kontakt mit Eltern. So wurde in der obengenannten Schule außerdem Information an Eltern weitergegeben:

> Sämtliche Eltern wurden in einem Schreiben über die Anti-Mobbing Kampagne an unserer Schule informiert. Im Brief wurden die Eltern ermuntert, Kontakt mit der Schule aufzunehmen, wenn Verdacht auf Mobbing besteht.

- **Sowohl Schüler als auch die ganze Lehrer- und Elternschaft sollten über annähernd gleiche Informationen über die Arbeit der Schule gegen Mobbing verfügen.**
- **Das Thematisieren der Mobbing-Problematik auf Schulebene erleichtert die Arbeit gegen Mobbing auf allen Stufen.**

Wissensvermittlung in der Klasse

Die Thematisierung von Mobbing braucht etwas Vorbereitungszeit und ist ein Prozess, der sich über eine gewisse Zeit vollziehen sollte. Die Mobbing-Thematik lässt die Kinder und Jugendlichen nicht kalt. Viele haben solche Erfahrungen gemacht oder beobachten solche Vorkommnisse, und sie fühlen sich unwohl dabei. Es ist deshalb gut, wenn den Schülern Zeit gelassen wird, für sich alleine, mit Freunden, Geschwistern, Eltern oder Großeltern über das Thema zu reden und darüber nachzudenken. Die Thematisierung in der Klasse sollte den Schülern die Gelegenheit bieten, aufkommende Überlegungen und Fragen zu diskutieren.

Genauso, wie Sie sich durch die Lektüre dieses Buchs in das Thema Mobbing vertieft haben, sollen die Schüler die Chance haben, sich begründetes Wissen anzueignen. Einige Themen haben sich im Laufe der Zeit als wichtig gezeigt; sie entsprechen den Inhalten dieses Buchs.

Die didaktische Umsetzung dieser Wissensinhalte ist wiederum Sache der Experten auf dem Gebiet, das heißt vor allem der Lehrpersonen. Auch die Auswahl der Themen ist abhängig von dem, was die jeweilige Lehrperson sich selber an Wissen angeeignet hat. Wünsche und Ideen der Schüler sollten auch berücksichtigt werden.

Beispiele von Inhalten, die sich für Besprechungen mit Schülern eignen

- das Spezielle am Mobbing (Erniedrigung, Schweigen, Ungleichgewicht etc.).
- der Unterschied zwischen Mobbing und Konflikten oder sonstigen Streitereien.
- motivationale Aspekte: Warum mobbt jemand? Was erreichen die Mobber mit ihrem Verhalten?
- Mitläuferproblematik: Die Angst vor dem Alleinsein und vor Repressalien
- Mobbing betrifft alle
- die Bedeutung und die Folgen von Mobbing für die Opfer
- die Folgen von Mobbing für die Mobber
- die Bedeutung von Mobbing für die ganze Klasse.

Verschiedene Einstiegsmöglichkeiten

Das Ansprechen von Mobbing bietet eine ausgezeichnete Möglichkeit, den Schülern zuzuhören und herauszufinden, wie es ihnen geht. Es reicht deshalb nicht, Wissen über Mobbing zu vermitteln: Die Schüler sollen unbedingt merken, dass die Lehrperson an ihren Erfahrungen interessiert ist und sie ernst nimmt.

Kinder machen sich bereits sehr viele Gedanken über Gewalt, Freundschaft, Gerechtigkeit, ihren Status in der Gruppe und natürlich über sich selbst. Sie werden aber selten aufgefordert, sich zu diesen Themen zu äußern. Ist das Eis einmal gebrochen, entdeckt man vieles, was Kinder berührt und beschäftigt, von dem man vielleicht nicht einmal etwas geahnt hatte (Alsaker, 2003). Dadurch kommt es in Diskussionen mit Jugendlichen häufig zu Überraschungen. Die Jugendlichen verstecken sich oft hinter einem «coolen Look» und scheinen miteinander bestens zurechtzukommen. Werden sie zu Wort gelassen, kommen ihre Sensibilitäten und Fragen zum Vorschein.

Wie eine Lehrperson das Thema Mobbing ansprechen will, hängt sehr stark von ihrem Stil, ihren didaktischen Gewohnheiten und der Zusammensetzung der Klasse ab. Hier sind nur einige Beispiele aufgelistet, die sich im Laufe der Zeit bei verschiedenen Lehrpersonen bewährt haben:

Filmmaterial

Ein Film oder Teile eines Films zum Thema Mobbing sind sehr wirkungsvoll. Dazu eignet sich «Mobbing ist kein Kinderspiel» besonders gut. Er besteht aus verschiedenen echten Szenarien mit Schülern auf unterschiedlichen Schulstufen (Original in Schweizerdeutsch). Es kann sich aber auch um andere entsprechende Filme zum Thema und natürlich auch um Teile von Spielfilmen oder TV-Serien handeln, in denen Mobbing vorkommt.

Bücher

Bei jüngeren Kindern kann ein Bilderbuch oder eine selber erfundene Geschichte als Ausgang dienen. Bei älteren Schülern kann auch ein aktuelles Buch oder ein literarisches Werk, das gleichzeitig in den Deutschunterricht einfließen könnte, als Einstieg dienen.

Nachrichten

Ein Ereignis, das gerade aktuell ist und die Schüler beschäftigt. Da die Medien sich meistens erst für Mobbing interessieren, wenn Selbstmorde entdeckt oder grobe lebensgefährliche Gewaltakte ausgeübt werden, eignen sich die Berichte der Medien nur für ältere Schüler. Und auch da sollte man vorsichtig sein, um nicht den Eindruck zu erwecken, dass Ereignisse erst von Interesse sind, wenn sie dramatisch sind.

Lokale Ereignisse

Es kann auch Ereignisse geben, die Mobbing betreffen und in der aktuellen Schule, in einer anderen Schule in der Umgebung oder sonst im bekannten Umfeld der Schüler passiert sind.

Journalistische Texte zum Thema Mobbing

Es wird heute gelegentlich in verschiedenen Zeitschriften für Lehrpersonen und Eltern über Mobbing geschrieben. Es wird zudem gelegentlich in Brief- und Ratgeberspalten in Zeitschriften für Jugendliche darüber diskutiert. Hier ist allerdings Vorsicht geboten. Die Ratschläge entsprechen nicht immer dem heutigen Wissen. Dies ist nicht unbedingt ein Nachteil, da es Diskussionen zu angemessenen Verhaltensweisen anregen könnte.

Internetforen

Es gäbe im Internet genügend Material, das man als Einstieg verwenden könnte. Hier gilt es, den kritischen Sinn der Schüler zu wecken und die Gültigkeit der Beiträge zu diskutieren.

Die eigene Betroffenheit und konkrete Mobbing-Fälle

Wie am Anfang des Kapitels angesprochen, kann eine Lehrperson die eigenen Beobachtungen und die eigene Betroffenheit als Einstieg benutzen. Wenn in einer Klasse ein offensichtliches Mobbing-Problem besteht, kann das ganz konkret thematisiert werden. Hier ist es wichtig, dass die Lehrperson dies aus eigener Betroffenheit heraus anspricht (siehe dazu Kap. 11.1).

Gute Gefühle und Wohlbefinden

Wir hören relativ oft von Lehrpersonen, dass sie es schwierig finden, direkt über Mobbing zu reden. Wer sich beim Ansprechen von Gewalt, das heißt hier Mobbing, unwohl fühlt, kann andere Wege finden, um die Schüler ins Gespräch zu bringen. Man kann zum Beispiel das Thema Wohlbefinden ansprechen und dies auf das Zusammenleben in der Klasse beziehen. Wann fühlt man sich richtig wohl? Anschließend werden die negativen Gefühle angesprochen: Was erzeugt ein Gefühl des Unwohlseins in der Klasse?

Nachfolgend ist eine sanfte Einstiegmöglichkeit aufgeführt, wie sie Frau L. für ihre zweite Klasse gewählt hat:

> «Wir haben bereits über die Gefühle gesprochen, die Menschen häufig erleben. Heute möchte ich einmal hören, was euch Freude macht, wenn ihr miteinander in der Klasse seid.» Die Kinder nennen verschiedene positive soziale Handlungen und Situationen. «Und jetzt könnten wir auch darüber reden, was euch traurig macht oder auch verletzt, wenn ihr miteinander in der Klasse oder auf dem Pausenplatz seid.»

Man muss diesem Beispiel hinzufügen, dass Frau L. sich lange weigerte, mit ihrer Klasse über Mobbing zu reden. Sie war sich sicher, dass sie eine «sehr gute und friedliche Klasse» hatte, und dass die Kinder es nur gut miteinander hatten. Sie überlegte sich auch, die Weiterbildung abzubrechen, da diese für sie kaum relevant war. Zum Erstaunen von Frau L. kamen sehr harte verbale und subtile Handlungen zum Vorschein, die ihre Vorstellungen zu ihrer Klasse änderten. Sie war danach bereit, weiter an der Mobbing-Prävention mitzuarbeiten.

Bei jüngeren Kindern, die mit dem Begriff Mobbing relativ wenig anfangen können, muss der Einstieg noch mehr konkretisiert werden. Es gibt unzählige Möglichkeiten, die Kinder ins Gespräch zu bringen.

Beispiele für Einstiegmöglichkeiten auf Kindergartenstufe:

- Einstieg mit Kinderbüchern mit viel Bildmaterial
- Diskussion mit den Kindern darüber, was sie allgemein mögen und was nicht.
- Austausch darüber, was gute Freunde miteinander tun und was sie einander nicht antun sollten, um Freunde zu bleiben
- Einsatz von Spielen zu Emotionen
- Emotionswürfel herstellen und verwenden, um zu erzählen, wie man sich gerade fühlt
- Gefühlsrunde: Was einem Freude macht, was einen traurig stimmt
- Wer hat sich heute gut gefühlt? Diese Kinder stehen auf. Wer ist traurig gewesen? Diese Kinder stehen jetzt auf etc.
- Die Kinder sitzen im Kreis und jedes erzählt, was ihm im Kindergarten gefällt. Nachher oder am nächsten Tag erzählen sie, was ihnen nicht gefällt.
- Handpuppen-Theater. Eine Handpuppe führt einige Handlungen vor, die sie «selber mag» (zum Beispiel anderen die Schuhe verstecken, einen Klotzturm zerstören, eine Zeichnung zerreißen). Darauf reagiert eine andere Handpuppe. Die Puppen reden danach mit den Kindern darüber, was gerade geschehen ist.

Natürlich gibt es noch weitere Einstiegsmöglichkeiten wie zum Beispiel Theaterinszenierungen oder Rollenspiele. Bei allen Methoden, die als Einstieg dienen können, ist es zentral, dafür zu sorgen, dass das Gesehene oder Gespielte konkret auf mögliche Mobbing-Situationen und die eigene Klasse und Schule transferiert werden. Dies ist nicht bei allen Theaterinszenierungen, die von verschiedenen Anbietern durchgeführt werden, gegeben. Da muss die Arbeit mit den Schülern von den Lehrpersonen weitergeführt werden. Ich spreche in diesem Buch vor allem Arbeitsweisen an, die einfach zu realisieren sind und finanziell nichts kosten.

Kinder und Jugendliche zu Wort kommen lassen

Diskussionen in der Klasse

Wenn das Eis gebrochen ist, ist es wichtig, dass Diskussionen mit und unter den Schülern in Gang kommen. Das Schweigen der Kinder muss gebrochen werden. Hier sollte die Lehrperson die Klasse gut unter Kontrolle haben, um eventuelle Ausrutscher zu vermeiden oder zu stoppen. Wichtig ist, dass die Schüler die Möglichkeit bekommen, eigene Erfahrungen mit Mobbing zu äußern.

Wir wissen, dass Mobber wenig Einfühlvermögen haben. Es ist nicht unbedingt damit zu rechnen, dass sie in solchen Diskussionen Empathie mit den Opfern zum Ausdruck bringen. Schüler, die nicht in Mobbing involviert sind, haben aber normal entwickelte empathische Kompetenzen. Es ist wichtig, diese empathischen Ressourcen zu verstärken. Die allermeisten Schüler in einer Klasse empfinden Mobbing-Situationen als sehr unangenehm. Ihre Empathie zu fördern, stellt kein großes Problem dar. Wenn Mobber merken, dass die meisten in den angesprochenen Szenarien zu den Opfern stehen, verstehen sie bald, dass sie weniger Einfluss auf die Peers haben, als sie dachten.

Machen Sie sich bei der Vorbereitung der Diskussionen zu Mobbing einige Gedanken über das Klima in der Klasse.

Anregungen zum Nachdenken über die Klasse vor der Mobbingdiskussion

- Gibt es Schüler, die großen Einfluss darauf haben, was man in der Klasse «denken und sagen» darf?
- Wie kann ich die Diskussion gestalten, so dass diese Schüler den Prozess nicht negativ beeinflussen?
- Gibt es von Anfang an genug Vertrauen für ein offenes Gespräch?

Schriftliche Äußerungen

Ich habe in Kapitel 4 bereits darauf hingewiesen, dass die Fragebögen, die für die Forschung verwendet werden, auch in der eigenen Klasse zum Einsatz kommen können. Diese finden Sie im Anhang A-1. Wenn Sie diese Arbeitsweise wählen, ist es auch denkbar, den Fragebogen zusammen mit den Schülern weiterzuentwickeln. Dies setzt natürlich eine Einleitung zum Thema voraus. Schriftliche Äußerungen können auch andere Formen annehmen; sie können beispielsweise Aufsätze zu dem Thema schreiben lassen oder die Schüler einige offene Fragen mit eigenen Worten beantworten lassen. Wer sich für eine solche Form entscheidet, sollte sich allerdings vorher gut überlegen, wie das Material anschließend ausgewertet werden soll, damit daraus die gewünschten Informationen gewonnen werden können und den Schülern zudem Schutz und Anonymität zugesichert werden kann.

Zeichnen oder Malen

Mit jüngeren Kindern kann sich das Zeichnen sehr gut eignen. Mit etwas älteren Kindern können altersentsprechende Mittel verwendet werden. Ob Malen, Kneten oder andere kreative Mittel verwendet werden, ist den Lehrpersonen überlassen. Ein Beispiel einer Zeichnung zum Thema «Was macht uns traurig?» ist in **Abbildung 11-1** wiedergegeben. Hier hat Jonas zeigen wollen, dass das kleinere Kind (er selber) eine schöne farbige Zeichnung gemacht hatte und dass ein anderes Kind (das größere Kind) die Zeichnung negativ beurteilte und auslachte (der Text wurde der Kindergartenlehrperson vom Kind diktiert). Interessant ist, dass die Kinder die mobbenden Kinder fast immer als viel größer zeichnen als die Opfer der Angriffe. Das soll uns daran erinnern (Kap. 7), dass Kindergartenkinder die Mobber als «stark» und die Opfer als «schwach» wahrnehmen, obwohl mobbende Kinder in Realität nicht stärker als die anderen Kinder sind.

Abbildung 11-1: Zeichnung eines Kindergartenkindes zum Thema «Was macht uns traurig?»

Spiele mit kleinen Figuren oder Puppen

Mit Kindern des Kindergartens oder der ersten Schulstufen eignen sich kleine Inszenierungen von schwierigen Situationen, wie wir sie selber in unseren Projekten verwendet haben (siehe Abb. 3-3). Bei der Auswahl der Figuren und Puppen ist darauf zu achten, dass sie die Kinder nicht zu verzerrten Aussagen veranlassen, das heißt unter anderem, dass keine Puppe an ein bestimmtes Kind erinnern sollte. Man sollte zudem vermeiden, typische Mädchen- und Jungenfarben zu verwenden, wenn Geschlechterfragen nicht relevant sind. Die Kinder sollten den Puppen Eigenschaften zuschreiben, die Eigenschaften sollten nicht durch Merkmale der Puppen den Kindern suggeriert werden. Es sei denn, man möchte tatsächlich eine Situation mit Mädchen und Jungen oder eine Situation mit einem starken oder großen Kind und einem kleineren inszenieren.

Individuelle Gespräche

Wenn man weiß – oder den Verdacht hat –, dass ein Schüler gemobbt wird, stellen individuelle Gespräche mit Opfern, Mobbern und anderen Kindern einen sinnvollen Einstieg in die Problematik dar, bevor diese in der Klasse thematisiert wird. Dabei ist es wichtig, sich daran zu erinnern, dass man nicht nach der «Wahrheit» suchen sollte, da diese durch die Gespräche kaum zum Vorschein kommen wird. Es ist auch in individuellen Gesprächen besser, in die Zukunft zu schauen und nach Wegen zu suchen, wie verletzendes Verhalten zukünftig vermieden werden kann, als in der Vergangenheit zu graben und den Verteidigungsreden der Involvierten zu viel Gehör zu schenken. In einzelnen Fällen sind diese Gespräche hinreichend, um eine Mobbing-Situation zu stoppen. Dies trifft allerdings nur zu, wenn sehr wenige Schüler involviert sind.

Individuelle Gespräche sind auch eine Möglichkeit, die Diskussion mit einzelnen Schülern weiterzuführen. Dabei denke ich nicht nur an Gespräche mit den direkt involvierten Kindern, sondern auch mit Schülern, die sich als wichtige Ressource für die Prävention von weiteren Mobbing-Vorfällen gezeigt haben (Alsaker, 2003). Eine der großen Ängste der Opfer ist, dass die Lehrperson es vor der Klasse bloß stellen könnte. Es ist deshalb wichtig, dem Opfer zu vermitteln, dass dies nicht geschehen wird.

Individuelle Gespräche können darüber hinaus die Funktion der Verarbeitung von negativen Erfahrungen haben. Es ist für die Opfer wichtig, dass sie verstehen, dass man sie ernst nimmt. Trotzdem sollten nicht wiederholt Gespräche über «alte Zeiten» geführt werden. Sie können aber eine gute Gelegenheit sein, diesen Kindern Unterstützung im Prozess der Findung neuer Beziehungen in der Gruppe anzubieten. Man sollte vor allem darauf achten, dass starke negative Erwartungen nicht erfüllt werden (sog. selbsterfüllende Prophezeiungen). Auch wenn Opferkinder immer noch Angst haben, dass die

Mobber sie schlecht behandeln, ist es wichtig, dass sie lernen, dass diese Angst vielleicht eher ihre Erwartungshaltung ist. Möglicherweise wird man nicht erleben, dass ein früherer Mobber und ein Opfer gute Freunde werden. Dies geschieht zwar tatsächlich gelegentlich, aber es ist kein Ziel. Frieden und Respekt genügen. Das kann eventuell auch ein Thema im Gespräch sowohl mit Mobbern als auch Opfern sein.

- **Schüler sollten sich ein fundiertes Wissen über Mobbing aneignen**
- **Diskussionen über Mobbing müssen über die Vermittlung von Wissen hinausgehen**
- **die eigenen Einstellungen klar vermitteln, d. h. Stellung beziehen**
- **klare und einfache Botschaften verwenden**
- **Ressourcen nicht vergessen.**

Weitere Thematisierungsmöglichkeiten und Arbeitsideen findet man in anderen Anti-Mobbing-Programmen, wie z. B. im Sheffield Programm von Smith (Smith, Sharp, 1994). Man sollte darauf achten, Ideen aus Programmen zu übernehmen, die wissenschaftlich evaluiert worden sind. Viele Ansätze können verlockend tönen, wurden aber nie auf ihre Effizienz untersucht.

Umsetzungsüberlegungen

- Wie will ich das Thematisieren von Mobbing einleiten?
- Eignet sich die Klasse für ein offenes Gespräch?
- Wären Gruppenarbeiten in dieser Klasse geeignet? Wie sollten sie gestaltet werden?
- Sollte man lieber mit schriftlichen Äußerungen beginnen?
- Wären individuelle Gespräche der geeignetste Weg?

11.3 Nachhaltigkeit durch Kommunikation

Wie ist nun der mobbingfreie Raum nachhaltig sicherzustellen? Es reicht bekanntlich nicht, etwas anzusprechen, wenn es bei dem einen Mal bleibt. Schüler müssen die Möglichkeit haben, ihre Anliegen auch später anzubringen.

Kommunikationsmöglichkeiten in der eigenen Klasse

Einige Lehrpersonen pflegen regelmäßige Diskussionen zum Klima in der Klasse zu organisieren. In einigen Klassen heißt es Klassenrat, in anderen Gesprächskreis. Viele Lehrpersonen sind am Anfang etwas skeptisch, wenn wir die Notwendigkeit von regelmäßigen Kommunikationsmöglichkeiten ansprechen. Die Zeitfrage steht oft im Zentrum, weiter wird darauf hingewiesen, dass der Schulstoff Priorität haben soll. Lehrpersonen, die an unseren Weiterbildungskursen teilnahmen, haben uns bestätigt, dass es im Rahmen des normalen Schulalltags – mindestens in der Schweiz – möglich ist, solche Gesprächsrunden durchzuführen. Die meisten finden eine Lösung und berichten, dass der «Zeitverlust» dadurch kompensiert wird, dass viele Anliegen dort besprochen werden, die sonst viel aufwendiger zu behandeln gewesen wären. Durch die Regelmäßigkeit der Gesprächsrunden ist es für alle Schüler einfacher, Probleme anzusprechen, als wenn sie eigens zur Lehrperson gehen müssten. Die Hemmschwelle wird eindeutig gesenkt.

In der Schule, mit der wir über längere Zeit arbeiteten und die ich bereits erwähnt habe, sagten 83 % der Drittklässler und 88 % der Schüler in den 6. bis 9. Klassen, dass sie eine Stunde (Klassenrat oder Kreis) hätten, wo sie Probleme innerhalb der Klasse mit dem Klassenlehrer besprechen konnten. Die Schüler, die die Frage bejahten, waren auf alle Klassen verteilt. Diese Schule hatte eine Anti-Mobbing-Einstellung und arbeitete regelmäßig mit der Problematik.

Kommunikation mit den Eltern pflegen

Die Elternarbeit ist für Lehrpersonen im Kindergarten und in der Schule nicht selten ein kompliziertes Thema. Die Konfrontation mit den Eltern ist für manche Lehrpersonen mit großen Vorbehalten und nicht selten mit diffusen Ängsten verbunden, manche davon mögen eine gewisse Berechtigung haben, andere aber sind unbegründet und können durch neue, positive Erfahrungen ersetzt werden.

Wenn Mobbing mit den Kindern thematisiert wird oder wenn später (Kap. 12) gemeinsam Regeln entwickelt und durchgesetzt werden und wenn Sie als Lehrperson versuchen, die sozialen Kompetenzen der Kinder bewusst zu fördern

(Kap. 13), ist es hilfreich, wenn auch die Eltern der Kinder über Mobbing informiert und darauf sensibilisiert sind. Das habe ich im Kapitel 11.2 teilweise angesprochen. Die Information auf Schulebene ist ein guter Einstieg, aber es sollte ein Ziel sein, das, was in der Klasse geschieht, auch direkt zu kommunizieren und den Eltern verständlich darzulegen. Dabei ist zu berücksichtigen, dass die Kinder aus Familien unterschiedlichster Herkunft stammen und häufig genauso unterschiedliche Erziehungsvorstellungen haben können. Diese müssen nicht gegeneinander ausgespielt werden, sie können aber transparent gemacht und gemeinsam reflektiert und diskutiert werden.

Ich habe in Kapitel 9 angesprochen, dass Lehrpersonen, die von Eltern auf ein Mobbing-Problem angesprochen werden und dieses nicht selber entdeckt hatten, oft in eine Abwehrposition geraten. Die direkte Kommunikation mit den Eltern über die Mobbing-Prävention kann zur Vermeidung solcher Situationen beitragen. Dies besonders, wenn Eltern zur Kommunikation mit der Schule aufgefordert werden, wenn sie einen Verdacht haben.

Anregungen zum Nachdenken über die verschiedenen Sichtweisen von Eltern und Lehrpersonen

- Wieso wissen Eltern so wenig über Mobbing-Probleme ihrer Kinder im Kindergarten und in der Schule?
- Warum teilen Opfer ihren Eltern nur zögerlich oder verborgen und dann sehr spät ihr Leiden mit? Was bedeutet dieser Befund für die Präventionsarbeit?
- Kann es sein, dass ich einzelne Kinder eher als Mobber oder allgemein aggressiv wahrnehme, ohne zu sehen, dass sie von Peers gemobbt werden? Weshalb sehe ich nicht, dass sie gemobbt werden?

Die Eltern werden idealerweise an einem Elternabend oder im Rahmen eines allgemeinen Besuchstags in der Klasse über das Thema «Mobbing-Prävention» orientiert oder sie bekommen mindestens einen Informationsbrief, wenn nichts anderes möglich ist. Eltern, die am Informationsanlass nicht teilgenommen haben, sollten wenn möglich per Brief informiert werden. Besonderes Gewicht erhält dabei die Erläuterung der konkreten Verhaltensrichtlinien und Maßnahmen, die in der Klasse gelten.

Für einen kurzen Überblick über die wichtigsten Merkmale von Mobbing und Prävention eignet sich zum Beispiel eine Information für Eltern (Alsaker, Kauer, 2004), die im Rahmen von «Mobbing ist kein Kinderspiel» (Valkanover et al., 2004) produziert wurde.

Für die Lehrpersonen: Anregungen zum Nachdenken über die Kommunikation mit den Eltern

- Was habe ich bisher für Erfahrungen in der Elternarbeit und bezüglich gemeinsamer Absprachen mit Eltern gemacht?
- Welche sind die positivsten Erfahrungen gewesen?
- Warum ist die Kommunikation mit den Eltern für die Mobbing-Prävention wichtig?
- Wie kann ich die regelmäßige Elternarbeit als Selbstverständlichkeit in den Kindergarten- oder Schulalltag integrieren?
- Wie kann ich die Elterninformation zum Thema Mobbing-Prävention gestalten?
- Welche Möglichkeiten gibt es, Eltern nachhaltig in die Präventionsarbeit einzubinden?

Eltern pflegen den Kontakt zur Schule und zu anderen Eltern

Als Eltern sollten Sie auch regelmäßige Kontakte zu anderen Eltern der Klassenkameraden ihres Kindes pflegen. Dies erhöht die Chancen, dass sich die Kinder gegenseitig unterstützen oder zumindest zu Hause davon erzählen, wenn das andere Kind in der Schule Probleme hat.

Stehen Sie in regelmäßigem Kontakt mit der Lehrperson ihres Kindes, bevor es zu allfälligen Problemen kommt. Fragen Sie nach, wie die Lehrperson das Kind im Kindergarten oder in der Schule erlebt. Gegenseitiger und offener Austausch im Gespräch ist die beste Voraussetzung für erfolgreiche Bewältigung auftretender Schwierigkeiten.

- **Im Sinne einer transparenten Prävention von Mobbing ist es empfehlenswert, die Eltern möglichst bald über die Anti-Mobbing-Arbeit zu informieren und sie um Unterstützung und Kooperation zu bitten.**
- **Elternhaus und Schule pflegen transparente und klare Kommunikation.**
- **Kinder und Jugendliche, die in einer Mobbing-Falle gefangen sind, brauchen die Hilfe der Lehrpersonen und ihrer Eltern.**
- **Schuldzuweisungen verderben die Zusammenarbeitsmöglichkeiten.**
- **Die Lehrperson und die Eltern erzählen aus ihrer Perspektive und verwenden Ich-Botschaften.**

12. Zusammenhalt der Klasse durch einen Verhaltensvertrag

Reden allein genügt nicht, um Mobbing effizient vorzubeugen. Nachdem das Eis gebrochen ist, muss weiter gehandelt werden. Im Programm Be-Prox, wie in sehr vielen anderen Anti-Mobbing-Programmen, wird gemeinsam mit den Schülern ein Vertrag oder Verhaltenskodex verfasst.

Be-Prox in der Praxis (4/6)

4. Verhaltensvertrag zusammen mit den Schülerinnen und Schülern entwickeln

12.1 Die Erarbeitung eines Vertrags

In vielen Programmen wird empfohlen, Regeln gegen Mobbing einzuführen (z. B. Olweus, 1996). Das Wort Regeln wird gelegentlich missverstanden, denn viele Schulhäuser verfügen bereits über lange Listen mit Verhaltens- und Ordnungsregeln. Was man mit der Einführung von Regeln in Anti-Mobbing-Programmen erreichen will, ist die Bildung von neuen Normen gegen Mobbing.

Normen gegen Mobbing

Ich habe in den Kapiteln 5 und 6 ausführlich über die Wichtigkeit sozialer Normen in der Klasse geschrieben. Wie wichtig Einstellungen gegenüber Mobbing sind, haben Guerra, Williams und Sadek (2011) nachweisen können. Ihre Ergebnisse zeigten vor allem, dass Schüler, die in einem Zeitraum zwischen Frühling und Herbst positivere Einstellungen zu Mobbing entwickelt hatten, ihre Peers im Herbst mehr mobbten, als sie es im Frühling getan hatten.

Praxisrelevantes Wissen

- Mobber haben keine gut entwickelten moralischen Werte. Sie brauchen eindeutige Grenzen und Regelungen, um ihr Verhalten zu ändern.
- Opfer haben nur wenig Unterstützung und können sich in der Situation schlecht wehren. Sie brauchen deshalb Schutz.
- Schüler, die aus verschiedenen Gründen geschwächt sind, sind sehr verletzbar gegenüber Mobbing-Attacken. Auch sie brauchen Schutz.
- Alle, auch die nicht direkt Involvierten, sind mitverantwortlich für das Mobbing.

Guerra et al. (2011) führten mit den Jugendlichen Gespräche in kleinen Fokusgruppen. Den Aussagen der Jugendlichen ist zu entnehmen, dass eine gewisse Anzahl Schüler der Meinung waren, dass man «einfach mobben muss, wenn viele es tun», besonders wenn es die eigenen Freunde sind. Man muss es tun, um nicht selber gemobbt zu werden, weil man nicht mitmacht. Solche Aussagen fanden die Autoren im gleichen Ausmaß bei Jungen und Mädchen. Viele der Befragten waren zudem der Meinung, dass jeder zu einem Mobber oder Assistenten von Mobbern werden kann, wenn die Situation sich bietet. Die Jugendlichen meinten weiter, dass Hänseleien zum Alltag gehören, dass sie aber auch ausarten können und daraus Mobbing werden kann. Befragt zu eventuellen Anti-Mobbing-Maßnahmen in ihrer Schule, meinten sie, dass alle derartigen Maßnahmen einen positiven Effekt auf das Schulklima und zur Abnahme von Mobbing führten.

Nach unserer Erfahrung kommen in den Gesprächen über Mobbing eher die negativen Erfahrungen und deshalb auch die negativen Einstellungen gegenüber Mobbing zum Vorschein. Mobbing-Situationen werden allerdings durch eine eindeutige Verstärkungskultur in der Klasse gefördert. Die Mobber und ihre treuesten Assistenten sind nicht einfach umzustimmen, solange nichts Konkretes unternommen wird. Sie verstehen nach den ersten Besprechungen möglicherweise, dass der größte Teil ihrer Peers anders denkt, aber sie verharren häufig trotzdem in ihrer Sicht der Dinge. Deshalb muss die systematische Verstärkung der Mobbing-Handlungen gestoppt werden. Die klare Stellungnahme der Erwachsenen ist dabei zentral, aber nicht immer hinreichend. Um etwas am Verhalten der Mobber zu ändern, braucht es mehr als Klassengespräche, und um ihre Einstellungen zu ändern, benötigt es eventuell eine professionelle Beratung. Trotzdem müssen wir dafür sorgen, dass sich das Klima in der Klasse ändert, dass verletzbare Kinder und Jugendliche sich sicher fühlen können, auch wenn die Mobber ihre Einstellungen zuerst nicht überdenken wollen.

Die meisten Autoren, die zurzeit mit Anti-Mobbing-Programmen arbeiten, sind sich einig, dass Kinder und Jugendliche verbindliche Regeln brauchen (siehe dazu Smith et al., 2004). Solche verbindlichen Regeln sollen am besten im Rahmen von Gesprächen und Abmachungen zwischen Schülern und Lehrpersonen erstellt werden. Im Rahmen von Be-Prox sprechen wir von einem Verhaltensvertrag. Dieser Vertrag sorgt unter anderem dafür, dass zum Schutz von geschwächten oder gefährdeten Mitschülern eine neue Norm gegen Mobbing entsteht.

Klare Regelungen und Abmachungen

Die Arbeit mit Regelungen und Abmachungen wird in **Abbildung 12-1** schematisch dargestellt. Das übergeordnete Ziel ist klar: Alle sollen sich in der Klasse wohl und sicher fühlen. Das Zwischenziel «Klare neue Normen» soll dazu beitragen, das übergeordnete Ziel zu erreichen. Diese erwünschten Normen müssen verdeutlicht werden. Die Sensibilisierungsgespräche leisten mit Sicherheit einen Beitrag dazu. Eine weitere Verdeutlichung geschieht in Form von konkreten, klaren und transparenten Regelungen. Wie eine Klasse zu solchen Regelungen kommt, ist von Klasse zu Klasse verschieden. Wir erachten es als sehr wichtig, den Lehrpersonen und Schülern selber zu überlassen, welche Regeln in ihrer Klasse gelten sollen.

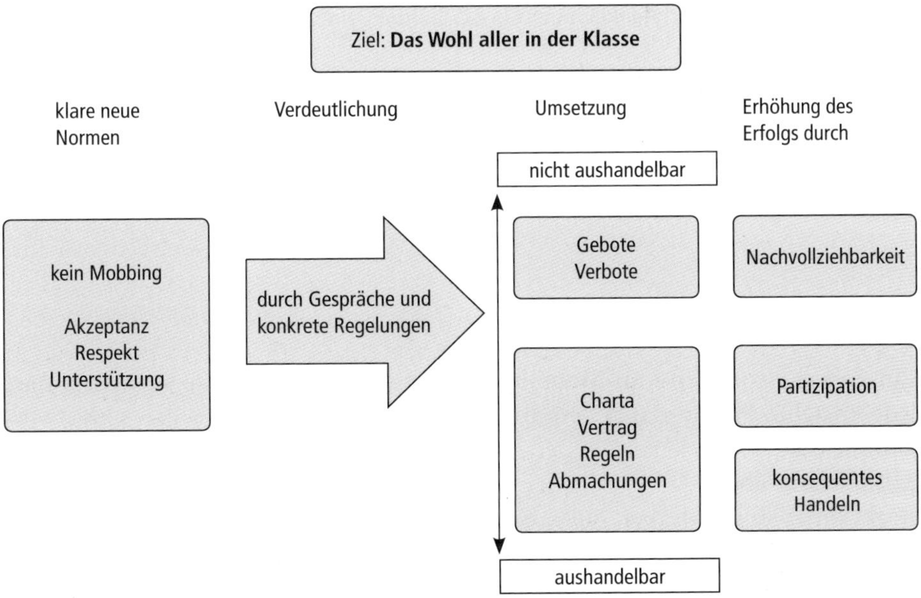

Abbildung 12-1: Der Verhaltensvertrag in der Klasse

Wichtig ist, dass man sehr klar zwischen Regeln unterscheidet, die miteinander auszuhandeln sind und anderen, die nicht Gegenstand von Aushandlungen sein können. Es ist beispielsweise nicht auszuhandeln, ob Gewalt gegenüber Peers und Lehrpersonen stattfinden darf oder nicht. Mobbing und andere Formen von Gewalt werden nicht geduldet! Es gilt ein Mobbing-«Verbot». Am anderen Ende der Aushandlungsachse stehen Abmachungen, die Schüler treffen. Diese beinhalten Verhaltensweisen, die erwünscht oder unerwünscht sind. Darin können alle Formen von Verhalten enthalten sein, die dazu beitragen, dass sich das Klassenklima auf einem positiven Niveau hält und dass Mobbing sich nicht entwickeln kann.

Auf der rechten Seite der Abbildung sind Faktoren aufgelistet, welche die Erfolgschancen der Arbeit mit dem Vertrag erhöhen. Wenn es um Gebote und Verbote geht, ist es klar, dass sie für alle (oder die allermeisten) nachvollziehbar sein müssen. Die Nachvollziehbarkeit eines Mobbing-Verbotes sollte nach den Sensibilisierungsgesprächen kein Problem sein. Der Stellenwert des Vertrags ist in hohem Maße abhängig von der Mitarbeit der Schüler. Es hilft nicht, wenn eine Lehrperson selber einen Vertrag verfasst, der anschließend von allen gutgeheißen werden soll. Wenn der Vertrag von allen ernst genommen werden soll, muss er das Werk der Schüler sein. Verträge lassen sich bereits mit Kindergartenkindern ausarbeiten.

Anregungen zum Nachdenken über die Erarbeitung eines Vertrags

- Wie stehe ich zu Regeln generell?
- Was halte ich von der gemeinsamen Erarbeitung eines Vertrags?
- Wo sehe ich eventuelle Schwierigkeiten? Wie kann ich sie überwinden?

Der Vertrag geht alle an!

Ein Zwischenziel der Anti-Mobbing-Prävention ist es, dass alle verstehen, dass jede einzelne Person dafür verantwortlich ist, ob Mobbing in der Klasse vorkommt oder nicht. Jeder Schüler muss einsehen, dass weder das Mobben, das Mitmobben noch das Zuschauen oder Weggehen angemessene, tolerierbare Reaktionen sind (Alsaker, 2003; Salmivalli et al., 2004; Stevens, van Oost, de Bourdeaudhuij, 2000). Die gemeinsame Erarbeitung eines Verhaltensvertrags trägt dazu bei, dass alle verstehen, dass sie eine konkrete Verantwortung für das Wohl der ganzen Klasse mittragen.

Praxisrelevantes Wissen

- Nicht direkt involvierte Peers sind sozial kompetent und bereit, Opfern zu helfen.
- Mobber werden in ihrem Verhalten verstärkt. Es lohnt sich für sie.
- Mobber möchten beliebt sein und beliebt bleiben.

Der Befund, dass die nicht direkt beteiligten Kinder mehr opferunterstützende Zeugenreaktionen zeigen als andere Kinder, macht deutlich, dass diese Kinder eine große Ressource in der Arbeit gegen Mobbing darstellen (Hauser et al., 2009). Ein Zwischenziel ist deshalb auch, die Anzahl jener Kinder zu erhöhen, die beim Mobbing aktiv zugunsten des Opfers intervenieren. Die Einführung von Regeln hilft den nicht direkt beteiligten Schülern, den nötigen Mut aufzubringen, um Hilfe zu holen oder Mobber auf die vereinbarten Regeln hinzuweisen.

Der Vertrag kann außerdem Hinweise auf angemessenes Intervenieren gegen Mobbing beinhalten. Zum Beispiel kann vereinbart werden, wie und wann Hilfe von der Lehrperson zu holen ist, oder es kann eine Regel geben, die besagt, dass es die Pflicht aller ist, Mobbing-Handlungen zu stoppen (siehe Kap. 12.3).

In der Kindertagesstätte haben die 5-Jährigen gemeinsam mit der Leiterin «Gute-Freunde-Regeln» entworfen. Es sind ganz wenige Regeln, die auch für die knapp 4 Jahre alten Kinder gut verständlich sind. Sie sind mit einfachen Symbolen auf einem Plakat aufgelistet.
Plötzlich schlägt Sandra Petra mit der Hand, weil sie den Traktor haben möchte, mit welchem Petra gerade spielt und den sie nicht geben will. Darauf schaut Petra Sandra an und sagt: «Ich glaube, du hast die Gute-Freunde-Regeln vergessen, Sandra.» «Ja, stimmt», sagt Sandra, «entschuldige.»

Die Vorgehensweise dieser Tagestätte wird auf ganz verschiedenen Schulstufen durchgeführt; mit anderen Mitteln und Inhalten, aber nach dem gleichen Prinzip.

In Kindergärten machen die Kinder oft Zeichnungen zu den Regeln, die sie vereinbaren. Es hilft ihnen, den konkreten Bezug zur Vereinbarung zu haben. Es sind dann auch «ihre» Regeln.

In einem Kindergarten, der zwei parallele Klassen führt, hatten die Kinder in Klasse A ein Plakat gemacht, auf dem ihre Zeichnungen aufgeklebt waren. Frau H. aus der Klasse B wollte das Plakat ihren Kindergartenkindern zeigen und es mit ihnen besprechen. So nahm sie das Plakat für einen Tag zu sich. Die Kinder der Klasse A machten regelrecht einen Aufstand. Es war «ihr Plakat» und es waren «ihre Regeln».

Verhalten, das nicht erwünscht ist, wird von den Kindern häufig mit einem Kreuz über der ganzen Szene versehen, oder es kommt auf das Plakat mit einem roten Hintergrund, während die erwünschten Handlungen auf ein grünes Plakat aufgeklebt werden. In einem Kindergarten pflegten einige Kinder den anderen die Zunge rauszustrecken, um sie zu beleidigen (siehe Kap. 4). So zeichneten die Kinder entsprechend lange Zungen in den Gesichtern der beleidigenden Kinder. In einer anderen Gruppe waren Kinder sich einig, dass es schmerzhaft ist, wenn man von anderen ausgeschlossen wird. Dies brachten sie auch zeichnerisch aufs Papier. Letzteres Beispiel finden Sie in **Abbildung 12-2**.

Die Zeichnung verdeutlicht, wie konkret die Kinder diese Situationen wiedergeben. Der Abstand zwischen den Kindern, die miteinander spielen, und dem ausgeschlossenen Kind ist auf dem Papier tatsächlich sehr groß – so groß, wie es auf dem Blatt möglich war. Weil viele Kinder zeichnen, wird auch geregelt, welche Zeichnungen wie lange auf dem Plakat bleiben. Die anderen Zeichnungen sind in Sichtweite, auf einer «Warteliste». Bei den jüngeren Kindern gilt noch mehr als bei den älteren Schülern, dass die Anzahl Regeln knapp gehalten werden soll. Bei jeder neuen Gesprächsrunde kann darüber entschieden werden, welche Regeln man noch braucht und welche selbstverständlich geworden sind und ob es einige neue geben sollte.

In Kapitel 9 war davon die Rede, dass Kinder und Jugendliche ihre jeweiligen Grenzen ausprobieren. An dieser Stelle geht es darum, Respekt für die abgemachten Grenzen zu schaffen. Skeptiker sagen gerne, dass die Mobber sich wenig um diese abgemachten Grenzen kümmern würden. Das mag ja sein. Allerdings sind sie nach der Arbeit mit einem Vertrag oft allein mit ihrer Meinung. Es wird viel miteinander diskutiert und alle verpflichten sich durch ihre Unterschrift. Wer nicht mitmachen möchte, steht unter Gruppendruck. Diesmal gilt der Gruppendruck nicht dem Mit-Mobben, sondern der neuen Norm gegen Mobbing. Es kann auch für mobbende Kinder und Jugendliche schwierig sein, sich bewusst aus der Gemeinschaft zu halten: Sie möchten keine Einbußen in ihrem Beliebtheitsstatus erleiden (Veenstra et al., 2010). Dass die Mobber einen solchen Vertrag ernst nehmen, zeigt folgendes Beispiel aus einer vierten Klasse:

> Die Klasse hatte einen Vertrag erarbeitet. Zwei Wochen später geht Lukas zur Lehrerin und sagt, er möchte seinen Namen wieder ausradieren. Frau R. fragt nach dem Grund. Lukas: «Ich möchte mich nicht mehr an den Vertrag halten.» Frau R. erwidert, dass das mit der Klasse diskutiert werden muss. Die Diskussion ist angeregt. Die Mitschüler sagen, dass sie sich dann nicht mehr verpflichtet fühlten, den Vertrag ihm gegenüber einzuhalten etc. Lukas streicht seinen Namen durch. Eine Woche später kommt er wieder zu Frau R. und sagt, er hätte es sich nochmals überlegt. Er möchte doch wieder unterzeichnen.

Abbildung 12-2: Zeichnung eines Kindergartenkindes zu einer abgemachten Regel gegen den Ausschluss von Peers

Lukas hätte sich eigentlich so benehmen können, wie er es wollte, und die Konsequenzen auf sich nehmen können. Aber er fühlte eine Verpflichtung gegenüber dem Vertrag und der Klasse. Dies wurde ihm in der Woche, in der er sich aus dem Vertrag herausnahm, bewusst. Er wollte zur Klasse gehören, und es gab nur einen Weg: mitmachen und aufhören, andere schlecht zu behandeln. Lukas war in mehreren Hinsichten mutig. Mutig, als er sich entschied, seinen Namen zu streichen, und noch mutiger, als er sich entschied, wieder zu unterzeichnen. Frau R. wusste Letzteres zu betonen und Lukas ging stolz aus der ganzen Diskussion heraus. Diesmal war er aufgrund einer positiven Handlung stolz, nicht wie früher aufgrund von eher «feigen» Mobbing-Handlungen. Dieser Schritt bedeutete viel für seine weitere Einbindung in der Klasse.

- **Ein Vertrag sollte nicht zu viele Regeln beinhalten.**
- **Regeln knapp und sehr klar formulieren.**
- **Regeln sollten wenn möglich positiv formuliert werden.**
- **Regeln sollten nachvollziehbar und leicht zu befolgen sein.**
- **Der Vertrag muss verbindlich sein.**
- **Der Vertrag soll schriftlich festgehalten (evtl. zeichnen), sichtbar aufgehängt und von allen unterschrieben werden.**
- **Der Vertrag muss in regelmäßigen Zeitabständen überdacht werden. Er soll jederzeit der Situation in der Klasse angepasst werden.**

Praxisbeispiele zur Erarbeitung der Inhalte des Vertrags

- Diskussionen anhand von Mobbing-Beispielen: Wie könnte man solche Situationen verhindern?
- Rollenspiele zu erwünschten und unerwünschten Verhaltensweisen
- Arbeit mit Kinder- und Menschenrechten
- Erarbeitung einer Werbekampagne gegen Mobbing
- Arbeit mit der Kandersteg-Deklaration gegen Mobbing (siehe Kap. 12.2).

Eltern einbinden

Es ist wichtig, dass Eltern erfahren, welche Abmachungen ihre Kinder mit ihren Peers und den Lehrpersonen getroffen haben. Transparenz steht hier im Vordergrund: Es geht nicht darum, die Eltern davon zu überzeugen, dass im Kindergarten oder in der Schule die «richtigen» Regeln gelten. Wichtig ist es jedoch, den Eltern zu vermitteln, wie die Grundlagen für die Sozialisation ihrer Kinder in der Schule aussehen, und sie darauf aufmerksam zu machen, dass die Prävention von Mobbing auf Zusammenarbeit beruht. Eltern werden froh sein, dass die Schule sich um Mobbing-Prävention bemüht, falls einmal ein Mobbing-Fall entstehen sollte.

Ideal ist natürlich, wenn Eltern und Lehrpersonen am selben Strick ziehen und tatsächlich dieselbe Einstellung gegenüber dem Mobbing vertreten und den Kindern vermitteln. Es ist nicht zu bestreiten, dass die Übereinstimmung der Sozialisationsziele in der Schule und in der Familie den Alltag für die Kinder sehr vereinfacht und ihnen viel Stress und Unsicherheit erspart. Es ist für Kinder allerdings nicht unbedingt notwendig, dass im Kindergarten – oder in der Schule – und zu Hause genau dieselben Regeln gelten. Wichtig ist, dass es überhaupt verbindliche Regeln gibt, an denen sie sich orientieren können. Ein Ziel der Elternarbeit im Zusammenhang mit der Prävention von Mobbing sollte sein, dass die Eltern die erarbeiteten Verträge und Regeln kennen und ihrem Kind zu verstehen geben, dass sie hinter diesen stehen, auch wenn es vielleicht nicht dieselben Regeln sind wie zu Hause.

Es ist in der Tat so, dass viele Eltern froh darüber sind, von verbindlichen und bewährten Regeln im Kindergarten oder in der Schule zu hören, und dass sie gerne bereit sind, mitzuhelfen, damit sich das Kind an diese Regeln hält. Wir haben auch erlebt, dass Eltern den ganzen Vertrag abgeschrieben haben, weil sie diese Abmachungen auch zu Hause geltend machen wollten. Wenn sich zwischen Eltern und Lehrpersonen eine solche Zusammenarbeit ergibt, ist dies natürlich sehr fruchtbar für alle.

Dass viele Eltern eine intensivere Anti-Mobbing-Arbeit in den Schulen wünschen, kommt häufig in der gemeinsamen Organisation von Anlässen zum Thema Mobbing-Prävention zum Vorschein. Meistens bilden Informationsabende für Lehrerschaft und Eltern den ersten Baustein für eine fruchtbare weitere Zusammenarbeit.

12.2 Kandersteg-Deklaration gegen Mobbing

Die Kandersteg-Deklaration gegen Mobbing wurde aufgrund meiner Initiative im Jahre 2007 in Zusammenarbeit mit Kollegen aus der ganzen Welt verfasst. Die Deklaration verfolgt mehrere Ziele. Sie soll Betroffenen eine Stimme geben, allen ein Minimum an Information zu Mobbing bereitstellen (dazu wurden gewisse Zusatzinformationen verfasst) und eine Plattform für die internationale Solidarität im Kampf gegen Mobbing schaffen. Auf der Webseite der Deklaration befinden sich Übersetzungen in viele verschiedene Sprachen. Inzwischen haben auch sehr viele Einzelpersonen, Schulen, politische Instanzen und Gemeinden die Deklaration mit ihren Namen unterstützt.

Die Deklaration kann von Einzelpersonen in ihrem Einsatz gegen Mobbing genutzt werden, als Grundlage für Diskussionen an Schulen oder in der Arbeit mit älteren Schülern dienen, und sie kann in die Präventionsarbeit eingebaut werden.

Idealerweise könnten ganze Klassen oder Schulen sich dafür entscheiden, die Kandersteg-Deklaration gegen Mobbing zu unterstützen, und dies durch das Ausfüllen eines Formulars auf der Webseite bestätigen. Auf der Webseite kann die Liste der unterstützenden Personen und Institution gesichtet werden. Die Entscheidung, die Deklaration offiziell zu unterstützen, würde einen konkreten Schritt im Kampf gegen Mobbing markieren. Der Text der Deklaration lautet folgendermaßen:

Kandersteger Deklaration gegen Mobbing bei Kindern und Jugendlichen

Wir, die Teilnehmerinnen und Teilnehmer an der internationalen Konferenz «Efforts against Victimization» in Kandersteg (Schweiz) vom 8. bis 10. Juni, wollen uns langfristig und nachhaltig für positive Sozialbeziehungen und gegen Mobbing bei Kindern und Jugendlichen einsetzen.

Wir stellen fest

- Jeden Tag werden auf der ganzen Welt schätzungsweise 200 Millionen Kinder und Jugendliche von ihren Gleichaltrigen gemobbt. Jedes Kind und jeder Jugendliche hat aber das Recht auf Respekt und Sicherheit. Mobbing ist eine Verletzung dieses grundlegenden Menschenrechts.
- Es liegt in der moralischen Verantwortung der Erwachsenen, für dieses Recht und überhaupt für die gesunde Entwicklung der Kinder und Jugendlichen einzustehen. Viele Erwachsene brauchen und wünschen mehr Wissen über Zusammenhänge und mehr Kenntnisse über Vorgehensweisen gegen Mobbing.
- Mobbing ist eine Form von Gewalt und damit ein eigentlicher Missbrauch von sozialen Beziehungen. Mobbing wird heute weltweit als eine ernsthafte Entwicklungsbehinderung erkannt. Mobbing hat viele Gesichter, je nach Alter, Geschlecht und Kultur. Auch moderne Technologien werden mitunter für Mobbing missbraucht.
- Gemobbte Kinder und Jugendliche leiden unter dieser Gewalt. Einige nehmen sogar Schaden für ihr ganzes Leben. Auch die Mobbenden können langfristigen Schaden erleiden.
- Viele Faktoren, die Mobbing begünstigen, aber auch solche, die Mobbing verhindern, sind bekannt und wissenschaftlich gesichert. In verschiedenen Ländern werden diese Erkenntnisse bereits heute mit ermutigenden Ergebnissen für Präventionsprogramme verwendet.
- Mobbing beeinträchtigt nicht nur die psychische und physische Gesundheit sowie die soziale und schulische Entwicklung der Betroffenen. Mobbing hat auch für die ganze Gesellschaft massive Konsequenzen: Es beeinträchtigt die Effizienz unseres Bildungswesens, verursacht Kosten für unser Gesundheitswesen, unser Sozialwesen sowie das Justizsystem und reduziert spätere Arbeitsleistung, Produktivität und Innovation.
- Mobbing geht daher uns alle an.

Wir fordern

- Wir müssen Mobbing verhindern und zwar ohne Zögern und überall, wo Kinder und Jugendliche leben, lernen und spielen.

- Prävention muss früh beginnen und über die ganze Kindheit und das Jugendalter reichen. Dabei ist auf wissenschaftlich gesichertem Wissen über Risiken und Schutzfaktoren aufzubauen.
- Allen Erwachsenen, die Kinder betreuen, ist Zugang zu Wissen und zu Bildungsangeboten zu ermöglichen, damit sie imstande sind, wirkungsvoll positive Sozialbeziehungen zu fördern und Mobbing zu verhindern.
- Es sind politische Maßnahmen zu ergreifen und wissenschaftlich abgesicherte Präventionsprogramme einzusetzen, die dem Alter, dem Geschlecht sowie der Kultur angemessen sind und Familien, Gleichaltrige, Schulen und Gemeinden mit einbeziehen.
- Präventionsprogramme sind fachlich zu begleiten und immer wieder wissenschaftlich auf ihre Wirksamkeit zu überprüfen.
- Webseite der Deklaration: www.kanderstegdeclaration.com

12.3 Die Verbindlichkeit des Vertrags – Konsequentes Handeln

Der Vertrag allein ist nicht viel wert, wenn er vergessen wird und keine Konsequenzen mit sich zieht. Gemeinsam werden deshalb Wege besprochen, wie diese Abmachungen eingehalten werden sollen. Es werden am besten konkrete positive und negative Konsequenzen für das Einhalten bzw. das Nicht-Einhalten der Abmachungen beschlossen. So wird aufgezeigt, dass der Vertrag ernst zu nehmen ist.

Be-Prox in der Praxis (5/6)

5. Konsequentes Handeln – Positive Aufmerksamkeit

Entschiedenheit der Erwachsenen

Verantwortlich für die Einhaltung der erarbeiteten Regeln und die beschlossenen Sanktionen in der Klasse sind primär die Lehrpersonen. Sie müssen immer wieder zwischen akzeptablen und nichtakzeptablen Verhaltensweisen unterscheiden und im zweiten Fall konsequent eingreifen. Die Entschlossenheit der Erwachsenen, beim Beobachten von Mobbing einzugreifen, ist eine der wichtigsten Vorbedingungen für eine effiziente Prävention (Olweus, 1996).

Viele Kinder und Jugendliche erleben sehr vage und unklare Grenzen. Sie sind sich nicht gewöhnt, dass ihr Verhalten vorhersehbare Konsequenzen mit sich zieht. Besonders in Stadtgebieten ist die natürliche soziale Kontrolle im öffentlichen Raum gering geworden. Die Anonymität wird oft von Gleichgültigkeit begleitet.

Wer darf wem etwas sagen? Sogar Lehrpersonen berichten, gelegentlich von Kollegen gesagt zu bekommen, dass sie sich nicht in das Verhalten derer Schüler einmischen sollten. Sollen denn Kinder und Jugendliche sich selber überlassen werden? Die Erfahrung zeigt, dass sie Erwachsene brauchen, die ihnen einerseits Halt geben, aber auch «Halt» sagen können. Kinder und Jugendliche, die keine Grenzen erfahren, haben nicht die Möglichkeit, eine solide Identität zu entwickeln (Alsaker, 2003). Struktur und Grenzen zu erleben, ermöglicht einem Kind die Erfahrung der eigenen Möglichkeiten und der verantwortlichen Freiheit. Kinder, die klare und faire Grenzen erleben, brauchen diese nicht immer wieder auszutesten. Sie können sich richtig auf eine Situation einlassen. Dies zeigte das Beispiel mit Lukas, der nach seiner erneuten Unterschrift auf den Vertrag viel entspannter war.

Grenzen setzen bedeutet aber auch, positive und negative Sanktionen zu definieren. Das heißt im Rahmen der Prävention von Mobbing, dass die Erwachsenen willig sein müssen, Stellung zu beziehen, einzugreifen und konsequent zu reagieren.

Max nimmt Kontakt mit dem Klassenlehrer auf und erzählt, dass Anthony ihn beschuldige, eine ausgeliehene DVD behalten zu haben. Anthony fordert Max ultimativ auf, die DVD auszuhändigen oder einen Betrag von Fr. 100.- zu bezahlen, ansonsten habe er mit 100 Tagen Terror zu rechnen. Er droht zudem mit seinem Kollegenkreis. Der Klassenlehrer nimmt Kontakt mit der Mutter von Max auf, die ihm bestätigt, dass sich Max bedroht fühle und dass sie empört sei, wie sich Anthony am Telefon ihr gegenüber verhalten habe. Der Klassenlehrer ruft Anthony an. Er bittet ihn, zuerst seine Version der Geschichte zu schildern, und macht ihm die Version von Max klar. Er macht ihn unmissverständlich darauf aufmerksam, dass seine Drohung völlig inakzeptabel sei und dass er mit ernsthaften Konsequenzen zu rechnen habe, wenn er nicht fähig sei, die Sache mit Anstand zu lösen. Er wird angehalten, die Sache mit Max einvernehmlich zu lösen, und der Lehrer stellt ihm in Aussicht, die Sache weiter zu verfolgen.
Fazit des Lehrers: «Das Gute an diesem Fall ist, dass ich von Max in einer frühen Phase kontaktiert wurde. Anthony musste realisieren, dass sein Verhalten von der Schulleitung wahrgenommen wurde, und damit rechnen, dass es Konsequenzen haben würde, falls er sich weiterhin in dieser Art und Weise benehmen sollte.»

Dies war kein Fall von Mobbing, es war aber abgemacht, dass Schüler sich beim Klassenlehrer melden sollten, wenn bestimmte Situationen sie überfordern. Der Klassenlehrer nahm die Abmachung mit den Schülern ernst; sein eindeutiges

Eingreifen bewirkte eine Lösung. Es könnte für Anthony sogar eine Chance sein: Er musste erkennen, dass er nicht alle Erwachsenen so behandeln konnte, wie er seine Peers behandelte.

- **Klare Grenzen und Struktur vermitteln Sicherheit.**
- **Klare Abmachungen, die eingehalten werden, erhöhen die Vorhersehbarkeit und das Sicherheitsgefühl der Schüler.**

Die Mitverantwortung aller – Konsequenzen und Zivilcourage

Nicht nur die Lehrpersonen sollen für die Einhaltung des Vertrags sorgen. So wie der Vertrag von allen erarbeitet wurde, soll auch die Einhaltung der Abmachungen von allen mitgetragen werden. Der Vertrag dient somit auch dem Erlernen von Zivilcourage. Alle sind dafür verantwortlich, dass man einander und den Vertrag respektiert. Die Mobbing-Zeugen sind in Be-Prox und in vielen anderen Präventionsprogrammen gegen Mobbing eine wichtige Zielgruppe (beispielsweise, Olweus, 1996; Salmivalli et al., 2004; Smith, Sharp, 1994; Stevens et al., 2000).

In Be-Prox empfehlen wir, dass die Lehrperson mit der Klasse bespricht, wie man auf das Nicht-Einhalten der Abmachungen reagieren sollte. Gleichzeitig sollte man zudem unbedingt diskutieren, wie die Klasse sich selber «belohnen» könnte, wenn alle den Vertrag respektieren. Das heißt, mögliche positive und negative Konsequenzen sollten gemeinsam mit der Klasse abgemacht werden. Sehr wichtig ist dabei, nach Lösungen zu suchen, um das Ziel zu erreichen, das heißt, dass alle sich an den Vertrag halten.

Umsetzungsüberlegungen

- Lassen Sie Schüler diskutieren, wie man einem spezifischen Mitschüler helfen kann, sich an den Vertrag zu halten.
- Wie geht man mit einer Situation um, in der ein Mitschüler zu einer unerwünschten Handlung provoziert wurde?
- Wer soll etwas sagen? Sollen Vorfälle gemeldet werden? Bei wem?

Das Ziel ist, dass alle Zeugen befähigt werden, selber Bescheid zu geben, wenn etwas passiert, das nicht mit den Abmachungen übereinstimmt. Dieser Schritt braucht Mut. Um diesen Schritt zu machen, müssen die Schüler wissen, dass die Lehrpersonen hinter ihnen stehen.

Der Einbezug der nicht direkt beteiligten Schüler ist ein Schritt im Erlernen von Zivilcourage. Gewisse Eltern fragen, ob es wirklich nötig sei, ihre Kinder einzubeziehen, da sie doch «nichts mit der Sache zu tun» hätten und sogar riskieren könnten, ins Visier der Mobber zu kommen. Ich verstehe die Angst dieser Eltern sehr gut. Nur ist es so, dass ihre Kinder durch ihre passive Haltung tatsächlich auch am Mobbing beteiligt sind und diesen Teil ihrer Verantwortung auch erkennen müssen. Durch die ausgesprochene Angst der Eltern lernen sie, dass man sich am besten für niemanden einsetzt, wenn man selber nicht betroffen ist. Dies ist natürlich – wie die ganze Mobbing-Prävention – eine Wertfrage. Die Passivität der Zeugen schützt sie nicht gegen Mobbing, denn in den Augen der Mobber sind auch sie schwach und ungefährlich, genau wie die Opfer. Durch ein angemessenes Engagement, unterstützt von den Erwachsenen, tun Schüler mehr für ihre eigene Sicherheit als durch ihre ängstliche Passivität. Wenn die Erwachsenen eindeutig Stellung beziehen und falls nötig auch selber eingreifen, sind die Schüler, die sich für die Opfer einsetzen, außerdem nicht gefährdet (Alsaker, 2003).

Es ist hierbei sehr wichtig, die Persönlichkeit und den Stil der einzelnen Kinder zu respektieren. Mitverantwortung und Zivilcourage sollen nicht als Mutprobe missverstanden werden. Kinder, die ängstlich sind, müssen nicht direkt in die Bresche springen und Mobber stoppen. Aber sie können Hilfe holen. Sie können Peers, die Lehrperson oder andere Verantwortliche holen. Dadurch helfen sie dem Opfer und erfüllen ihren Teil der Mitverantwortung für den Vertrag. Auch diese Art von Einsatz gegen Mobbing kann ihnen selber helfen, ein Gefühl der Ohnmacht durch Erfahrungen ihrer Kompetenz zu ersetzen.

Anregungen zum Nachdenken über das Einhalten des Vertrags

- Wann sollten mir Schüler einen Regelbruch melden?
- Wo ist für mich die Grenze zwischen Petzen und Melden?
- Was halte ich von positiven Konsequenzen beim Einhalten des Vertrags?
- Wie kann ich die Ressourcen am besten nutzen, die ich in der Beobachtungsphase notiert habe?

Wenn die Kinder und Jugendlichen an der Formulierung von positiven und negativen Konsequenzen aktiv beteiligt sein sollen, ist es wichtig, sie auf gewisse Spuren zu führen. Junge Kinder schlagen nicht selten Sanktionen vor, die vor keiner ethischen Kommission eine Chance hätten. Ihre Vorschläge können aber eine gute Gelegenheit bieten, über den Begriff von Gerechtigkeit und Fairness zu sprechen.

Ziel der Diskussion zu Konsequenzen ist, dass sich Kinder und Jugendliche konkret Gedanken über Konsequenzen von Verhalten allgemein machen. Deshalb ist es empfehlenswert, mit Schülern, besonders auf höheren Klassenstufen, Begriffe wie Konsequenzen und Gerechtigkeit zu diskutieren.

Mögliche Diskussionsfragen mit den Schülern

- Ist es gerecht, wenn eine Regelverletzung für alle Kinder dieselbe Konsequenz zur Folge hat, oder könnte es gerechter sein, wenn Regelverletzungen unterschiedliche Konsequenzen für verschiedene Schüler hätten?
- Wie könnte man eine Regelverletzung wiedergutmachen?

Als Konsequenz der Regelübertretung sollte wenn möglich Wiedergutmachung angestrebt werden. Jeder Schüler könnte im Voraus selbst überlegen, welche Folge eine Regelübertretung bei ihm haben sollte. Diese Vorschläge könnten dann im Plenum, zu zweit oder mit der Lehrperson allein, besprochen und gutgeheißen oder abgelehnt werden. Manchmal ist das Gespräch zu zweit eine sinnvolle Reaktion auf eine Regelverletzung. Besprechen Sie mit dem Betroffenen in Ruhe, wieso er sich nicht an die Regeln gehalten hat und ob er einen Vorschlag hat, wie es nun weitergehen soll. Geben Sie dem Schüler zu verstehen, dass er für sein Verhalten Verantwortung übernehmen muss. Sie können vereinbaren, dass er anschließend in der Klasse zusammenfasst, was Sie zusammen diskutiert haben.

Über allen Überlegungen zu Regelverletzungen sollte man nicht vergessen, dass es auch regelmäßige positive Rückmeldungen und Lob für erfreuliches Verhalten braucht, um die Schüler zu motivieren, sich weiterhin an den Vertrag zu halten. Sie sollen merken, dass es sich lohnt, sich an die Regeln zu halten, und dass es Spaß macht, wenn das Klima in der Klasse gut ist. Positives Feedback für erwünschtes Verhalten ist nämlich viel effizienter als Bestrafen von unerwünschtem.

In den regelmäßigen Diskussionen zum Klima in der Klasse kann man die Fortschritte aufzeigen, die man selber feststellt. Solche Aufmunterungen und Konkretisierungen der Fortschritte, die erzielt worden sind, sind unerlässlich.

- **Positive Verstärkung ist wirksamer als negative Sanktionen.**
- **Positive Aufmerksamkeit trägt zu einem besseren Klima bei und erhöht die Chancen, dass die Schüler den Vertrag einhalten.**

Die Arbeit mit dem Vertrag – denn es ist eine richtige Arbeit für alle – sollte zu einer positiven Kosten-Nutzen-Rechnung führen. Achten Sie darauf, dies zu verdeutlichen, sowohl für Sie als auch für die Kinder und Jugendlichen. Denken Sie daran, dass jede positive Handlung und auch Lob von Seite der Erwachsenen positive Erlebnisse und Gefühle erzeugen, die wiederum zu positiven Zirkeln führen. Je häufiger positive Handlungen stattfinden, desto mehr verdrängen sie die negativen Handlungen. Deswegen sollte man positive Handlungen verstärken und sich weniger von den negativen Handlungen aufhalten lassen.

Praxisbeispiele

- In einer Klasse, in der ein Mobbing-Problem gerade gelöst worden war, schlug die Lehrperson vor, zu berechnen, wie viel Zeit wegen der Mobbing-Probleme «verloren» gegangen war. Als die Rechnung stand, machte die Lehrperson den Schülern den Vorschlag, die gleiche Anzahl Stunden für etwas zu verwenden, das der ganzen Klasse Freude bereiten könnte.
- In einer anderen Klasse wurde auf der gleichen Grundlage besprochen, dass man statt Zeit aufzuwenden fürs Auslachen und Andere-Niedermachen, anschließend darüber zu diskutieren und Negatives wiedergutzumachen, jeden Freitag eine «Tee-Stunde» einführen wollte. Dies wurde aber von der Lehrperson nur genehmigt, wenn keine Zeit mit Mobbing-Problemen verschwendet wurde. Andere Klassen wurden gelegentlich eingeladen und nahmen sich daran ein Beispiel. Insgesamt entstand ein sehr positiver Zirkel um diese Klasse, die eine Zeitlang von Mobbing-Problemen geprägt gewesen war.

13. Kompetenzen stärken – Ressourcen nutzen

In allen Phasen der Arbeit gegen Mobbing ist die Zusammenarbeit aller Schüler gefragt. Dieses gilt sowohl für Gespräche über Mobbing, Diskussionen zu erwünschtem Verhalten als auch, wenn es um die Handhabung des vereinbarten Vertrags geht. Das heißt, die Unterstützung von Kindern, die nicht direkt betroffen sind und die vielleicht selber Angst haben, sich direkt als Helfende der Opfer zu profilieren, ist eine der Voraussetzungen für das Gelingen der Präventions- und Interventionsarbeit gegen Mobbing. Es braucht auch den Miteinbezug derjenigen, die das Mobbing positiv verstärkt haben. Nur wenn alle diese Schüler dazu animiert werden können, ihre passiven und verstärkenden Rollen zu verlassen, können die Opfer-Kinder und letztendlich alle in der Klasse aus der lähmenden Mobbing-Situation schrittweise herausfinden.

Um insbesondere den nicht direkt beteiligten Kindern und Jugendlichen Mut zu machen, aktiv gegen Mobbing zu arbeiten, ist es wichtig, gewisse soziale Fertigkeiten zu fördern. Deshalb ist die Wahrnehmung von Ressourcen und die Stärkung der Kompetenzen ein begleitendes Element in Be-Prox.

Be-Prox in der Praxis (6/6)

6. Ressourcen wahrnehmen und Kompetenzen stärken

Es gibt sehr viele Programme, die auf bestimmte soziale Kompetenzen fokussieren. Diese Programme konzentrieren sich meistens auf die Arbeit mit verzerrten Wahrnehmungen (bei aggressiven Kindern), den allgemeinen Umgang mit Problemen in sozialen Interaktionen oder den Umgang mit Emotionen und Selbstkontrolle (Lösel, Beelmann, 2003). Obwohl Be-Prox nicht als Programm zur Stärkung sozialer Fertigkeiten definiert ist, ist es einleuchtend, dass die Arbeit, die in allen Phasen geleistet wird, die sozialen Fertigkeiten der Kinder und Jugendlichen fördert. Als Lehrperson kennen Sie mit Sicherheit viele Umsetzungsmöglichkeiten, um soziale Fertigkeiten zu stärken. In diesem Kapitel möchte ich auf die Stärkung von sozialen Fertigkeiten im Rahmen der Mobbingprävention fokussieren und zur Umsetzung anregen.

Praxisrelevantes Wissen

- Mobber haben ein gut entwickeltes soziales Verständnis.
- Mobber haben oft Anführerrollen in ihrer Klasse.
- Mobber haben gut entwickelte selbstorientierte soziale Kompetenzen.
- Passive Opfer haben gewisse Defizite in den selbstorientierten Kompetenzen.
- Mobber und aggressive Opfer haben Defizite in den fremdorientierten Kompetenzen.
- Gute Freunde bieten mobbinggefährdeten Kindern einen gewissen Schutz in der Peer-Gruppe.
- Opfer (passive und aggressive) leiden unter einem tiefen Selbstwert.
- ______________________________
- ______________________________

Die Liste über relevantes Wissen für die Arbeit mit Kompetenzen im Rahmen von Mobbing dürfte noch länger sein. Vielleicht mögen Sie diese anhand der Befunde in den ersten acht Kapiteln ergänzen. Einige der aufgeführten Elemente erscheinen Ihnen vielleicht etwas seltsam, wie die Anführungskompetenzen der Mobber. Diese Auswahl soll zeigen, 1) dass es den Mobbern nicht generell an sozialen Kompetenzen fehlt, 2) dass man bei der Förderung von Kompetenzen unbedingt differenzieren muss und 3) dass man auch gewisse Kompetenzen der Mobber als Ressourcen für die Anti-Mobbing-Arbeit nutzen könnte.

Das heißt, wir lösen Mobbing nicht dadurch, dass wir das Selbstbehauptungsvermögen der Mobber stärken. Sie brauchen nicht zu lernen, wie man «stopp» sagt. Sie müssen vielmehr lernen, die Stopp-Zeichen der anderen zu respektieren. Sie verstehen auch gut, dass andere Menschen andere Gedanken, Gefühle, Wünsche und Auffassungen haben können als sie selber. Sie haben mit anderen Worten eine gute «Theory of Mind» (Sutton et al., 2001). Ihnen fehlt es aber an Interesse für das Wohl der anderen. Sie sind motivational selbstzentriert. Abgesehen vom aggressiven Auftreten unterscheiden sich Mobber stark von aggressiven

Opfern. Letzteren fehlt es an einer Reihe von sozialen Kompetenzen, aber häufig vor allem an Selbstkontrolle (siehe Kap. 7).

Es stellt sich folgende Frage: Was könnte man bei den einzelnen Kindern und Jugendlichen in einer Klasse stärken, das für die Mobbing-Prävention positiv wäre?

Anregungen zum Nachdenken über Fertigkeiten involvierter Schüler

- Welche sozialen Fertigkeiten habe ich selber im Laufe meiner Arbeit als Lehrperson (oder sonst als Fachperson) bei Mobbern und Opfern erkennen können?
- Wer in der Gruppe oder Klasse zeigt den Opfern gegenüber Einfühlungsvermögen?
- Welche Erfahrungen habe ich bisher mit Kindern mit einem gut entwickelten Einfühlungsvermögen gesammelt?
- Wie könnte ich diese Fertigkeit bei den übrigen Kindern oder Jugendlichen stärken?
- Welche Fertigkeiten würde ich bei welchen Kindern oder Jugendlichen am liebsten stärken? Unterscheiden Sie hier zwischen Mobbern, ihren Assistenten, passiven Opfern und aggressiven oder unkontrollierten Opfern.

13.1 Prosoziales Verhalten und Einfühlungsvermögen

Helfen, Teilen, Trösten und Kooperieren

Passive Opfer haben, mindestens im Kindergarten, ganz normale prosoziale Kompetenzen. Im Schulalter sind die Ergebnisse etwas gemischt (siehe Kap. 7), was eventuell darauf zurückzuführen sein könnte, dass ihr Verhalten mit der Zeit durch ihre negativen Erfahrungen mit Peers in negativer Richtung geprägt wird. Unsere eigenen Ergebnisse zeigen jedenfalls, dass prosoziales Verhalten sich langfristig (Kindergartenalter bis 12 Jahren) positiv auswirkt (Perren et al., 2011). Prosoziale Kindergartenkinder haben ein etwas geringeres Risiko, als Jugendliche gemobbt zu werden. Unter prosozialen Kompetenzen versteht man allgemein, dass eine Person bereit ist, anderen zu helfen, sie zu trösten, mit ihnen zu teilen und auch zu kooperieren. Das sind die Kompetenzen, die wir bereits als «fremdorientiert» bezeichnet haben, weil sie vor allem für andere von Nutzen sind. Die verschiedenen, hier wiederholten Ergebnisse zeigen allerdings, dass prosoziales Verhalten sehr wohl auch für die prosozial handelnden Kinder von Nutzen ist. Die Rede ist hier von normal entwickelten prosozialen Fertigkeiten und in keinem Fall von aufopferndem Verhalten.

- **Prosoziale Kompetenzen scheinen in sozialen Situationen in verschiedener Hinsicht als Schutzfaktor zu wirken und sollten daher gefördert werden.**

Gespräche über die Vor- und Nachteile oder auch die Grenzen von prosozialem Verhalten im Allgemeinen könnten im Rahmen verschiedener Schulfächer integriert werden. Im Sinne der positiven Aufmerksamkeit (siehe Kap. 12) ist es empfehlenswert, prosoziale Einsätze zu belohnen und hervorzuheben. Dies fördert auch die positive Stimmung in der Klasse.

Umsetzungsüberlegungen zu prosozialen Verhaltensweisen

- Im Rahmen welcher Schulfächer könnte ich das prosoziale Verhalten thematisieren?
- Wie könnte ich Kindern, die Defizite im prosozialen Verhalten haben, Möglichkeiten geben, prosoziales Verhalten und entsprechende positive Konsequenzen zu erfahren?
- Welche Ressourcen könnte ich in der Klasse nutzen, um den Opfern zu positiven Peer-Erfahrungen zu verhelfen?

Besonders bei den aggressiven Opfern tun sich Erwachsene oft schwer, Ressourcen zu finden. Macht man sich jedoch bewusst auf die Suche nach Ressourcen anstelle von Defiziten, findet man häufig kleine, ungeahnte «Schätze». Der Wert solcher «Funde» hängt aber von der Einstellung des Betrachters ab. Den allermeisten Peers und auch den Erwachsenen bleiben diese verborgen.

Einfühlungsvermögen – Empathie

Eine angemessene empathische Reaktion erfordert eine angemessene Wahrnehmung der Gefühlslage einer anderen Person sowie ein gewisses Verständnis für die Verursachung dieser Gefühle. Die empathische Reaktion wird weiter von der Fähigkeit, die Perspektive der anderen Person zu übernehmen, und von individuellen Werthaltungen beeinflusst (Espelage et al., 2004). Wir wissen allerdings, dass Mobber die Perspektive anderer übernehmen können, ohne dafür empathisch zu reagieren (Kap. 7). Es gibt deshalb einige Anti-Mobbing-Programme, welche die Förderung von Empathie besonders angehen. Wie früher erwähnt, kann es schwierig sein, die Empathie von mobbenden Schülern im Rahmen solcher Programme zu erhöhen (Espelage et al., 2004). Wichtig scheint mir, dass man die empathischen Kompetenzen der anderen Peers stärkt, sodass diese schneller einsehen, dass sie Opfern helfen sollten.

Umsetzungsüberlegungen zur Förderung von empathischen Fertigkeiten

- Kenne ich Material, das sich als Grundlage für ein Training der Empathie eignen würde (Bücher, Filme, Spiel)?
- Könnte ich mir denken, Rollenspiele zu verwenden?
- Wie könnte ich die angemessene Erkennung von Gefühlen fördern?

13.2 Regulation von Emotionen in sozialen Situationen

Gefühlsausdruck

Aggressive Opfer sind häufig Kinder oder Jugendliche, die wenig Kontrolle über ihr Verhalten und ihre Gefühle haben. Sie reagieren oft mit aggressiven Ausbrüchen, wenn sie angegriffen werden oder sich provoziert fühlen. Der Umgang mit der eigenen Wut ist nicht selten Bestandteil von Programmen zur Förderung der sozial-emotionalen Kompetenzen (inklusive Problemlösungsstrategien), wie beispielsweise in PATHS (Bierman, Greenberg, Conduct Problems Prevention Research Group, 1996).

Es ist wichtig für die aggressiven Opfer, 1) dass sie lernen, ihre Wut anders als mit unmittelbaren aggressiven Handlungen zum Ausdruck zu bringen, 2) dass sie Strategien einüben, um mit anderen Emotionen als mit Wut zu reagieren, 3) dass ihre Peers verstehen können, was hinter ihrer Wut steht und 4) dass ihre Peers mithelfen, diese Kinder nicht bewusst zu provozieren.

Mobber sind an Reaktionen ihrer Opfer interessiert. Kinder, die bei der kleinsten Bemerkung oder Enttäuschung in Tränen ausbrechen, sind deshalb für Mobber interessant. Sie sind auch interessant, weil sie dadurch ihre Schwäche zeigen.

Wut und Trauer sind häufig Ausdrücke von Ohnmachtsgefühlen. Es gilt, den Kindern klar zu machen, dass es keine Gefühle gibt, die an sich schlecht sind, aber dass die starken Ausbrüche trotzdem nicht immer hilfreich sind. Es ist deshalb wichtig, den Kindern 1) zu helfen, ihre Emotionen besser zu regulieren und 2) ihnen andere Wege zu zeigen, ihre Gefühle zum Ausdruck zu bringen, sodass sie für die Mobber und ihre möglichen Assistenten weniger interessant sind. Es ist mir wichtig zu betonen, dass es nicht darum geht, den Kindern beizubringen, ihre Emotionen zu unterdrücken, sondern vielmehr zu zeigen, welche verschiedenen Möglichkeiten es gibt, mit Emotionen umzugehen.

Das Thematisieren von Gefühlen war bereits Gegenstand von Kapitel 10, als es darum ging, über Mobbing in der Klasse zu sprechen. Eigene Gefühle und die

Gefühle anderer zu thematisieren, hilft Kindern, Gefühle besser zu erkennen, ein besseres Verständnis für die Hintergründe von Gefühlen zu entwickeln und auch mit den eigenen Gefühlen besser umzugehen.

Praxisbeispiele

- Ein Satz wird den Kindern vorgegeben. Dieser Satz soll dann von verschiedenen Kindern mit unterschiedlichen – durch Zufall vorgegebenen – Gefühlsausdrücken (traurig, fröhlich, neugierig, enttäuscht, neutral, verärgert etc.) vorgetragen werden. Die anderen Kinder sollen erraten, welche Gefühlslage ihre Peers versuchen zum Ausdruck zu bringen. Ein solcher Satz kann z. B. sein: «Kinder müssen jeden Tag in die Schule gehen» oder «Morgen fährt mein Bruder an die See».
- Emotionswürfel mit verschiedenen Emotionsgesichtern auf allen Seiten. Kleine Kinder können mit dem Würfel üben, die Gefühle der dargestellten Gesichter klar zu benennen, selber nachzuahmen, zu erzählen, was jeweils passiert sein kann etc.

Verzerrte Wahrnehmung

Hinter vielen unangemessenen Gefühlsausbrüchen können sowohl Ohnmachtsgefühle in ausweglosen Situationen als auch verzerrte Wahrnehmungen in sozialen Situationen stehen. Nach Dodge (z. B. Dodge, Frame, 1982) besteht bei aggressiven Kindern und Jugendlichen die Gefahr, dass zweideutige Situationen automatisch als Provokationen oder Angriff verstanden werden. Aufgrund des Modells von Dodge zur Verarbeitung von sozialen Situationen kann man viele Ergebnisse zum Verhalten von aggressiven Kindern und Jugendlichen dahingehend interpretieren, dass diese bereits bei der Wahrnehmung und der Interpretation der Situation viele Fehlschlüsse ziehen. Die darauffolgenden Stufen der Suche nach der Entscheidung für eine passende Reaktion und der Ausführung der Handlung sind dementsprechend beeinträchtigt. Dies betrifft im Fall von Mobbing vor allem die aggressiven Opfer, aber auch die Mobber (siehe Kap. 6 und 7).

Es ist deshalb wichtig, nicht nur die Gefühlsausdrücke im Fokus zu haben, sondern mit den Schülern auch über Interpretation von sozialen Situationen zu sprechen. So könnten eventuell auch indirekt involvierte Schüler verstehen, warum gewisse Peers (die aggressiven Opfer) gelegentlich so unangemessen reagieren, wie sie es tun. Dies soll keine «Entschuldigung» für unangemessenes Verhalten sein, könnte aber auch dazu führen, dass die aggressiven Opfer weniger provoziert und auch weniger gemobbt werden.

- **Die Schüler sollten lernen, Gefühle richtig wahrzunehmen und zu interpretieren.**

- **Die Schüler sollten lernen, Gefühle der Situation angepasst zum Ausdruck zu bringen (Regulation).**
- **Die Lehrperson sollte verzerrte Wahrnehmungen und Interpretationen thematisieren.**

13.3 Stopp! – Grenzen definieren

Es ist wichtig, dass jedes Kind lernt, dass es sich wehren darf und «Nein» sagen soll, wenn es von anderen unrecht oder in unerwünschter Weise behandelt wird. In einigen Schul- und Kindergartenklassen verwenden die Schüler bestimmte Stopp-Zeichen, die sie vereinbart haben. Dies hilft am Anfang besonders denjenigen Kindern und Jugendlichen, die sich nicht trauen, Nein zu sagen. Das abgemachte Zeichen bildet eine Brücke zur eigenständigen Markierung der eigenen Grenzen. Es gibt sehr viele Möglichkeiten, das «Nein-Sagen» zu thematisieren und einzuüben. Wichtig ist, dass Schüler lernen, die Bedürfnisse der anderen zu respektieren, wie zum Beispiel das Bedürfnis nach Ruhe.

Praxisbeispiele

- In einer Klasse hatte ein Lehrer eingeführt, dass die Schüler bei gewissen Arbeiten den Peers mit einem Rot-Grün-Zeichen signalisieren konnten, ob sie angesprochen werden konnten oder ungestört arbeiten wollten.
- In einer Kindergartengruppe wurden einige Kissen als «Ruhe-Kissen» definiert. Setze sich ein Kind auf ein solches Kissen, wollte es seine Ruhe haben und durfte nicht gestört werden.

Spiele und Übungen mit körperlichem Einsatz eignen sich sehr gut zur Definition von persönlichen Grenzen. Jede Person hat eigene Schmerzempfindungen und Nähe- und Distanzbedürfnisse. Diese Unterschiedlichkeit kann durch geeignete Übungen (zum Beispiel im Sportunterricht) verdeutlicht werden. Wichtig ist, dass dies in einem Rahmen geschieht, in welchem die Bedeutung der Übung auch Gesprächsgegenstand sein kann. Sonst bleibt eine solche Übung ein Spiel, das einige mögen und andere nicht.

13.4 Engagement und Zivilcourage

Kinder, die Zeugen von Mobbing werden, sind oft in einem großen Dilemma. Sollen sie es jemandem erzählen oder sollen sie sich besser nicht einmischen und das Mobbing ignorieren? Niemand möchte als Petzer bezeichnet werden, niemand möchte eine gemeine Reaktion erleben. Es ist sehr wichtig, den Kindern immer wieder zu vermitteln, dass es nichts mit «Petzen» zu tun hat, wenn man sich für ein Opfer einsetzt und Hilfe holt. Man sollte die Schüler dazu ermutigen, bei Gewalt und Mobbing nicht wegzuschauen und nicht zu schweigen, sondern sich für das Opfer stark zu machen.

Wie sich Zeugen gegen Mobbing engagieren können

- Sie können «Stopp!» sagen.
- Sie können auf einen abgemachten Verhaltenskodex hinweisen, wenn es einen solchen in der Klasse oder in der Schule gibt.
- Sie können Hilfe bei den Peers oder den Erwachsenen holen.

Schüler, die sich gegen Mobbing engagieren wollen, sollte man darin unterstützen, so lange weiterzumachen, bis dem Opfer geholfen wird. Regelmäßige Klassengespräche über Erfahrungen innerhalb der Klasse sind dabei sehr hilfreich. Noch wichtiger ist es für die Schüler zu wissen, dass sie mit der Unterstützung der Erwachsenen rechnen können, wenn sie diese brauchen.

Sich engagieren, um Mobbing vorzubeugen oder es zu stoppen, erfordert Mut und Zivilcourage. Wenn die mobbenden Kinder und Jugendlichen merken, dass die Lehrpersonen und die Mitschüler den Mut haben, sich einzumischen und einzugreifen, vergeht ihnen der Spaß am Mobbing relativ schnell. Zivilcourage braucht Überzeugung und ein Gefühl von Sicherheit, um gelernt zu werden.

Wenn ein Jugendlicher von zwei anderen beinahe erstickt wird und elf weitere Jugendliche um die drei herumstehen, ohne einzugreifen, obwohl sie alle verstehen, dass die Situation extrem gefährlich geworden ist (siehe das Fallbeispiel in Kap. 2), hat etwas Grundsätzliches nicht funktioniert.

Umsetzungsüberlegungen für die Lehrpersonen zum Thema Engagement und Zivilcourage

- Eventuell den Fall Eric-Lars-Claudio im Kapitel 2 oder ein anderes Ereignis als Ausgangspunkt für ein Gespräch zu Zivil Courage nutzen.
- Ängste und andere Gründe, die zur Passivität führen, thematisieren.
- Befinden der Zuschauer besprechen.
- Schülerinnen und Schüler über Interventionsmöglichkeiten diskutieren lassen, die sie nicht selber in Gefahr bringen.

Es gibt verschiedene Programme, die vor allem auf den Einsatz von Peers fokussieren. Man kann Peers auf sehr verschiedene Art und Weise schulen, um die Sicherheit in der Klasse und in der Schule zu erhöhen. Sie sollten sich allerdings bewusst sein, dass einige Programme sich sehr wohl für die Lösung von Konflikten eignen, aber nicht als Intervention gegen Mobbing. Hier ist es sehr wichtig, den Unterschied zwischen Konflikten und Mobbing zu machen. Es darf nicht den Schülern überlassen werden, festgefahrene Mobbing-Situationen zu lösen. In allen Fällen ist es für das Gelingen des Peer-Einsatzes wichtig, dass die Erwachsenen ihr Engagement markieren.

13.6 Was Eltern tun können

Prävention im Alltag

In einigen Fällen reicht es nicht, die Probleme in der Schule lösen zu wollen, ohne die Eltern einzubeziehen. In gewissen Fällen ist es zudem wichtig, dass die Eltern unterstützt werden, um beispielsweise an ihrem Erziehungsverhalten zu arbeiten. Wie bereits im ersten Kapitel erwähnt, kann Mobbing in der Schule auch eine direkte Folge von Feindschaften unter Eltern sein. Auch in einem solchen Fall kann kaum etwas erreicht werden, ohne dass die Eltern ihre Verantwortung einsehen und nach konstruktiven Lösungen suchen.

Einige wichtige Schritte in der Prävention von Mobbing im Elternhaus. Die Eltern sollten

- die Auseinandersetzung mit grundlegenden Werten fördern
- Stellung beziehen gegen Mobbing
- Ressourcen wahrnehmen und stärken; Loben nicht vergessen
- Interesse am Alltag des Kindes zeigen
- Kontakte zu Lehrpersonen und anderen Eltern pflegen
- dem Kind das «Neinsagen» beibringen
- Warnsignale beachten.

Um Mobbing vorzubeugen, sollten auch die Eltern viele Schritte durchexerzieren, die in diesem Buch beschrieben wurden. Die Auseinandersetzung mit Werten, die man selber als grundlegend empfindet, ist für Eltern und Fachpersonen der erste Schritt in der Prävention von Mobbing (Respekt für andere, Vielfalt als Bereicherung etc.). Oft möchten Kinder die Meinung ihrer Eltern erfahren, jedoch ohne zu viel von sich preisgeben zu wollen. Besonders Mitläufer und indirekt involvierte Kinder sind vielfach unsicher, ob das, was in der Schule passiert, in Ordnung ist oder nicht. Eltern sollten sich klar gegen Mobbing äußern. Alles andere deutet darauf hin, dass man die Mobbing-Handlungen akzeptiert oder selber unsicher ist. Auch Eltern von indirekt involvierten Kindern können hier einen wichtigen Beitrag zur Mobbing-Prävention leisten.

Der Aufbau von Selbstwert und Selbstvertrauen ist auf Erfahrungen der eigenen Kompetenz, Lob und Unterstützung angewiesen. Dies ist besonders bei den Kindern wichtig, die wenig Selbstvertrauen haben oder bereits Opfer von Mobbing sind. Die Mobber haben zwar einen guten Selbstwert, aber dieser baut nicht unbedingt auf positiven Handlungen auf. Hier gilt deshalb: positivem Verhalten mehr Aufmerksamkeit schenken.

Es ist wichtig, dem Kind gegenüber Interesse für den Kindergarten- oder Schulalltag zu zeigen; auch, wenn alles gut zu gehen scheint. Dies bildet eine gute Basis für Gespräche über eventuell aufkommende Probleme in der Schule. Erkundigen Sie sich als Eltern, mit wem ihr Kind gerne zusammen ist, ob es ihm in der Gruppe oder Klasse wohl ist und wie es den andern Kindern geht. Geben Sie Ihrem Kind immer wieder zu verstehen, dass Sie ein offenes Ohr für seine Alltagsfreuden und -sorgen haben.

Für die Kinder ist es wichtig zu lernen, dass sie «Nein» sagen dürfen und auch sollen. Das ist ganz besonders bei etwas schüchternen oder vorsichtigen Kindern und bei Opfern wichtig. Es darf nicht nur die Aufgabe der Lehrperson sein, mit den Kindern Selbstbehauptung einzuüben.

Wenn Mobbing bereits ein Problem ist

Zuhören

Hören Sie aufmerksam zu und fragen Sie behutsam nach. Das Gespräch soll kein Verhör werden. Geben Sie dem Kind zu verstehen, dass Sie interessiert sind.

Unterstützung

Wenn ihr Kind gemobbt wird, macht es die Erfahrung, dass es von den andern Schülern, eventuell auch von Erwachsenen, im Stich gelassen wird. Geben Sie Ihrem Kind die Unterstützung, die es zu diesem Zeitpunkt nirgends sonst bekommt. Eltern sind die wichtigsten Personen im Leben ihrer Kinder. Geben Sie dem Kind zu verstehen, dass Sie es mögen, dass Sie die Situation ernst nehmen, dass es keine Schuld trägt und dass Sie es nicht im Stich lassen werden.

Ruhe bewahren

Wenn Sie erfahren oder vermuten, dass Ihr Kind gemobbt wird, sollten Sie das weitere Vorgehen gemeinsam mit Ihrem Kind besprechen. Trotz des Wunsches, so schnell wie möglich zu helfen, sollten Sie in Ruhe überlegen, wie Sie vorgehen wollen. Zu schnelles, unüberlegtes Eingreifen kann sich negativ auf die Situation Ihres Kindes auswirken. Denken Sie daran, dass Eltern von Mobbern in vielen Fällen erst von anderen Eltern oder Lehrpersonen hören, dass ihr Kind andere mobbt. Deshalb sollten Sie nicht unmittelbar Kontakt mit den Eltern der Mobber aufnehmen, wenn Sie diese nicht gut kennen. Und vor allem – beschuldigen Sie die Eltern der mobbenden Kinder nicht. Das führt zu keiner Lösung.

Kontakt mit Eltern und Schule

Sprechen Sie die Lehrperson Ihres Kindes auf die Situation an. Erkundigen Sie sich nach ihren Beobachtungen. Die Lehrperson hat mehr Beobachtungsmöglichkeiten als Sie. In einigen Fällen vermuten Eltern oder sind sich sicher, dass ihr Kind Opfer von Mobbing ist, aber die Lehrpersonen sieht es anders. Eltern sind gewissermaßen im Vorteil, wenn ihr Kind zu Hause davon erzählt. Andererseits haben sie nur eine bestimmte Sichtweise der Situation. In diesem Punkt können Eltern und Lehrpersonen einander informieren und zusammenarbeiten, um herauszufinden, was vor sich geht. Vermeiden Sie Schuldzuweisungen bei der Kontaktaufnahme mit der Lehrperson. Erzählen Sie aus Ihrer Perspektive (Ich-Botschaften). Bitten Sie die Lehrperson darum, in der nächsten Zeit besonders darauf zu achten, wie es Ihrem Kind in der Klasse geht.

Es kommt häufig vor, dass Kinder nicht wollen, dass die Eltern mit der Lehrperson sprechen. Wenn Eltern aber der Meinung sind, dass ihr Kind gemobbt wird, sollten sie trotzdem den Kontakt mit der Lehrperson suchen. Man sollte es dem Kind aber sagen, sodass es sich nicht verraten fühlt. Man muss dabei erklären, dass es in solchen Situationen die Hilfe der Schule braucht, um das Problem zu lösen.

Unsere Empfehlung ist immer, dass die Eltern den Kontakt mit den Lehrpersonen suchen, um gemeinsam mit diesen über die Situation in der Klasse und mögliche Lösungen und Interventionen zu diskutieren (Alsaker, 2003; Olweus, 1996). Dies setzt natürlich voraus, dass die Lehrperson, die angesprochen wird, willig ist, das Problem als solches anzuerkennen, und bereit ist, etwas zu unternehmen.

Hier ein Beispiel einer gut funktionierenden Kommunikation zwischen Schule und Eltern:

Sebastians Mutter nimmt mit Herr P., dem Schulleiter, Kontakt auf und erkundigt sich, ob nicht die Möglichkeit bestehe, Sebastian in einer anderen Stunde im Werkunterricht zu platzieren, weil er in der jetzigen Gruppe von seinen Mitschülern ständig gehänselt werde und ihm Sachen versteckt würden etc. Herr P. erklärt der Mutter,

dass er es nicht toleriere, wenn ihr Sohn gemobbt werde, aber dass ein Gruppenwechsel nicht in Frage käme, weil damit das Problem nicht gelöst sei. Herr P. verspricht, mit dem Fachlehrer darüber zu sprechen und die entsprechenden Schüler zu kontaktieren.
Der Fachlehrer hatte bereits einige Beobachtungen gemacht und verspricht, viel klarere Grenzen zu ziehen und die Schüler genauer zu beobachten. Herr P. führt mit allen beteiligten Schülern Gespräche und erklärt, dass er nicht gewillt sei, dieses Verhalten zu tolerieren, und dass er die Mobber bei einem Rückfall für einen Monat aus dem Werkunterricht herausnehmen und anderweitig beschäftigen würde. Mehrmaliges Nachfragen bei Sebastian und dem Fachlehrer bestätigen, dass das Mobben aufgehört hat.
Fazit von Herrn P.: Es wäre falsch gewesen, den Vorschlag der Mutter zu unterstützen. In diesem Fall ging es klar darum, das Opfer zu stärken und den Mobbern klare Grenzen zu setzen. Wichtig war außerdem, die Lehrperson zu sensibilisieren und in den Prozess einzubinden.

Die Mutter von Sebastian tat das Richtige, indem sie Kontakt mit der Schule aufnahm. Die frühe Intervention und die gute Kommunikation, ohne jegliche Anschuldigungen von beiden Seiten, und natürlich der klare Anti-Mobbing-Einsatz des Schulleiters trugen zu einer schnellen Lösung bei.

Positive soziale Begegnungen fördern

Achten Sie darauf, dass das Mobbing nicht zum Hauptgesprächsthema in der Familie wird. Schaffen Sie für ihr Kind Alternativen außerhalb der Schule, damit es sich dort einen neuen Freundeskreis aufbauen kann. Gelingt dies, wird auch das Selbstvertrauen des Kindes langsam wieder zurückkehren.

Handeln und nicht aus den Augen verlieren

Versuchen Sie, gemeinsam mit der Lehrperson nach Lösungsmöglichkeiten zu suchen. Treffen Sie Vereinbarungen über das weitere Vorgehen und besprechen Sie regelmäßig, ob sich die Situation schrittweise zum Positiven verändert. Auch hier können Eltern und Lehrpersonen einander helfen, sich eine bessere Übersicht über die Situation zu verschaffen.

Wenn sich die Situation für Ihr Kind nach einigen Wochen nicht verbessert hat, besprechen Sie mit der Lehrperson, ob der Einbezug einer externen Fachperson sinnvoll wäre.

Wenn nichts mehr geht

Sollte die Lehrperson kein Interesse an Gesprächen mit Ihnen zeigen oder das Mobbing nicht als Teil ihrer Kompetenz sehen wollen, sollten Sie weitere Schritte unternehmen. Der erste ist ein Gespräch mit der Schulleitung, ein nächster Schritt könnte der Einbezug des Elternrats, der zuständigen Behörden oder auch des Schulpsychologen sein.

Wenn gar nichts nützt, wählen einzelne Eltern den Wechsel in eine andere Schule. Es ist nie eine angenehme Entscheidung, aber es gibt tatsächlich Fälle, bei welchen der Schutz des Kindes nicht mehr anders geleistet werden kann. Es sind Fälle, in welchen die Schule sich weigert, mit dem Mobbing-Problem zu arbeiten.

- **Auch bei einem bestehenden Mobbing-Problem sollte man versuchen, vorhandene Ressourcen zu nutzen.**
- **Positive Kommunikation und ein klarer Wille zur Kooperation von Seiten aller Erwachsenen ist die beste Ausgangslage, um mit Kindern und Jugendlichen einen Ausweg aus einer schwierigen Situation zu finden.**

14. Nachhaltige Mobbing-Prävention

Mobbing macht alle zu Verlierern. Die Opfer leiden am meisten. Ihre Gesundheit wird beeinträchtigt und sie haben Angst, in die Schule zu gehen. Die indirekt betroffenen Schüler fühlen sich unsicher und haben Angst, dass ihnen gleiches passiert. Ihre Leistungen sinken. Ihre Aufmerksamkeit wird zu sehr durch die Bedrohung, die Mobbing darstellt, abgelenkt. Die Mitläufer stehen unter Druck. Die Eltern der Opfer verlieren das Vertrauen in die Schule und vielleicht im Allgemeinen in das Schulsystem. Auch die Lehrpersonen haben oft eine schwere Zeit, weil sie durch die Mobbing-Situation in ihrer Klasse stark gefordert oder vielleicht sogar überfordert sind und dazu häufig ungenügende Unterstützung von Kollegen oder der Schulleitung bekommen. Allein die Mobber haben das Gefühl, immer wieder zu gewinnen. In Wirklichkeit ist es jedoch so, dass auch sie langfristig zu den Verlierern gehören. Wenn ihr rücksichtsloses und aggressives Verhalten nicht gestoppt wird, laufen sie Gefahr, ihr aggressives Verhalten beizubehalten und delinquent zu werden. In den USA drohen juristische Verfahren gegen Schulen, die nichts gegen Mobbing unternehmen. In europäischen Ländern gibt es ähnliche Trends. Es sollte aber nicht nötig sein, es so weit kommen zu lassen – vor allem, wenn man weiß, dass und wie man Mobbing vorbeugen und stoppen kann (Roberts, 2008).

14.1 Definierte Ziele gegen Mobbing

Einige Länder (beispielsweise Norwegen) haben eine «Null-Toleranz für Mobbing» deklariert. Eine solche Erklärung ist ein sehr guter Ausgangspunkt, um alle Schulen im Land auf ihre Verantwortung in Bezug auf Mobbing hinzuweisen. Wenn eine politische Instanz – eine Behörde, eine Gemeinde oder eine Schule – die «Kandersteg-Deklaration gegen Mobbing» unterschreibt (siehe die bereits bestehende Liste auf www.kanderstegdeclaration.com), ist das gemeinsame Ziel, dass sowohl Schulen als auch Lehrpersonen darauf hin arbeiten sollten, den Kindern einen mobbingfreien Raum zu sichern. Es wäre allerdings naiv zu glauben, dass die Arbeit gegen Mobbing mit der Unterzeichnung einer Deklaration getan wäre. Man muss deshalb zwischen Idealzielen und realistischen Zwischenzielen unterscheiden. Das Idealziel der Null-Toleranz ist wichtig, um das Interesse aller Verantwortlichen zu mobilisieren. Der Wert der kleineren Teil- und Zwischenziele sollte aber nicht unterschätzt werden. Das Erreichen der kleineren, realistischen Zwischenziele kann die Motivation für die weitere Arbeit gegen Mobbing aufrechterhalten. Dies gilt sowohl für Lehrpersonen und Schulleitungen als auch für die Schüler. Deshalb ist es auch so wichtig, zwischendurch eine Bilanz zu ziehen, und allen, die an der Arbeit auf dem Weg zum Ziel beteiligt sind, kleine «Belohnungen» zu gönnen (siehe Kap. 12).

Anregungen zum Nachdenken über realistische Zwischenziele

- Welches sind für mich realistische Zwischenziele in der Prävention von Mobbing?
- Wie kann ich diese Ziele am besten erreichen?
- Welche Bestandteile der Präventionsarbeit kann ich umzusetzen?
- Welchen Erkenntnissen aus diesem Buch will ich besondere Beachtung schenken?
- Welches sind die ersten Schritte, die ich mir vornehmen will? (Handlungsziele)
- Wann will ich mit dieser Arbeit beginnen?

Gleichzeitig mit der Formulierung von Zielen sollten Sie Erfolgskriterien definieren, sodass Sie das Erreichen von Zwischenzielen auch als Erfolg registrieren können. Es wird Ihnen helfen, den Herausforderungen, die die Arbeit gegen Mobbing mit sich bringt, standzuhalten und sie allmählich in den Familien- und Schulalltag zu integrieren, ohne dass sie Ihnen noch als etwas Besonderes oder Fremdes erscheint.

14.2 Zusammenhalt

Je mehr Personen und Instanzen gemeinsam gegen Mobbing arbeiten, desto effizienter ist die Arbeit und desto näher kommt man an das Idealziel des mobbingfreien Schulalltags heran. Die Zusammenarbeit zwischen Lehrpersonen und allen Schülern in der Klasse ist ein unabdingbarer Teil der Arbeit gegen Mobbing. Der Zusammenhalt zwischen Lehrpersonen ist aber auch ein sehr wichtiger Faktor für eine nachhaltige Mobbing-Prävention; idealerweise sollten ganze Lehrerkollegien zusammenarbeiten. So könnten Lehrpersonen einander unterstützen, wenn gegen aktuelle Mobbing-Vorfälle interveniert werden muss (Smith, Pepler, Rigby, 2004). Aus demselben Grund ist es zudem sehr empfehlenswert, dass Eltern und Schule am selben Strick ziehen, sei es in der Präventions- oder in die Interventionsarbeit.

Eine ganzheitliche Schulhauskultur gegen Mobbing steigert die Motivation der einzelnen Lehrpersonen, in die Mobbing-Präventionsarbeit einzusteigen. Sie erhöht die Chancen der Zusammenarbeit zwischen Eltern und Schule (siehe das Fallbeispiel Sebastian im Kap. 13). Smith und Kollegen (Smith et al., 2004) kommen zum Schluss, dass die Entwicklung einer Schulhauskultur große Priorität haben sollte. Sie stellten den stärksten Rückgang von Mobbing in denjenigen Schulen fest, in denen das gesamte Kollegium in den Prozess der Programmentwicklung involviert war (z. B. durch die Unterzeichnung einer «Anti-Mobbing-Charta»).

Wenn es keine Schulhauskultur gegen Mobbing gibt, sollte man sich als Lehrperson überlegen, von wem man gegebenenfalls Unterstützung erwarten kann.

Anregungen zum Nachdenken über Zusammenhalt

- Gibt es Kollegen, mit denen ich über schwierige Situationen in der Klasse sprechen kann?
- Gibt es Kollegen, die an einer Zusammenarbeit interessiert wären, und mit denen man eine Intervisionsgruppe bilden könnte?
- Ist es möglich, die Schulleitung zu einer Schulhauskultur gegen Mobbing zu motivieren?

Eine Arbeitsform, die sich bewährt hat, ist die Kombination von Impuls- oder Informationsveranstaltungen und Intervisionsgruppen. Impulsveranstaltungen oder pädagogische Tage, wie sie in vielen Schulen üblich sind, eignen sich sehr gut als Startsignale für eine Mobbing-Präventionsarbeit. Nach der Impulsveranstaltung können sich Lehrpersonen gruppieren und konkret auf der Grundlage dieses Buchs weiterarbeiten. An einigen Schulen gibt es Sozialarbeiter oder andere Fachpersonen neben den Lehrpersonen, die diese Arbeit begleiten könnten.

Die Struktur von Be-Prox ist sehr flexibel umzusetzen und es ist möglich, sich auf gewisse Themen zu konzentrieren. Man kann die sechs Hauptschritte (im Kasten unten zusammengefasst) als Leitfaden benutzen und jeweils eine Arbeitssitzung zu diesen Themen organisieren. Ob man nun einzelne Themen auswählt oder das ganze Programm durchführt – es ist auf jeden Fall sehr empfehlenswert, zwei bis drei Wochen Zeit zwischen den Sitzungen einzuräumen, damit die Inhalte in der Zeit zwischen den Sitzungen umgesetzt werden können.

Be-Prox in der Praxis

1. Sensibilisierung – Stellungnahme gegen Mobbing (Kap. 9)
2. Hinschauen lernen und früh erkennen (Kap. 10)
3. Über Mobbing sprechen und Stellung beziehen (Kap. 11)
4. Verhaltensvertrag zusammen mit den Schülern entwickeln (Kap. 12)
5. Konsequentes Handeln – Positive Aufmerksamkeit (Kap. 12)
6. Ressourcen wahrnehmen und Kompetenzen stärken (Kap. 13)

14.3 Mobbing-Prävention im Alltag

Um nachhaltig zu sein, muss Mobbing-Prävention in den Alltag integriert werden; sei es in den Schul- oder in den Familienalltag. Ich habe bereits betont, dass die Arbeit gegen Mobbing eine Wertfrage ist. Die in der Arbeit gegen Mobbing zentralen Werte sind gewöhnliche, grundsätzliche und moralische Werte, die auch in allen zwischenmenschlichen Beziehungen von Bedeutung sind.

Die Mobbing-Prävention kann in vielerlei Hinsicht als eine der vielen Facetten eines effizienten Klassenmanagements verstanden werden, so wie es heute in der pädagogischen Psychologie definiert wird (Schönbächler, 2008). Sehr viele der Inhalte von Be-Prox lassen sich in den Alltag integrieren, wenn sie einmal thematisiert wurden. Sie kosten wenig Zeit und viel weniger Mühe als das Lösen von hartnäckigen Mobbing-Problemen.

Lehrpersonen und Eltern sollten
- **kleine realistische Zwischenziele formulieren**
- **Mobbing-Prävention in den Alltag integrieren.**

14.4 Ausblick

Alle Erwachsenen, ob Lehrpersonen, andere Fachpersonen oder Eltern, haben die Pflicht, eine sichere Umwelt für alle Kinder zu gestalten. Orientieren wir uns dabei an kleineren realistischen Zielen, müssen wir uns als erstes zum Ziel setzen, das Ausmaß an Mobbing im Kindergarten und in der Schule stark zu reduzieren. Wir dürfen es nie soweit kommen lassen, dass man Mobbing als Teil des «heutigen Alltags» hinnimmt oder Mobbing-Vorfälle auf juristischem Weg gelöst werden müssen.

Ein weiteres realistisches Ziel ist, dass Lehrpersonen in der Lage sind, Mobbing frühzeitig zu erkennen und kompetent so darauf zu reagieren, dass es früh gestoppt wird. Sie sollten zudem in der Lage sein, präventiv gegen Mobbing zu arbeiten.

Um diese Ziele zu erreichen, muss Wissen über Mobbing und über die Arbeit gegen Mobbing in der Lehrerausbildung und -weiterbildung verankert werden. Es muss dies ebenso ein Thema in der Ausbildung sehr vieler anderer Fachpersonen sein, sodass Kinder und ihre Eltern nicht mehr auf Unverständnis und Unsicherheit treffen, wenn ein Mobbing-Problem aufgedeckt wird.

Vieles ist bereits geleistet worden. Anfang der 1990er-Jahre hatte das Phänomen Mobbing noch keine eigene Bezeichnung im deutschsprachigen Raum. Nun hat es einen Namen. Zahlreiche Fachpersonen und Laien sind sensibilisiert.

Wir sind aber noch nicht am Ziel. Die Arbeit muss weitergehen. Wir müssen weiterhin Mut und Ausdauer haben, um den Kindergarten und die Schule nachhaltig zu einem mobbingfreien Raum zu machen.

Anhang A

Mobbing in der Schule

A-1: Fragebogen für Schüler und Schülerinnen der 4. bis 10. Klasse

Françoise D. Alsaker, Universität Bern

Der Fragebogen wird in der hier präsentierten Form in verschiedenen laufenden Studien eingesetzt. Der Fragebogen steht sowohl für Präventionsarbeit in Schulen als auch für Forschungszwecke zur Verfügung. In letzterem Fall wird der übliche forschungsethische Umgang mit den Quellenangaben erwartet. Die Autorin ist interessiert, über Forschungsanwendungen informiert zu werden.

Kategorisierung in Mobbingrollen:

Rolle	Antworten zu Mobbing-Erlebnissen (als Opfer)	Antworten zum aktiven Mobbing von Anderen
Opfer (passiv)	Mindestens einmal die Woche (3) in irgendeiner Form	Körperlich nie (1) Andere Formen höchstens selten/ein-zweimal (2)
Mobber	Höchstens selten/ein- bis zweimal (2)	Mindestens einmal die Woche (3) in irgendeiner Form
Aggressive Opfer	Mindestens einmal die Woche (3) in irgendeiner Form	Mindestens einmal die Woche (3) in irgendeiner Form
indirekt beteiligt	Bei allen Formen nie (1)	Bei allen Formen nie (1)
Gemischte Rolle	Kinder, welche in keine der oben genannten Kategorien passen, das heisst, dass sie gewisse Antworten in der Kategorie "etwa einmal pro Monat" (2) geben, jedoch nie regelmässig andere mobben oder gemobbt werden.	

Die Häufigkeitsangaben (4–5) welche den Aussagen mehrmals pro Woche bis täglich entsprechen (siehe die einzelnen Fragen), werden dazu benutzt, besonders schwere Fälle von Mobbing zu entdecken.

Auf dem Weg zur Schule oder in der Schule wird man manchmal von anderen gemobbt.

Man wird zum Beispiel gehänselt oder hochgenommen, es werden einem böse oder hässliche Dinge gesagt, man wird sogar geschlagen, bedroht.

Ist Dir so etwas in den letzten **zwei Monaten** passiert?

---

1. Man hat mich in der Schule oder auf dem Schulweg bösartig gehänselt, hochgenommen oder mir böse Dinge gesagt.

   - ☐ 1 Das ist in den letzten zwei Monaten **nie** vorgekommen.
   - ☐ 2 Es ist höchstens 1- oder 2-mal in den letzten zwei Monaten geschehen.
   - ☐ 3 Ungefähr einmal in der Woche.
   - ☐ 4 Ungefähr 2- oder 3-mal in der Woche.
   - ☐ 5 Noch öfter.

2. Man hat mich in der Schule oder auf dem Schulweg geplagt, gemein geschlagen oder sonstwie angegriffen.

   - ☐ 1 Das ist in den letzten zwei Monaten **nie** vorgekommen.
   - ☐ 2 Es ist höchstens 1- oder 2-mal in den letzten zwei Monaten geschehen.
   - ☐ 3 Ungefähr einmal in der Woche.
   - ☐ 4 Ungefähr 2- oder 3-mal in der Woche.
   - ☐ 5 Noch öfter.

3. Manchmal wird man von Mitschülern oder Mitschülerinnen extra ausgeschlossen, man darf nicht mitmachen. Ist Dir das auch schon passiert?

☐ 1 Das ist in den letzten zwei Monaten **nie** vorgekommen.

☐ 2 Es ist höchstens 1- oder 2-mal in den letzten zwei Monaten geschehen.

☐ 3 Ungefähr einmal in der Woche.

☐ 4 Ungefähr 2- oder 3-mal in der Woche.

☐ 5 Noch öfter.

4. Wenn Du geplagt wurdest, wo geschah das? (Du kannst hier mehrere Kreuze machen)

☐ 1 auf dem Schulweg

☐ 1 auf dem Pausenplatz

☐ 1 im Eingangsbereich des Schulhauses

☐ 1 in den Gängen im Schulhaus

☐ 1 im WC des Schulhauses

☐ 1 im Klassenzimmer

☐ 1 in der Turnhalle

An anderen Orten ....

Ist es in den letzten zwei Monaten schon vorgekommen, dass Du selber andere gemobbt hast: z. B. ausgeschlossen, geplagt, geschlagen, gehänselt oder sonstwie angegriffen?

1. Ich habe in der Schule oder auf dem Schulweg andere bösartig gehänselt, hochgenommen oder ihnen böse Dinge gesagt.

   ☐ 1 Das ist in den letzten zwei Monaten **nie** vorgekommen.

   ☐ 2 Es ist höchstens 1- oder 2-mal in den letzten zwei Monaten geschehen.

   ☐ 3 Ungefähr einmal in der Woche.

   ☐ 4 Ungefähr 2- oder 3-mal in der Woche.

   ☐ 5 Noch öfter.

2. Ich habe in der Schule oder auf dem Schulweg andere geplagt, gemein geschlagen oder sonstwie angegriffen.

   ☐ 1 Das ist in den letzten zwei Monaten **nie** vorgekommen.

   ☐ 2 Es ist höchstens 1- oder 2-mal in den letzten zwei Monaten geschehen.

   ☐ 3 Ungefähr einmal in der Woche.

   ☐ 4 Ungefähr 2- oder 3-mal in der Woche.

   ☐ 5 Noch öfter.

3. Ich habe absichtlich Mitschüler oder Mitschülerinnen ausgeschlossen, sie durften nicht mit dabei sein.

   ☐ 1 Das ist in den letzten zwei Monaten **nie** vorgekommen.

   ☐ 2 Es ist höchstens 1- oder 2-mal in den letzten zwei Monaten geschehen.

☐ 3 Ungefähr einmal in der Woche.

☐ 4 Ungefähr 2- oder 3-mal in der Woche.

☐ 5 Noch öfter.

4. Wenn Du andere geplagt hast, wo geschah das? (Du kannst hier mehrere Kreuze machen)

☐ 1 auf dem Schulweg

☐ 1 auf dem Pausenplatz

☐ 1 im Eingangsbereich des Schulhauses

☐ 1 in den Gängen im Schulhaus

☐ 1 im WC des Schulhauses

☐ 1 im Klassenzimmer

☐ 1 in der Turnhalle

An anderen Orten ....

Mögliche Erweiterungen des Fragebogens

Untenstehende Fragen wurden im Rahmen verschiedener Studien entwickelt und verwendet. Einige Fragen eignen sich nur bei älteren Schülerinnen und Schülern, andere wiederum eher bei den Jüngeren. Die Fragen sollen nur als Beispiele für mögliche Erweiterungen des Fragenkatalogs dienen, wenn es für nötig gehalten wird.

- Haben andere Kinder/Jugendliche schlecht über dich gesprochen (zum Beispiel Gerüchte erzählt)?
- Hat man dir etwas Unangenehmes über dein Aussehen (Körper, Kleider) gesagt?

- Haben andere Kinder/Jugendliche dir gedroht oder dich zu etwas gezwungen?
- Hat man dir Dinge versteckt, kaputt gemacht oder gestohlen?
- Ist es dir passiert, dass du sexuell belästigt wurdest?
- Ist es passiert, dass dir jemand die Freundin/den Freund „weggenommen“ hat?

Auf der Mobberseite wurden die Fragen so formuliert:

- Hast du über andere Kinder/Jugendliche schlecht gesprochen (zum Beispiel Gerüchte erzählt)?
- Hast du anderen Kindern etwas Unangenehmes über ihr Aussehen (Körper, Kleider) gesagt?
- Hast du anderen Kindern gedroht oder sie zu etwas gezwungen?
- Hast du anderen Kindern Dinge versteckt, kaputt gemacht oder gestohlen?
- Hast du andere sexuell belästigt?
- Ist es passiert, dass du jemandem die Freundin/den Freund „weggenommen“ hast?

Erweiterungen um Cybermobbing

Da dieser Bereich noch in Entwicklung steht, kann ich nur einige Vorschläge von Fragen machen, die wir letztes Jahr in einer Studie benutzt haben. Diese können als Beispiele dienen und auch eine Grundlage für Gespräche mit Jugendlichen bieten.

- Haben Dir andere Jugendliche gemeine oder bedrohende E-Mails zugesendet?
- Haben Dir andere Jugendliche gemeine oder bedrohende Nachrichten per Internet zugesendet?
- Hat Dir jemand gemeine oder bedrohende Nachrichten per Mobiltelefon zugesendet?
- Haben Jugendliche gemeine Kommentare über Dich auf eine Webseite aufgeschaltet?
- Haben Jugendliche gemeine Kommentare oder Bilder von Dir auf die Mobiltelefone von anderen Jugendlichen gesendet?

A-2: Mobbing-Vorkommnisse – Fragebogen für die Lehrpersonen

Wie häufig ist es seit Schuljahresbeginn vorgekommen, dass ...	nie	selten	1x oder häufiger pro Monat	ca. 1x pro Woche	mehrmals pro Woche	weiß nicht
… sie/er von anderen gemobbt wurde	☐ 1	☐ 2	☐ 3	☐ 4	☐ 5	☐ 9
Falls sie/er geplagt wurde, wie häufig ist es vorgekommen, dass …						
… sie/er physisch gemobbt wurde (geschlagen, getreten, gekniffen ...)	☐ 1	☐ 2	☐ 3	☐ 4	☐ 5	☐ 9
...sie/er verbal gemobbt wurde (ausgelacht, beschimpft, gehänselt ...)	☐ 1	☐ 2	☐ 3	☐ 4	☐ 5	☐ 9
... er/sie von den anderen ausgeschlossen wurde	☐ 1	☐ 2	☐ 3	☐ 4	☐ 5	☐ 9
... ihr/ihm Dinge versteckt, beschädigt oder gestohlen wurden	☐ 1	☐ 2	☐ 3	☐ 4	☐ 5	☐ 9
… ihr/ihm gedroht wurde oder er / sie erpresst wurde	☐ 1	☐ 2	☐ 3	☐ 4	☐ 5	☐ 9
… sie/er sexuellen Belästigungen ausgesetzt war	☐ 1	☐ 2	☐ 3	☐ 4	☐ 5	☐ 9

Wie häufig ist es seit Schuljahresbeginn vorgekommen, dass ...	nie	selten	1x oder häufiger pro Monat	ca. 1x pro Woche	mehrmals pro Woche	weiß nicht
… sie/er andere MitschülerInnen mobbte	☐ 1	☐ 2	☐ 3	☐ 4	☐ 5	☐ 9
… sie/er von anderen gequält wurde	☐ 1	☐ 2	☐ 3	☐ 4	☐ 5	☐ 9
Falls sie/er andere mobbte, wie häufig ist es vorgekommen, dass …						
… sie/er andere MitschülerInnen physisch gemobbt hat (geschlagen, getreten, gekniffen ...)	☐ 1	☐ 2	☐ 3	☐ 4	☐ 5	☐ 9
... sie/er andere MitschülerInnen verbal gemobbt hat (ausgelacht, beschimpft, gehänselt ...)	☐ 1	☐ 2	☐ 3	☐ 4	☐ 5	☐ 9
... er/sie andere MitschülerInnen ausgeschlossen hat	☐ 1	☐ 2	☐ 3	☐ 4	☐ 5	☐ 9
... er/sie anderen MitschülerInnen Dinge versteckt, beschädigt oder gestohlen hat	☐ 1	☐ 2	☐ 3	☐ 4	☐ 5	☐ 9
… er/sie anderen MitschülerInnen gedroht oder sie erpresst hat	☐ 1	☐ 2	☐ 3	☐ 4	☐ 5	☐ 9
… sie/er andere MitschülerInnen sexuell belästigt hat	☐ 1	☐ 2	☐ 3	☐ 4	☐ 5	☐ 9

Wenn Sie beobachtet haben, dass er/sie seit Schuljahresbeginn gemobbt wurde oder andere mobbte, dann war das ...

mehrere Antworten möglich!

- ☐ 1 auf dem Pausenplatz
- ☐ 1 im Gang des Schulhauses
- ☐ 1 in der Klasse beim Frontalunterricht
- ☐ 1 in der Klasse bei freien Arbeitsformen (Gruppenaktivitäten)
- ☐ 1 in der Turnhallengarderobe
- ☐ 1 im Turnunterricht
- ☐ 1 auf dem Schulweg
- ☐ 1 andere

Die Auswertung erfolgt wie beim Fragebogen für die Schüler im Anhang A-1

Anhang B

Das Kinderinterview zu Mobbing – Kindergarten und Unterstufe

Einleitung: «Es ist auch so, dass nicht alle Kinder immer lieb zueinander sind. Ab und zu sind Kinder auch ziemlich böse zu anderen Kindern.»

Es werden 4 Szenen mit Plagesituationen hingelegt und die Bilder beschrieben (siehe Abb. 2.2 für das Bildmaterial).

- (Bild 1) Es gibt Kinder, die lachen andere aus oder sagen böse Dinge zu ihnen oder strecken ihnen die Zunge heraus.
- (Bild 2) Dann gibt es Kinder, die nehmen anderen etwas weg, z. B. ihre Spielsachen, oder sie machen den anderen Kindern etwas kaputt oder verstecken etwas.
- (Bild 3) Hier siehst du Kinder, die andere schlagen, beißen, treten oder sie an den Haaren ziehen.
- (Bild 4) Und dann gibt es noch Kinder, die andere nicht mitspielen lassen oder sie nicht neben sich sitzen lassen.

Wenn Kinder immer wieder böse sind zu anderen Kindern, so wie auf den Bildern, nennt man das Mobben/Plagen (Schweiz)

Gibt es in deinem Kindergarten Kinder, die andere Kinder plagen? Wer ist das?	Kind 1 (mobbt) ☐☐☐☐☐☐☐		Kind 2 (mobbt) ☐☐☐☐☐☐☐
Welche Kinder werden von diesem Kind geplagt?	alle ☐ 1 · weiß nicht ☐ 0 · keine Antwort ☐ 9 oder:		alle ☐ 1 · weiß nicht ☐ 0 · keine Antwort ☐ 9 oder:
	Opfer-Nummer 1a ☐☐☐☐☐☐☐	iclv 0201	Opfer-Nummer 2a ☐☐☐☐☐☐☐
	Opfer-Nummer 1b ☐☐☐☐☐☐☐	iclv 0201	Opfer-Nummer 2b ☐☐☐☐☐☐☐
	Opfer-Nummer 1c ☐☐☐☐☐☐☐	iclv 0201	Opfer-Nummer 2c ☐☐☐☐☐☐☐

<table>
<tr><td>Gibt es in deinem Kindergarten Kinder, die andere Kinder plagen? Wer ist das?</td><td>Kind 3 (mobbt)
☐☐☐☐☐☐☐</td><td></td><td>Kind 4 (mobbt)
☐☐☐☐☐☐☐</td></tr>
<tr><td>Welche Kinder werden von diesem Kind geplagt?</td><td>alle ☐ 1   weiß nicht ☐ 0   keine Antwort ☐ 9

oder:

Opfer-Nummer 3a
☐☐☐☐☐☐☐

Opfer-Nummer 3b
☐☐☐☐☐☐☐

Opfer-Nummer 3c
☐☐☐☐☐☐☐</td><td>

iclv
0201

iclv
0201

iclv
0201</td><td>alle ☐ 1   weiß nicht ☐ 0   keine Antwort ☐ 9

oder:

Opfer-Nummer 4a
☐☐☐☐☐☐☐

Opfer-Nummer 4b
☐☐☐☐☐☐☐

Opfer-Nummer 4c
☐☐☐☐☐☐☐</td></tr>
</table>

Das Verfahren kann weitergeführt werden, wenn es sich zeigen sollte, dass das Kind noch etwas zu sagen hat. In unseren Kindergartenstudien gingen wir allerdings nie weiter, als Informationen zu sechs potentiellen Mobbern zu registrieren.

Eigenbericht zu Erfahrungen und zum eigenen Verhalten

Wirst du auch geplagt?	ja	nein	weiß nicht	keine Antwort
	☐ 1	☐ 2	☐ 0	☐ 9

Wenn ja: Von wem wirst du geplagt?

Kind 1							
Kind 2							
Kind 3							

Hast du auch schon andere Kinder geplagt?	ja	nein	weiß nicht	keine Antwort
	☐ 1	☐ 2	☐ 0	☐ 9

Wenn ja: Wen hast du geplagt?

Kind 1							
Kind 2							
Kind 3							

Die Anzahl Kindernennungen kann nach Bedarf erweitert werden.

Befinden des Kindes als Zeuge von Mobbing

Wenn du siehst, dass ein Kind geplagt wird, wie geht es dir dann?

(Dazu wurden untenstehende Gefühlsgesichter gebraucht)

	fröhlich	wütend	traurig	ängstlich	gleichgültig	weiß nicht	keine Antwort
Ich fühle mich ...	☐ 1	☐ 1	☐ 1	☐ 1	☐ 1	☐ 0	☐ 9

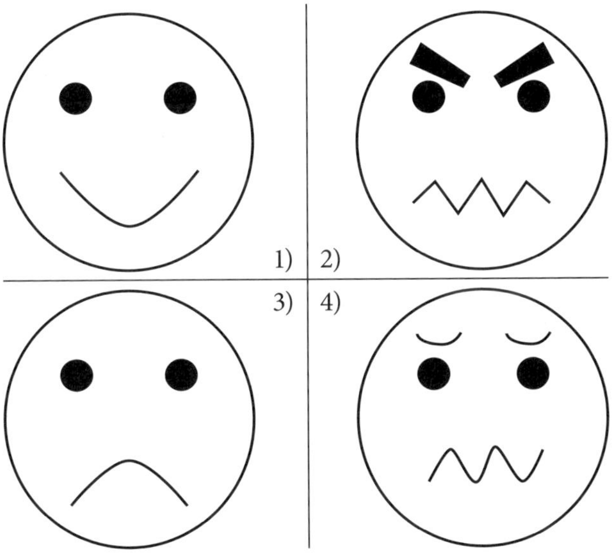

Codierung: 1 = fröhlich/glücklich 2 = wütend 3 = traurig 4 = ängstlich

Anhang C

Bildung von kleinen Gruppen in der Klasse. Wer ist mit wem zusammen?

Fragen an die Schüler:

Gibt es in der Klasse Schüler, die oft zusammen sind, etwas unternehmen oder befreundet sind – kleine Grüppchen?

Du kannst die Namen der Schüler nach Gruppen auflisten. Die Gruppen können aus zwei oder mehreren Personen bestehen; die gleichen Personen können auch in mehreren Gruppen genannt werden.

Gruppe 1 besteht aus:

Name 1: ______________ Name 2: ______________ Name 3: ______________

Name 4: ______________ Name 5: ______________ Name 6: ______________

Gruppe 2 besteht aus:

Name 1: ______________ Name 2: ______________ Name 3: ______________

Name 4: ______________ Name 5: ______________ Name 6: ______________

Gruppe 3 besteht aus:

Name 1: ______________ Name 2: ______________ Name 3: ______________

Name 4: ______________ Name 5: ______________ Name 6: ______________

Gruppe 4 besteht aus:

Name 1: ______________ Name 2: ______________ Name 3: ______________

Name 4: ______________ Name 5: ______________ Name 6: ______________

Gruppe 5 besteht aus:

Name 1: ______________ Name 2: ______________ Name 3: ______________

Name 4: ______________ Name 5: ______________ Name 6: ______________

Gruppe 6 besteht aus:

Name 1: ______________ Name 2: ______________ Name 3: ______________

Name 4: ______________ Name 5: ______________ Name 6: ______________

Gibt es auch Schüler, die selten mit anderen zusammen sind und keiner Gruppe gehören? Wer ist es?

Name 1: ______________ Name 2: ______________ Name 3: ______________

Name 4: ______________ Name 5: ______________ Name 6: ______________

(Quelle: Cairns et al., 1988; Perren, Alsaker, 2006)

Anhang D

D-1: Beobachtung durch die Lehrpersonen

Protokollbogen zur Beobachtung von Mobbing

Notieren Sie, falls Sie im Team beobachten, wer jeweils aktiv ist.

Instruktion

Füllen Sie täglich die Beobachtungsprotokolle aus. Falls an einem der vorgegebenen Daten kein Kindergarten/keine Schule stattgefunden hat, können Sie den Tag einfach durchstreichen.

Definition von Mobbing

Zur Erinnerung: Unter Mobbing verstehen wir Situationen, in denen ein Kind wiederholt und über längere Zeit den negativen Handlungen eines oder mehrerer Kinder ausgesetzt ist. Es kann körperlich (physisch) oder mit Worten (verbal) geschehen, durch Zerstören oder Verstecken von Gegenständen, aber auch durch Ausschließen aus der Kindergruppe.

Montag, ☐ **Lehrperson 1** ☐ **Lehrperson 2**

1. War heute im Kindergarten/in der Schule ein besonderer Anlass?

   ☐ 1 nein

   ☐ 2 ja, Turnen

   ☐ 3 ja, Förderunterricht

   ☐ 4 ja, Geburtstag von ______________________

☐ 5 ja, Ausflug nach ______________________________

☐ 6 ja, Besuch von ______________________________

2. Ist heute im Kindergarten/in der Schule etwas Besonderes vorgefallen?

☐ 1 ja

☐ 2 nein

3. Gab es heute Situationen in der Gruppe/Klasse, die Sie als mögliches Mobbing bezeichnen würden?

☐ 1 ja

☐ 2 nein

4. Welche negativen Verhaltensweisen sind vorgekommen?

☐ verbal (beschimpfen, auslachen, Zunge rausstrecken ...)

☐ gegenständlich (Gegenstände verstecken oder kaputtmachen ...)

☐ körperlich (schlagen, treten, Haare reißen ...)

☐ isolieren (ausschließen vom Spiel, im Kreis nicht daneben sitzen lassen ...)

☐ anderes:

5. Wer war beteiligt und wo hat es stattgefunden?

Situation	**Mobber**	**Opfer**	**Waren Sie anwesend?**	**Wo hat es stattgefunden?**	**Gruppenzusammensetzung (alle, jüngere, ältere Kinder)**
Sit. 1			☐ 1 nein ☐ 2 ja		
Sit. 2			☐ 1 nein ☐ 2 ja		
Sit. 3			☐ 1 nein ☐ 2 ja		

7. Könnten Sie die Situation(en) kurz beschreiben?

Situation 1: ______________________________

____

Situation 2: ______________________________

____

Situation 3: ______________________________

____

Weitere Bemerkungen: ______________________________

____

Quelle: Alsaker (2003)

D-2: Beispiel eines Protokollbogens zur täglichen Beobachtung von möglichen Mobbing-Vorfällen

Montag, Woche ____ Wurde heute in der Kindergruppe/ Klasse gemobbt? ☐ nein, heute wurde nicht gemobbt ☐ ja, aber nur einmal ☐ ja, zwei- bis dreimal ☐ ja, mehr als dreimal Bemerkungen:	**Dienstag, Woche** ____ Wurde heute in der Kindergruppe/ Klasse gemobbt? ☐ nein, heute wurde nicht gemobbt ☐ ja, aber nur einmal ☐ ja, zwei- bis dreimal ☐ ja, mehr als dreimal Bemerkungen:
Mittwoch, Woche ____ Wurde heute in der Kindergruppe/ Klasse gemobbt? ☐ nein, heute wurde nicht gemobbt ☐ ja, aber nur einmal ☐ ja, zwei- bis dreimal ☐ ja, mehr als dreimal Bemerkungen:	**Donnerstag, Woche** ____ Wurde heute in der Kindergruppe/ Klasse gemobbt? ☐ nein, heute wurde nicht gemobbt ☐ ja, aber nur einmal ☐ ja, zwei- bis dreimal ☐ ja, mehr als dreimal Bemerkungen:
Freitag, Woche ____ Wurde heute in der Kindergruppe/ Klasse gemobbt? ☐ nein, heute wurde nicht gemobbt ☐ ja, aber nur einmal ☐ ja, zwei- bis dreimal ☐ ja, mehr als dreimal Bemerkungen:	Weitere Bemerkungen:

Quelle: Valkanover et al. (2004)

Literaturverzeichnis

Abecassis M., Hartup W. W., Haselager G. J. T., Scholte R. H. J., van Lieshout C. F. M. (2002). Mutual antipathies and their significance in middle childhood and adolescence. *Child Development, 73*, 1543–1556.

Alsaker F. D. (1993). Isolement et maltraitance par pairs dans les jardins d'enfants: comment mesurer ces phénomènes et quelles en sont leurs conséquences? *Enfance, 47*, 241–260.

Alsaker F. D. (2000a). Alltag und Belastungen: Gewalt unter Schülern und Schülerinnen. In Trier P. (Hrsg.). *Bildungswirksamkeit zwischen Forschung und Politik* (285–288). Zürich: Ruegger Verlag.

Alsaker F. D. (2000b). The development of a depressive personality orientation: The role of the individual. In Perrig W. J., Grob A. (Eds.). *Control of human behavior, mental processes and awareness* (345–359). Hillsdale, NJ: Erlbaum.

Alsaker F. D. (2003). *Quälgeister und ihre Opfer. Mobbing unter Kindern – und wie man damit umgeht.* Bern: Verlag Hans Huber.

Alsaker F. D. (2006). Psychische Folgen von Mobbing. In Steinhausen H.-C. (Ed.). *Schule und psychische Störungen* (35–47). Stuttgart: Kohlhammer.

Alsaker F. D. (2007). *Pathways to victimization and a multisetting intervention.* Research Report. Bern: Swiss National Science Foundation, NFP52.

Alsaker F. D. (2011). *Lessons learned from research in Kindergarten.* Keynote address at the Biennial Meeting of the European Society for Developmental Psychology. Bergen, Norway, August 23.–27. 2011

Alsaker F. D., Brunner A. (1999). Switzerland. In Smith P., Morita K. K.,. Junger-Tas J., Olweus D., Catalano R., Slee P. (Eds.). *The nature of school bullying: A cross-national perspective* (250–263). London: Routledge.

Alsaker F. D., Gutzwiller-Helfenfinger E. (2010). Social behavior and peer relationships of victims, bully-victims, and bullies in kindergarten. In Jimerson S. R., Swearer S. M., Espelage D. L. (Eds.). *The handbook of school bullying. An international perspective* (87–99). Mahwah, New Jersey: Lawrence Erlbaum Associates.

Alsaker F. D., Kauer M. (2004). *Mobbing? Ohne uns! Leporello für Eltern.* Bern: Schulverlag. Bestellung einzelner Hefte siehe: www.praevention-alsaker.unibe.ch.

Alsaker F. D., Nägele C. (2008). Bullying in kindergarten and prevention. In Craig W., Pepler D. (Eds.). *An international perspective on understanding and addressiong bullying* (230–252). Kingston, Canada: PREVNet.

Alsaker F. D., Nägele C. (2011). *Profiles of Victims in Kindergarten: Is it Necessary to Differentiate Between Victims and Bully-Victims in Kindergarten?* Universität Bern.

Alsaker F. D., Olweus D. (2002). Stability and change in global self-esteem and self-related affect. In Brinthaupt T. M., Lipka R. P. (Eds.), *Understanding early adolescent self and identity: Applications and interventions* (193–223). Albany, NY: State University of New York Press.

Alsaker F. D., Valkanover S. (2001). Early diagnosis and prevention of victimization in kindergarten. In Juvonen J., Graham S. (Eds.). *Peer harassment in school: the plight of the vulnerable and victimized* (175–195). New York: Guilford Press.

Anrig L. (2009). *Body-Mass-Index und Mobbinginvolviertheit.* Lizentiatsarbeit. Universität Bern.

Asendorpf J. (1990). Beyond social withdrawal: Shyness, unsociability, and peer avoidance. *Human Development, 33,* 250–259.

Bandura A. (1977). Self-efficacy: Toward a unifying theory of behavior change. *Psychological Review, 84,* 191–215.

Bandura A. (1978). The self system in reciprocal determinism. *American Psychologist, 33,* 344–358.

Bandura A., Barbaranelli C., Caprara G.-V., Pastorelli C. (1996). Mechanisms of moral disengagement in the exercise of moral agency. *Journal of Personality and Social-Psychology, 71,* 364–374.

Barchia K., Bussey K. (2010). The psychological impact of peer victimization: Exploring social-cognitive mediators of depression. *Journal of Adolescence, 33,* 615–623.

Barker E. T., Galambos N. L. (2003). Body dissatisfaction of adolescent girls and boys: Risk and ressource factors. *Journal of Early Adolescence, 23,* 141–165.

Baumgartner A. (2007). *Soziale Kompetenz, Verhaltensauffälligkeiten und ihr Zusammenspiel bei mobbinginvolvierten Kindern im Kindergarten.* Unpublished Doctoral Dissertation. University of Bern. Department of Psychology, Bern, Switzerland.

Baumgartner A., Alsaker F. D. (2008). Mobbing unter Kindern und Jugendlichen: Die Rolle von individuellen sozialen Kompetenzen, Gruppenprozessen und sozialen Beziehungen. In Malti T., Perren S. (Hrsg.). *Entwicklung und Förderung sozialer Kompetenzen in Kindheit und Adoleszenz* (70–88). Stuttgart: Kohlhammer Verlag.

Beaumont C. (2009). Trois années d'évaluation d'un programme de réduction des conduites agressives auprès d'élèves de 12 à 17 ans présentant de graves problèmes de comportement. *Revue suisse des sciences de l'éducation, 31,* 117–134.

Bender D., Lösel F. (2011). Bullying at school as a predictor of delinquency, violence and other anti-social behaviour in adulthood. *Criminal Behaviour and Mental Health, 21,* 99–106.

Bergmüller S. (2007). *Schulstress unter Jugendlichen: Enstehungsbedingungen, vermittelnde Prozesse und Folgen.* Hamburg: Verlag Dr. Kovač.

Bierman K. L., Greenberg M. T., Group C. P. P. R. (1996). Social skills training in the Fast Track Programm. In Peters R., McMahon R. J. (Eds.), *Preventing childhood disorders, substance abuse, and delinquency* (65–89). Thousand Oaks, CA: Sage.

Björkqvist K., Ekman K., Lagerspetz K. (1982). Bullies and victims: their ego picture, ideal ego picture and normative ego picture. *Scandinavian Journal of Psychology, 23,* 307–313.

Björkqvist K., Österman K., Lagerspetz K. M. J. (1994). Sex differences in covert aggression among adults. *Aggressive Behavior, 20,* 27–33.

Boivin M., Hymel S., Bukowski W. M. (1995). The role of social withdrawal, peer rejction, and victimization by peers in predicting loneliness and depressed mood in childhood. *Development and Psychopathology, 7,* 765–785.

Bonanno R. A., Hymel S. (2010). Beyond hurt feelings: Investigating why some victims of bullying are at greater risk for suicidal ideation. *Merill-Palmer Quarterly*, *56*, 420–440.

Boulton M. J., Smith P. K. (1994). Bully/victim problems in middle-school children: stability, self-perceived competence, peer perceptions and peer acceptance. *British Journal of Developmental Psychology*, *12*, 315–329.

Boulton M. J., Underwood K. (1992). Bully/victim problems among middle school children. *British Journal of Educational Psychology*, *62*, 73–87.

Bowers L., Smith P. K., Binney V. (1994). Perceived familiy relationships of bullies, victims and bully/victims in middle childhood. *Journal of Social and Personal Realtionships*, *11*, 215–232.

Brendgen M., Wanner B., Vitaro F. (2006). Verbal abuse by the teacher and child adjustment from kindergarten through grade 6. *Pediatrics*, *117*, 1585–1598.

Buhs E. S., Ladd G. W., Herald S. L. (2006). Peer exclusion and victimization: Processes that mediate the relation between oeer group rejection and children's classroom engagement and achievement? *Journal of Educational Psychology*, *98*, 1–13.

Bundesamt für Statistik (2007). *Ständige Wohnbevölkerung am Jahresende, Stand der Datenbank: 31. Dezember 2006.* Bundesamt für Statistik, Neuenburg, Schweiz.

Byron T. (2008). *Safer children in a digital world: The report of the Byron review.* Department for children, schools and families and the department for culture, media and Sport. UK. www.dcsf.gov.uk/byronreview.

Cairns R. B., Cairns, B. D. (1994). *Lifelines and risks. Pathways of youth in our time.* Cambridge, NY: Cambridge University Press.

Cairns R. B., Cairns B. D., Neckerman H. J., Gest S. D., Gariépy J. (1988). Social networks and aggressive behavior: Peer support or peer rejection? *Developmental Psychology*, *24*, 815–823.

Callaghan S., Joseph S. (1995). Self-concept and peer victimization among schoolchildren. *Personality and Individual Differences*, *18*, 161–163.

Calogero R. M., Thompson K. K. (2010). Gender and body image. In Chrisler J. C., McCreary D. R. (Eds.). *Handbook of gender research in psychology* (153–184). New York: Springer.

Card N. A., Stucky B. D., Sawalani G. M., Little T. D. (2008). Direct and Indirect Aggression During Childhood and Adolescence: A Meta-Analytic Review of Gender Differences, Intercorrelations, and Relations to Maladjustment. *Child Development*, *79*, 1185–1229.

Cassidy T., Taylor L. (2005). Coping and psychological distress as a function of the bully victim dichotomy in older children. *Social Psychology of Education*, *8*, 249–262.

Coie J. D., Kupersmidt J. B. (1983). A behavioral analysis of emerging social status in boys' peer groups. *Child Development*, *54*, 1400–1416.

Cook C. R., Williams K. R., Guerra N. G., Kim T. E., Sadek S. (2010). Predictors of bullying and victimization in childhood and adolescence: A meta-analytic investigation. *School Psychology Quarterly*, *25*, 65–83.

Craig W. M., Pepler D. (1997). Observations of bullying and victimization in the school yard. *Canadian Journal of School Psychology*, *13*, 41–60.

Crescionini M. (2008). *Mobbingrollen und -formen in Abhängigkeit von Geschlecht und Alter.* Lizentiatsarbeit. Universität Bern, Institut für Psychologie.

Crick N., Casas J. F., Mosher M. (1997). Relational and overt aggression in preschool. *Developmental Psychology*, *33*, 579–588.

Crick N. R., Ostrov J. M., Burr J. E., Cullerton-Sen C., Jansen-Yeh E., Ralston P. (2006). A Longitudinal Study of Relational and Physical Aggression in Preschool. *Journal of Applied Developmental Psychology*, *27*, 254–268.

Currie C. (2008). *Inequalities in young people's health: HBSC international report from the 2005/2006 Survey.* Health Policy for Children and Adolescents, No. 5. Copenhagen, WHO Regional Office for Europe.

Darley J. M., Latané B. (1968). Bystander intervention in emergencies: diffusion of responsibility. *Journal of Personality and Social Psychology, 8*, 377–383.

Dodge K. A. (1991). The structure and function of reactive and proactive aggression. In Pepler D. J., Rubin K. H. (Eds.), *The development and treatment of childhood aggression* (201–218). Hillsdale, NJ: Erlbaum.

Dodge K. A., Frame C. L. (1982). Social cognitive biases and deficits in aggressive boys. *Child Development, 53*, 620–635.

Dumas J. (2000). *L'enfant violent.* Paris: Editions Bayard.

Eckhart M. (2005). *Anerkennung und Ablehnung in Schulklassen: Einstellungen und Beziehungen von Schweizer Kindern und Immigrantenkindern.* Bern: Haupt.

Eliot M., Cornell D. G., Gregory A., Fan X. (2010). Supportive school climate and student willingness to seek help for bullying and threats of violence. *Journal of School Psychology, 48*, 533–553.

Espelage D. L., Mebane S., Adams R. (2004). Empathy, caring, and bullying: Toward an understanding of complex associations. In Espeage D. L., Swearer S. M. (Eds.). *Bullying in American schools: A social ecological perspective on prevention and intervention* (37–61). Mahwah, NJ: Erlbaum.

Espelage D. L., Swearer S. M. (2003). Research on school bullying and victimization: What have we learned and where do we go from here? *School Psychology Review, 32*, 365–383.

Farrington D. P., Ttofi M. M. (2009). School-based programs to reduce bullying and victimization. *Campbell Systematic Reviews. 2009: 6, http://www.campbellcollaboration.org/news_/reduction_bullying_schools.php.*

Farrington D. P., Ttofi M. M. (2011). Bullying as a predictor of offending, violence and later life outcomes. *Criminal Behaviour and Mental Health, 21*, 90–98.

Fekkes M., Pijpers F. I., Verloove-Vanhorick S. P. (2004). Bullying behavior and associations with psychosomatic complaints and depression in victims. *Journal of Pediatrics, 144*, 17–22.

Flammer A. (1997). *Einführung in die Gesprächspsychologie.* Bern: Verlag Hans Huber.

Flammer A., Alsaker F. D. (2002). *Entwicklungspsychologie der Adoleszenz. Die Erschliessung innerer und äusserer Welten im Jugendalter.* Bern: Verlag Hans Huber.

Forero R., McLellan L., Rissel C., Bauman A. (1999). Bullying behaviour and psychological health among school students in NSW, Australia. *British Medical Journal, 319*, 244–348.

Frisén A., Jonsson A.-K., Persson A. (2007). Adolescents' perception of bullying: Who is the victim? Who is the bully? What can be done to sto bullying? *Adolescence, 42*, 749–761.

Gini G. (2006). Social cognition and moral cognition in bullying: What's wrong? *Aggressive Behavior, 32*, 528–539.

Graham S., Juvonen J. (1998). Self-blame and peer victimization in middle school: An attributional analysis. *Developmental Psychology, 34*, 587–599.

Guerra N. G., Williams K. R., Sadek S. (2011). Understanding bullying and victimization during childhood and adolescence: A mixed methods study. *Child Development, 82*, 295–310.

Hanish L. D., Guerra, N. G. (2002). A longitudinal analysis of patterns of adjustment following peer victimization. *Development and Psychopathology, 14*, 69–89.

Hanish L. D., Guerra, N. G. (2004). Aggressive victims, passive victims, and bullies: Developmental continuity and developmental change? *Merrill-Palmer Quarterly, 50*, 17–38.

Hascher T. (2004). *Schule positiv erleben: Ergebnisse und Erkenntnisse zum Wohlbefinden von Schülerinnen und Schülern*. Bern: Haupt Verlag.

Hauser D., Gutzwiller-Helfenfinger E., Alsaker F. D. (2009). Kindergartenkinder als Zeugen von Mobbing. *Schweizerische Zeitschrift für Bildungsforschung, 31*, 57–74.

Hawker D. S. J., Boulton M. J. (2000). Twenty years' research on peer victimization and psychosocial maladjustment: a meta-analytic review of cross-sectional studies. *Journal of Child Psychology and Psychiatry, 41*, 441–455.

Hawkins D. L., Pepler D. J., Craig W. M. (2001). Naturalistic observations of peer interventions in bullying. *Social Development, 10*, 512–527.

Hawley P. H. (2003). Prosocial and coercive configurations of resource control in early adolescence: A case for well-adapted machiaviellian. *Merrill-Palmer Quarterly, 49*, 279–310.

Haynie D. L., Nansel T., Eitel P., Crump A. D., Saylor K., Yu K., Simons-Morton, B. (2001). Bullies, victims, and bully/victims: Distinct groups of at-risk youth. *The Journal of Early Adolescence, 21*, 29–49.

Hodges E. V. E., Boivin M., Vitaro F., Bukowski W. M. (1999). The power of friendship: Protection against an escalating cycle of peer victimization. *Developmental Psychology, 35*, 94–101.

Holmberg K., Hjern A. (2008). Bullying and attention-deficit-hyperactivity disorder in 10-year-olds in a Swedish community. *Developmental Medicine and Child Neurology, 50*, 134–138.

Huphrey J. L., Storch E. A., Geffken, G. R. (2007). Peer victimization in children with attention-deficit hyperactivity disorder. *Journal of Child Health Care, 11*, 248–260.

Hymel S., Schonert-Reichl K. A., Bonanno R. A., Vaillancourt T., Henderson N. R. (2010). Bullying and morality: Understanding how good kids can behave badly. In Jimerson S. R., Swearer S. M., Espelage D. (Eds.). *The handbook of school bullying. An international perspective* (101–118). Mahwah, New Jersey: Lawrence Erlbaum Associates.

Janssen I., Craig W. M., Boyce W. F., Pickett W. (2004). Associations between overweight and obesity with bullying behaviors in school-aged children. *Pediatrics, 113*, 1187–1194.

Jolliffe D., Farrington, D. P. (2011). Is low empathy related to bullying after controlling for individual and social background variables? *Journal of Adolescence, 34*, 59–71.

Klomek A. B., Marrocco F., Kleinman M., Schonfeld I. S., Gould M. S. (2007). Bullying, depression, and suicidality in adolescents. *Journal of American Academic Child Adolescence Psychiatry, 46*, 40–49.

Kochenderfer-Ladd B. (2003). Identification of aggressive and asocial victims and the stability of their peer victimization. *Merrill-Palmer Quarterly, 49*, 401–425.

Krappmann L. (1994). Misslingende Aushandlungen – Gewalt und andere Rücksichtlosigkeiten unter Kindern im Grundschulalter. *Zeitschrift für Sozialisationsforschung und Erziehungssoziologie, 14*, 102–117.

Kumpulainen K., Räsänen E., Henttonen I., Alqvist F., Kresanov V., Linna S.-L., … Tamminen T. (1998). Bullying and psychiatric symptoms among elementary school-age children. *Child Abuse & Neglect, 22*, 705–717.

Ladd G. W., Burgess K. B. (1999). Charting the relationship trajectories of aggressive, withdrawn, and aggressive/withdrawn children during early grade school. *Child Development, 70*, 910–929.

Ladd G. W., Kochendorfer-Ladd B. (1998). Parenting behaviors and parent-child relationships: Correlates of peer victimization in Kindergarten. *Developmental Psychology, 34*, 1450–1458.

Ladd G. W., Kochenderfer-Ladd B. (2002). Identifying victims of peer aggression from early to middle childhood: analysis of cross-informant data for concordance, estimation of relational adjustment, prevalence of victimization, and characteristics of identified victims. *Psychological Assessment, 14*, 74–96.

Ladd G. W., Troop-Gordon W. (2003). The role of chronic peer difficulties in the developmnet of children's psychological adjustment problems. *Child Development, 74*, 1344-1367.

Leadbeater B. J., Hoglund W. L. G. (2009). The effects of peer victimization and physical aggression on changes in internalizing from first to third grade. *Child Development, 80*, 843–859.

LeBlanc L., Swisher R., Vitaro F., Tremblay R. E. (2008). High school social climate and antisocial behavior: A 10-year longitudinal and multilevel study. *Journal of Research on Adolescence, 18*, 395–419.

Lunde C., Frisén A., Hwang C. P. (2006). Is peer victimization related to body esteem in 10-year-old girls and boys? *Body Image, 3*, 25–33.

Lösel F., Beelmann A. (2003). Effects of child skills training in preventing antisocial behavior: A systematic review of randomized evaluations. *Annals of Political and Social Science, 587*, 84–109.

Lösel F., Bliesener T., Averbeck M. (1999). Erlebens- und Verhaltensprobleme von Tätern und Opfern. In Holtappels H. G., Heimeyer W., Melzer W., Tillmann K. J. (Hrsg.). *Forschung über Gewalt an Schulen. Erscheinungsformen und Ursachen, Konzepte und Prävention* (137–154). Weinheim: Juventa Verlag.

Menesini E., Codecasa E., Benelli B., Cowie H. (2003). Enhancing children's responsibility to take action against bullying: Evaluation of a befriending intervention in Italian middle schools. *Aggressive Behavior, 29*, 1–14.

Menesini E., Eslea M., Smith P. K., Genta M. L., Giannetti E., Fonzi A., Costabile A. (1997). Cross-national comparison of children's attitudes toward bully/victim problems in school. *Aggressive Behavior, 23*, 245–257.

Monks C. P., Smith P. K., Swettenham J. (2003). Aggressors, victims, and defenders in preschool: Peer, Self-, and Teacher Reports. *Merrill-Palmer Quarterly, 49*, 453–469.

Mouttapa M., Valente T., Gallaher P., Rohrbach L. A., Unger J. B. (2004). Social network predictors of bullying and victimization. *Adolescence, 39*, 315–335.

Murray-Harvey R., Slee P. T., Taki M. (2010). Comparative and cross-cultural research on school bullying. In Jimerson S. R., Swearer S. M., Espeage D. L. (Eds.). *The handbook of school bullying. An international perspective* (35–48). Mahwah, New Jersey: Lawrence Erlbaum Associates.

Nansel T. R., Overpeck M. D., Saluja G., Ruan W. J. (2004). Cross-national consistency in the relationship between bullying behaviors and psychosocial adjustment. *Archives of Pediatrics and Adolescent Medicine, 158*, 730–736.

Naylor P., Cowie H., Cossin F., de Bettencourt R., Lemme F. (2006). Teachers' and pupils' definitions of bullying. *British Journal of Educational Psychology, 76*, 553–576.

Neary A., Joseph S. (1994). Peer victimization and Its relationship to self-concept and depression among schoolgirls. *Personality and Individual Differences, 16*, 183–186.

Nelson L. J., Rubin K. H., Fox N. A. (2005). Social withdrawal, observed peer acceptance, and the development of self-perception in children ages 4 to 7 years. *Early Childhood Research Quarterly, 20*, 185–200.

Nägele C., Alsaker F. D. (2005). *Mobbing im Kindergarten - Beschimpft, geplagt und ausgelacht.* Informationsbroschüre. Institut für Psychologie, Abteilung Entwicklungspsychologie, Universität Bern.

O'Connell P., Pepler D., Craig, W. (1999). Peer involvement in bullying: insights and challenges for intervention. *Journal of Adolescence, 22*, 437–452.

Olweus, D. (1978). *Aggression in the schools: Bullies and whipping boys.* Washington D.C.: Hemisphere.

Olweus D. (1993). Victimization by peers: Antecedents and long-term outcomes. In Rubin K. H, Asendorpf B. (Eds.), *Social withdrawal, inhibition, and shyness in childhood* (315–342). Hillsdale, NJ: Erlbaum.

Olweus D. (1996). *Gewalt in der Schule: was Lehrer und Eltern wissen sollten – und tun können.* Bern: Verlag Hans Huber.

Ostrov J. M., Godieski S. A. (2010). Toward an integrated gender-linked model of aggression subtypes in early and middle childhood. *Psychological Review, 117*, 233–242.

Patterson, G. R. (2002). The early development of coercive family process. In Reid J. B., Patterson G. R., Snyder J. (Eds.). *Antisocial behavior in children and adolescents* (25–44). Washington, DC: American Psychological Association.

Pellegrini A. D. (2004). Rough-and-tumble play from childhood through adolescence: development and possible functions. In Smith P. K., Hart C. H. (Eds.). *Blackwell handbook of childhood social development* (438–453). Oxford: Blackwell.

Pellegrini A. D., Bartini M., Brooks F. (1999). School bullies, victims, and aggressive victims: Factors relating to group affiliation and victimization in early adolescenc. *Journal of Educational Psychology, 91*, 216–224.

Pepler D. J., Craig W. M. (1997). Bullying research and interventions. *Youth Update, Special Feature, 15.*, 4–6.

Pepler D., Craig W. M., O'Connell P. (1999). Understanding bullying from a dynamic systems perspective. In Slater A., Muir D. (Eds.). *Child developmental Psychology: An advanced reader* (440–451). Blackwell Publishers.

Perren S. (im Druck). Entwicklungsprobleme im Autonomisierungsprozess: Moderne Freiheiten und ihre potentiellen Risiken im Jugendalter. In Grunder H. U., Kansteiner-Schänzlin K., Moser H. (Hrsg.). *Professionswissen für Lehrerinnen und Lehrer.*

Perren S., Alsaker F. D. (2006). Social Behaviour and Peer Relationships of Victims, Bully-victims, and Bullies in Kindergarten. *The Journal of child Psychology and Psychiatry and Allied Disciplines, 47*, 45–57.

Perren S., Alsaker F. D. (2009). Depressive symptoms from kindergarten to early school age: longitudinal associations with social skills deficits and peer victimization. *Child and Adolescent Psychiatry and Mental Health, 3*, (open access on www.capmh.com).

Perren S., Dooley J., Shaw T., Cross D. (2010). Bullying in school and cyberspace: Associations with depressive symptoms in Swiss and Australian adolescents. *Child and Adolescent Psychiatry and Mental Health, 4*, 28.

Perren S., Forrester-Knauss C., Alsaker F. D. (2011). Self- and other-oriented social skills: Differential associations with children's mental health and peer relationships. Submilted to *Journal of Educational Research Online.*

Perren S., Malti T. (2008). Soziale Kompetenz entwickeln: Synthese und Ausblick. In Malti T., Perren, S. (Hrsg.). *Entwicklung und Förderung sozialer Kompetenzen in Kindheit und Adoleszenz* (265–274). Stuttgart: Kohlhammer Verlag.

Perren S., Sticca F. (2009). *Mobbing in der Schule und im «Cyberspace». Erste Ergebnisse aus einer Online-Befragung unter Jugendlichen.* Kurzbericht für die Teilnehmerinnen und Teilnehmer der Studie. Jacobs Center for Productive Youth Development, Universität Zürich.

Perry D., Hodges V. E., Egan S. K. (2001). Determinants of chronic victimization by peers: A review and new model of family influence. In Juvonen J., Graham S. (Eds.). *Peer harassment in school. The plight of the vulnerable and victimized* (73–104). New York: The Guilford Press.

Perry D. G., Bussey K. (1977). Self-reinforcement in high- and low-aggressive boys following acts of aggression. *Child Development, 48*, 653–657.

Perry D. G., Perry L. C., Boldizar J. P. (1990). Learning of aggression. In Lewis M., Miller S. (Eds.). *Handbook of developmental psychopathology* (135–146). New York: Plenum Press.

Pozzoli T., Gini G. (2010). Active defending and passive bystanding behavior in bullying: The role of personal characteristics and perceived peer pressure. *Journal of Abnormal Child Psychology, 38*, 815–827.

Putallaz M., Bierman K. L. (Eds.) (2004). *Aggression, antisocial behavior, and violence among girls*. New York: The Guilford Press.

Randa K. (2009). *Der Zusammenhang zwischen dem Body-Mass-Index und der Beliebtheit sowie Freundschaften im Kindergartenkontext*. Lizentiatsarbeit. Universität Bern.

Rican P., Klicperova M., Koucka T. (1993). Families of bullies and their victims: A children's view. *Studia Psychologica, 35*, 261–266.

Rigby K. (1996). *Bullying in schools: And what to do about it*. London: Jessica Kingsley.

Rigby K., Slee P. (1999). Suicidal ideation among adolescent school children, involvement in bully-victim problems, and perceived social support. *Suicide and life-threatening behavior, 29*, 119–130.

Rivers I., Noret N. (2010). Participant roles in bullying behavior and their association with thoughts of ending one's life. *Crisis, 31*, 143–148.

Roberts W. B., Jr. (2008). *Working with parents of bullies and victims*. Thousan Oaks: Corwin Press.

Romano E., Tremblay R. E., Boulerie B., Swisher R. (2005). Multilevel correlates of childhood physical aggression and prosocial behavior. *Journal of Abnormal Child Psychology, 33*, 565–578.

Roseth C. J., Pellegrini A. D., Bohn C. M., Van Ryzin M., Vance N. (2007). Preschoolers' aggression, affiliation, and social dominance relationships: An observational, longitudinal study. *Journal of School Psychology, 45*, 479–497.

Rostampour P., Melzer W. (1999). Täter-Opfer-Typologien im schulischen Gewaltkontext. Forschungsergebnisse unter Verwendung von Cluster-Analyse und multinomialer logistischer Regression. In Holtappels H. G., Heitmeyer W., Melzer W., Tillmann K. J. (Hrsg.). *Forschung über Gewalt an Schulen: Erscheinungsformen und Ursachen, Konzepte und Prävention*. (169–189). München: Juventa.

Rubin K. H., Burgess K. M., Coplan R. J. (2004). Social withdrawal and shyness. In *Blackwell handbook of child social development* (329–352). Oxford: Blackwell.

Ruggieri S. (2009). *Moderieren Freundschaftsbeziehungen den Zusammenhang zwischen Viktimisierung im Lehrbetrieb und Wohlbefinden?* Masterarbeit in Psychologie. Universität Bern.

Salmivalli C. (1998). Intelligent, attractive, well behaving, unhappy. The structure of adolescents' self-concept and its relations to their social behavior. *Journal of Reseach on Adolescence, 8*, 333–354.

Salmivalli C., Huttunen A., Lagerspetz K. (1997). Peer networks and school bullying in schools. *Scandinavian Journal of Psychology, 38*, 305–312.

Salmivalli C., Isaacs J. (2005). Prospective relations among victimization, rejection, friendlessness, and children's self- and peer-perceptions. *Child Development, 76*, 1161–1171.

Salmivalli C., Karhunen J., Lagerspetz K. M. J. (1996). How do the victims respond to bullying? *Aggressive Behavior, 22*, 99–109.

Salmivalli C., Kaukiainen A. (2004). «Female Aggression» revisited: Variable- and person-centered approaches to studying gender differeces in different types of aggression. *Aggressive Behavior, 30*, 158–163.

Salmivalli C., Kaukiainen A., Voeten M., Sinisammal M. (2004). Targeting the group as a whole: the Finnish anti-bullying intervention. In Smith P. K., Pepler D., Rigby K. (Eds.). *Bullying in schools. How succesful can interventions be?* (241–273). Cambridge: Cambridge Universitiy Press.

Salmivalli C., Lagerspetz K., Björkqvist K., Österman K., Kaukiainen A. (1996). Bullying as a group process: participant roles and their relations to social status. *Aggressive Behavior, 22*, 1–15.

Salmivalli C., Nieminen, E. (2002). Proactive and reactive aggression among school bullies, victims, and bully-victims. *Aggressive Behavior, 28*, 30–44.

Sansone R. A., Sansone L. (2008). Bully victims: Psychological and somatic aftermaths. *Psychiatry, June*, 62–64.

Scheithauer H., Hayer T., Petermann F. (2003). *Bullying unter Schülern: Erscheinungsformen, Risikobedingungen und Interventionskonzepte.* Göttingen: Hogrefe.

Scheithauer H., Hayer T., Petermann F., Jugert G. (2006). Physical, verbal, and relationsl forms of bullying among German students: Age trends, gender differences, and correlates. *Aggressive Behavior, 32*, 261–275.

Schmidt-Denter U. (1996). *Soziale Entwicklung.* Weinheim: Beltz.

Schmidt-Denter U. (2005). *Soziale Beziehungen im Lebenslauf.* Weinheim: Beltz.

Schönbächler M-T. (2008). *Klassenmanagement. Situative Gegebenheiten und personale Faktoren in Lehrperson- und Schülerperspektive.* Bern: Haupt Verlag.

Schwartz D. (2000). Subtypes of victims and aggressors in children's peer groups. *Journal of Abnormal Child Psychology, 28*, 181–192.

Schwartz D., Dodge K. A., Pettit G. S., Bates J. E. (1997). The early socialization of aggressive victims of bullying. *Child Development, 68*, 665–675.

Schwartz D., Dodge K. A., Pettit G. S., Bates J. E. (2000). Friendship as a moderating factor in the pathway between early harsh home environment and later victimization in the peer group. *Developmental Psychology, 36*, 646–662.

Schwartz D., Proctor L. J., Chien, D. H. (2001). The aggressive victim of bullying: emotional and behavioral dysregulation as a pathway to victimization by peers. In Juvonen J., Graham S. (Eds.). *Peer harassment in school: the plight of the vulnerable and victimized* (147–174). New York: Guilford Press.

Schäfer M. (1996). Aggression unter Schülern. Eine Bestandaufnahme über das Schikanieren in der Schule am Beispiel der 6. und 8. Klassenstufe. *Report Psychologie, 21*, 700–711.

Seligman M. E. P. (1975). *Helplessness. On depression, development and death.* San Fransisco: W.H. Freeman & Co.

Shantz C. U. (1987). Conflicts between children. *Child Development, 58*, 283–305.

Sharp S. (1995). How much does bullying hurt? The effects of bullying on the personal well-being and educational progress of secondary-aged students. *Educational and Child Psychology, 12*, 81–88.

Sheldon P. (2010). Pressure to be perfect. *Southern Journal of Communication, 75*, 277–298.

Siegel R. S., La Greca A. M., Harrison H. M. (2009). Peer victimization and social anxiety in adolescents: Prospective and reciprocal relationships. *Journal of Youth and Adolescence, 38*, 1096–1109.

Slee P. T. (1993). Bullying: A preliminary investigation of its nature and the effects of social cognition. *Early Child Education and Care, 87*, 47–57.

Smith P. K., Boulton, M. (1990). Rough-and-tumble play, aggression and dominance: perception and behaviour in children's encounters. *Human Development, 33*, 271–282.

Smith P. K., Mahdavi J., Carvalho M., Fisher S., Russell S. Tippett N. (2008). Cyberbullying: its nature and impact in secondary school pupils. *Journal of Child Psychology and Psychiatry, 49*, 376–385.

Smith P. K., Morita K., Junger-Tas J., Olweus D., Catalano R., Slee P. (Eds.). (1999). *The nature of school bullying: A cross-national perspective.* London: Routledge.

Smith P. K., Pepler D., Rigby K. (Eds.). (2004). *Bullying in schools. How succesful can interventions be?* Cambridge: Cambridge University Press.

Smith P. K., Sharp S. (1994). *School bullying: insights and pespectives.* London: Routledge.

Snyder J., Brooker M., Patrick M. R., Snyder A., Schrepferman L., Stoolmiller M. (2003). Observed peer victimization during early elementary school: Continuity, growth, and relation to risk for child antisocial and depressive behavior. *Child Development, 74*, 1881–1898.

Solberg M. E., Olweus D., Endresen I. M. (2007). Bullies and victims at school: Are they the same pupils? *British Journal of Educational Psychology, 77*, 441–464.

Srabstein J. (2008). Deaths linked to bullying and hazing. *International Journal of Adolescent Medical Health, 20*, 235–239.

Stalder B. E., Schmid E. (2006). *Lehrvertragauflösungen, ihre Ursachen und Konsequenzen. Ergebnisse aus dem Projekt LEVA.* Erziehungsdirektion des Kantons Bern, Bildungsplanung und Evaluation.

Stassen Berger K. (2007). Update on bullying at school: Science forgotten? *Developmental Review, 27*, 90–126.

Staub E., Fellner D., Berry J., Morange K. (2003). Passive and active bystandership across grades in response to students bullying other students. In Staub E. (Ed.). *The psychology of good and evil: Why children, adults, and groups help and harm others* (240–243). New York: Cambridge University Press.

Stevens V., van Oost P., De Bourdeaudhuij I. (2000). The effects of an anti-bullying interventi-on programme on peers' attitudes and behaviour. *Journal of Adolescence, 23*, 21–34.

Strohmeier D., Kärnä A., Salmivalli C. (2011). Intrapersonal and interpersonal risk factors for peer victimization in immigrant youth in Finland. *Developmental Psychology, 47*, 248–258.

Strohmeier D., Spiel C. (2003). Immigrant children in Austria: Aggressive behavior and friendship patterns in multicultural school classes. *Journal of Applied School Psychology, 19*, 99–116.

Sutton J. (2003). ToM goes to school: Social cognition and social values in bullying. In Repacholi B., Slaughter V. (Eds.). *Individual differences in theory of mind: Implications for typical and atypical development* (99–120). New York, NY: Psychology Press.

Sutton J., Smith P. K., Swettenham J. (2001). 'It's easy, it works, and it makes me feel good' - A response to Arsenio and Lemerise. *Social Development, 10*, 74–78.

Sweeting H., West P. (2001). Being different: correlates of the experience of teasing and bullying at age 11. *Research Papers in Education, 16*, 225–246.

Titze M. (1995). *Die heilende Kraft des Lachens.* München: Kösel-Verlag GmbH & Co.

Toblin R. L., Schwartz D., Gorman H., Abou-ezzeddine T. (2005). Social-cognitive and behavioral attributes of aggressive victims of bullying. *Journal of Appied Developmental Psychology, 26,* 329–346.

Tremblay R. E., Nagin D. S. (2005). The developmental origins of physical aggression in humans. In Tremblay R. E., Hartup W. W., Archer J. (Eds.). *The developmental origins of aggression* (83–106). New York: The Guilford Press.

Ttofi M. M., Farrington D. P., Lösel F., Loeber R. (2011). The predictive efficiency of school bullying versus later offending: A systematic/meta-analytic review of longitudinal studies. *Criminal Behaviour and Mental Health, 21,* 80–89.

Unnever J. D. (2005). Bullies, aggressive victims, and victims: Are they distinct groups? *Aggressive Behavior, 31,* 153–171.

Valkanover S. (2005). *Intrigenspiel und Muskelkraft. Aspekte der Psychomotorik im Zusammenhang mit Mobbing im Kindergarten.* Bern: Haupt Verlag.

Valkanover S., Alsaker F. D., Svreck A., Kauer M. (2004). *Mobbing ist kein Kinderspiel. Arbeitsheft zur Prävention in Kindergarten und Schule.* Bern: Schulverlag.

Veenstra R., Lindenberg S., Munniksma A., Dijkstra J. K. (2010). The complex relation between bullying, victimization, acceptance, and Rejection: Giving special attention to status, affection, and sex differences. *Child Development, 81,* 480–486.

Von Grünigen R., Perren S., Nägele C., Alsaker F. D. (2010). Immigrant children's peer acceptance and victimization in kindergarten: The role of local language competence. *British Journal of Developmental Psychology, 28,* 679–697.

Wang J., Iannotti R. J., Nansel T. R. (2009). School bullying among adolescents in the United States: Physical, verbal, relational, and cyber. *Journal of Adolescent Health, 45,* 368-375.

Werner N. E., Bigbee M. A., Crick N. R. (1999). Aggression und Viktimisierung in Schulen: «Chancengleichheit» für aggressive Mädchen. In Schaefer M., Frey D. (Hrsg.). *Aggression und Gewalt unter Kindern und Jugendlichen* (153–177). Göttingen: Hogrefe.

Whitney I., Smith P. K. (1993). A survey of the nature and extent of bullying in junior/middle and secondary school. *Educational Research, 35,* 3–25.

Wolke D., Woods S., Bloomfield L., Karstadt L. (2001). Bullying involvement in primary school and common health problems. *Archives of Disease in Childhood, 85,* 197–201.

Woods S., Wolke D. (2004). Direct and relational bullying among primary school children and academic achievement. *Journal of School Psychology, 42,* 135–155.

Ybarra M. L., Mitchell K. J. (2004). Online aggressor/targets, aggressors, and targets: A comparison of associated youth characteristics. *Journal of Child Psychology and Psychatry, 45,* 1308–1316.

Zimmer-Gembeck M. J., Waters A. M., Kindermann T. (2010). A social relations analysis of liking for and py peers: Associations with gender, depression, peer perception, and worry. *Journal of Adolescence, 33,* 69–81.

Zinnecker J. (1999). Schüler, die andere Schüler gewaltsam hänseln. Ein Porträt der Täter. In Silbereisen R. K., Zinnecker J. (Hrsg.). *Entwicklung im sozialen Wandel* (239–250). Weinheim: Psychologie Verlags Union.

Zumthurm A. (2007). *Das Körperkonzept in der Adoleszenz. Die Rolle von Mobbing und pubertärem Timing.* Lizentiatsarbeit. Universität Bern.

Die Autorin

Françoise D. Alsaker ist emeritierte Professorin für Entwicklungspsychologie an der Universität Bern, Schweiz. Mobbing unter Kindern sowie seine Prävention und die psychosoziale Gesundheit von Jugendlichen stehen seit vielen Jahren im Zentrum ihrer Forschungsprojekte. Sie hat die Mobbing-Forschung international geprägt und unter anderem die Kandersteg-Deklaration gegen Mobbing initiiert, die von Forschern aus der ganzen Welt unterschrieben wurde.

Sachwortverzeichnis

A

Ablehnung/Antipathie 22–23, 51–53, 96
Absicht 15–16, 34, 36, 55, 73, 79
Adipositas 118
ADHS 84, 119–121, 125
Äußere Erscheinung 116–118, 152–154
Aggressionsformen *siehe Mobbingformen*
Akzeptanz/Toleranz 151-154, 174, 199
Alter 26, 35–36, 38, 41, 69, 79, 81, 82, 85–86, 107, 114, 139, 160
Angst 18, 33–34, 45, 48, 51, 55-56, 83–84, 103, 124, 128, 130–131, 162, 179, 180, 192–194, 210, 227
Anonymität 38, 58-60, 63, 71, 169, 175, 191, 208
Ansehen/Anerkennung 76, 91
Anti-Mobbing-Kultur 50–51, 185, 197–212, 227–231
Attribution 96–97
Aufmerksamkeit der Erwachsenen 29–30, 46, 60, 62, 106, 134, 152, 163, 211, 216, 222, 230
Aufmerksamkeitsprobleme 64, 119–121, 125
Aufrechterhaltung von Mobbing 87–103
Ausgrenzung/Ausschluss 13, 16, 31, 33, 51–53, 82, 114–115, 135, 172
Ausweglosigkeit 53–55, 128–129, 135
Autonomie 97–100

B

Bagatellisierung 16, 34, 123, 127–128, 139
Beliebtheit 52–53, 82, 89-91, 116, 118, 136, 200–204
Belastung 84, 90, 106, 136
Belohnung 78, 89–91, 103, 216, 227
Beobachten von Mobbing 18, 48–50, 55, 61, 92
Berichte von Lehrpersonen 60–63
Bestrafung 44, 78, 83, 100, 109, 124, 211
Bewusstheit 15–16, 43, 83

C

Coercion *siehe Nötigung*
Cyber-Mobbing 25, 37–40, 41, 48, 135

D

Dauer von Mobbing 14, 19, 38, 53
Demütigung 39, 43–45, 56, 83, 94, 127–128
Defizite 110–113, 119, 121, 123–125, 136, 152, 154, 214
Delinquenz 135–140, 227
Depressive Symptome 128, 131–133
Diebstahl 29, 137
Diskrepanz 107, 129
Dominanz 22, 122
Drohungen 13, 28–29, 34, 45, 172, 179–180
Durchsetzungsvermögen 112–113, 138

E

Eigenberichte 57–60
Einfühlungsvermögen *siehe Empathie*
Einsamkeit 13, 51–53
Elektronische Medien *siehe Cyber-Mobbing*
Emotionale Sicherheit 92–93
Emotionsregulation 96, 160, 217–219

Empathie 106, 108–109, 123–125, 190, 215–217
Entmenschlichung 123
Entstehung von Mobbing 18, 87–103
Erfassung von Mobbing 36, 57–68, 159–177
Erfolg der Mobber 20, 103, 128
Erkennen von Mobbing 13, 18, 23, 25, 39–41, 55–56, 60, 93, 152, 155, 159–177, 230–231
Erniedrigung 43–45, 56, 123
Ernst nehmen 46–47, 84, 127, 186, 192, 200, 208, 222
Erpressung 28–29, 91
Erwachsene 33, 83–85
- Einstellung und Verhalten 31, 44–47, 50–51, 83–85, 93–95, 116, 147–149, 204, 207–209, 216
- Erfahrung 40–41, 147, 163, 194
- Gefühle 34, 40–41, 161, 163, 183
- Hilfe 28, 84, 93, 155, 196
- Schweigen und Passivität 50–51
- Verantwortung 90, 103, 138
Evolution 15

F

Familie
- Eltern 23, 65, 66–67, 95–100, 175–177, 221–225
- Eltern-Kind-Beziehung 95–96
- Erziehungsverhalten 96–99
- Erwartungshaltung 99–100
Feindschaft 22, 221
Flucht 88–89
Folgen von Mobbing 127–140
Freundschaft 48–49, 73, 81, 89, 102, 114, 118, 132, 134, 136, 187, 193, 198, 224
Frustrationstoleranz 121

G

Gegenaggression 113
Gerechtigkeit 51, 187, 211
Gerüchte 18, 31, 172
Geschlechtsunterschiede 35–36, 68–69, 71, 79, 81–82
Gespräch über Mobbing 63–66
Gesten 29–33, 172
Gewinn für Mobber 89–91
Grenzen 90, 99, 100–101, 112, 115, 139, 150–151, 160, 198, 202, 207–209, 219
Gruppe
- Gruppendruck 63, 79, 202, 227
- Gruppendynamik 76
- Gruppeneinstellung 20, 197–198
- Gruppengeschehen 14, 18, 23, 73–86
- Gruppenprozesse 77, 79, 86
- Gruppenzugehörigkeit 89
- Unfreiwillige Gruppierungen 73

H

Handlungsrepertoire 96
Hauptakteure bei Mobbing 74–79
Helfer der Opfer 74–79
Hilflosigkeit 13, 41, 49, 53-54, 84, 92, 113, 123, 128
Hierarchie 22, 45
Hoffnungslosigkeit 135
Hyperaktivität 94, 100, 119–121

I

Ich-Botschaft 84, 183, 196
Ignorieren 31, 77, 82
Impulsivität 119–121
Inkonsequentes Handeln 96, 98
Instrumentalisierung 83
Integration 115–116
Intervention 19, 79–81, 83, 85, 87, 103, 141–231

K

Kandersteg-Deklaration gegen Mobbing 205–207
Kinderrechte 88–89, 154–155
Körperbild 117, 130
Körperliche Symptome 133–134, 177
Kommunikation 85, 155–157, 180–196
Kompetenz 54–55, 100, 136, 153, 160, 210, 213–225, 230–231
Komplexität 40, 50–51, 85, 87, 159
Konflikte 20–22, 27–29, 31, 34, 46, 50, 56–58, 59, 64, 93, 99–100, 107, 114, 132, 160, 162, 174, 180, 221
Konfliktlösungsstrategien 99
Konsequentes Handeln 91, 94, 96, 98, 207–212, 230

Kontakt 113, 155–157, 196, 221, 223–224
Kontrolle 87, 90, 97, 99-100, 127–128, 207, 217–219
Kontrollverlust 53–54, 127–128
Kooperation 110–112

L

Lebensbedrohliche Situationen 26, 134, 164, 187
Lob 100, 211–212, 221–222

M

Macht 13, 20–23, 48, 63, 69, 74, 90, 103, 136, 179
Machtgefälle *siehe Ungleichgewicht der Kräfte*
Manipulation 13, 33, 36, 41, 84, 91, 120, 124–125
Medien 27–28, 35, 37, 51, 187
Melden von Mobbing-Fällen 45–51
Merkmale von Mobbing 13–23, 159
Migrationshintergrund 115–116
Mitläufer 18–19, 21, 76–79, 89–91
Mobbingformen
- direkte 25–30
- indirekte 31–36
- körperliche 26–27, 41, 44
- relationale 33
- verbale 27–28, 41
Mobbingmuster 40–41
Mobbingrollen 16, 53, 59-60, 66, 70–71, 73–86
Modellfunktion 85, 94, 96, 101, 103, 150
Modelllernen 78, 92
Moralentwicklung 123–125
Moralische Distanzierung 45, 123–124
Motivation für die Arbeit gegen Mobbing 145, 147, 149, 211, 229
Mut 46, 56, 76, 107, 146, 201, 203, 209, 220
Mythen 93, 103, 106

N

Nachhaltigkeit der Arbeit gegen Mobbing 145–146, 194–196, 227–231
Negative Spirale 99, 130–131, 136
Nennung durch Gleichaltrige 63–66
Nötigung 99
Normen 77, 121, 197–199, 202
Null-Toleranz 227–228

P

Passive Täter *siehe Mitläufer*
Passivität 49–50, 81–83, 86, 90, 103, 210, 220
Petzen 45–46, 48, 58, 219–220
Prävention 15–16, 41, 43, 59, 65, 85–86, 91, 93, 101, 141–231
Proaktive Aggression 121
Prosoziales Verhalten 110–112, 215–217
Provokation 21, 33, 60, 120, 128, 131, 217–218

R

Rache 45
Raufen 34
Raufspiele 160
Reaktive Aggression 121
Rechte 88, 113, 174, 206
Regeln 197–212
Ressourcen 86, 102, 124, 173–174, 190, 192–193, 201, 213–225, 230
Resignation 54
Risikofaktoren 87–100, 105–125
Respekt 105, 137, 149-151, 174, 193, 199, 202, 206, 209
Rückzugsverhalten 21, 82, 105, 113–114, 133

S

Sanktionen 83, 94, 100, 208, 210
Scham 44, 47, 179
Schlafstörungen 177
Schmerz 103, 108–109, 129
Schüchternheit 113–114
Schulabbruch 130
Schuld 78, 85, 123–124, 128, 152, 156, 180–182, 196, 222–223
Schulklima 92–93
Schulwechsel 88, 225
Schutz 88, 96, 98–99, 108, 112, 127, 154–155, 191, 198–199, 214, 225

Schutzfaktoren 101–103
Schwänzen 130
Schweigen 13, 45–51, 58, 179–196, 220
Selbstgefährdung 84
Selbstberichte *siehe Eigenberichte*
Selbstbestimmung *siehe Autonomie*
Selbsterfüllende Prophezeiungen 192
Selbstkontrolle 17, 119–121, 152, 160, 213, 215
Selbstmord 134–135, 187
Selbstvertrauen 75, 100, 128, 222, 224
Selbstwert 35, 43, 83, 100, 103, 127, 129–130, 136, 214, 222
Sensibilisierung 86, 146–147, 184, 199–200, 230, 231
Sich wehren 46–47, 54, 98, 107, 112, 152, 156
Social Cluster Mapping 167
Soziale Kompetenz 109–110, 124, 201, 213–225
- Fremd-orientierte Kompetenz 110–112, 214, 215–217
- Selbst-orientierte Kompetenz 110, 112–113, 115, 125, 214
Sozialisation 15, 139, 204
Spaß 34, 55–56, 220
Sprachkompetenz 115–116
Status in der Gruppe 18, 22, 83, 103, 187
Stigmatisierung 119
Stolz 124, 203
Streit *siehe Konflikte*
Stress 35, 83, 204
Systematik 14, 16, 53, 55, 76, 159, 160–161, 171, 198
Systemtheoretische Modelle 88

T

Tabus 45, 56
Theory of Mind 214
Toleranz *siehe Akzeptanz*
Transparenz 195–196, 199, 204
Traurigkeit 82, 162

U

Überbehütung 97–98
Übergewicht 118–119
Umdeutung 33–34, 123
Überforderung im Umgang mit Mobbing 16, 40, 49, 51, 179–180, 204
Unfälle 34, 134, 172
Ungleichgewicht der Kräfte 20–21, 39, 54, 76, 103, 106–108, 172
Unterstützung 49, 51, 56, 76, 84–86, 94, 99–100, 102, 113, 134–135, 174, 192, 196, 198–199, 213, 220, 222, 227–229
Unvorhersehbarkeit 53, 127–128

V

Verantwortung 46, 76, 85–87, 153, 183, 198, 200, 206, 209–212, 221
Verantwortungsdiffusion 77–78, 123–124
Verbreitung von Mobbing 37, 40, 57, 67–71
Verbündete 17–18
Verhaltensprobleme 17, 44
Verhaltensregulation 96–99
Verletzbarkeit 105–125, 133, 152
Vermeidung 55, 132
Vernachlässigung 97
Verstärkung 50, 81–86, 90-91, 98–99, 198, 201
- Negative Verstärkung 98
- Positive Verstärkung 98, 211
- Selbstverstärkung 136
Verteidiger der Opfer *siehe Helfer der Opfer*
Vertrag 197–212, 230
Vertrauen 92–93
Vertraulichkeit 58–60, 63, 71, 175
Vorurteile 119

W

Wahrheit 181–182, 192
Wärme 97
Warnsignale 175–177
Wertlosigkeit 43, 45, 127, 130
Wertschätzung 100
Wohlbefinden 53, 82, 92, 112
Wut 55, 82, 85, 100, 162, 217

Z

Zerstörung von Gegenständen 29
Zeugenverhalten 21, 26, 33, 48–50, 55, 63, 78–83, 86, 90, 103, 119, 123, 163, 201, 209–212, 219–221

- Helfer der Opfer 79–81
- Verstärker des Mobbings 81, 90
- Zuschauer 21, 32, 55, 81–83
Zivilcourage 219–221
Zuhören 46–47, 65, 175, 186, 222
Zurückweisung *siehe Ablehnung*
Zusammenarbeit 155–157, 194–196, 204–205, 228–230
Zusammenhalt 18, 197–207, 228–230
Zuschauer *siehe Zeugen*